OS DENTES DO DIABO

Susan Casey

OS DENTES DO DIABO

Uma história de obsessão e sobrevivência entre os grandes tubarões-brancos

Tradução:
Diego Alfaro

ZAHAR

Para minha família: Ron, Angela, Bob e Bill,
que me ensinaram a amar as coisas selvagens

Título original:
The Devil's Teeth: A True Story of Obsession and Survival Among America's Great White Sharks

Tradução autorizada da primeira edição americana, publicada em 2005
por Henry Holt & Company, uma divisão da Macmillan, de Nova York, Estados Unidos

Jorge Zahar Editor Ltda.
rua Marquês de São Vicente 99 1º andar | 22451-041 Rio de Janeiro, RJ
tel (21) 2529-4750 | fax (21) 2529-4787
editora@zahar.com.br | www.zahar.com.br

Grafia atualizada respeitando o novo
Acordo Ortográfico da Língua Portuguesa

Consultoria: Francisco dos Santos | Preparação: Rita Jobim
Revisão: Clara Diament, Eduardo Monteiro
Capa: Sérgio Campante | Foto da capa: © Denis Scott/Corbis (DC)/Latinstock
Foto da quarta-capa: © Minden Pictures/Latinstock

CIP-Brasil. Catalogação na fonte
Sindicato Nacional dos Editores de Livros, RJ

Casey, Susan, 1962-

C332d Os Dentes do Diabo: Uma história de obsessão e sobrevivência entre os grandes tubarões-brancos / Susan Casey; tradução Diego Alfaro. – Rio de Janeiro: Zahar, 2011.

Tradução de: The Devil's Teeth: a true story of obsession and survival among America's great white sharks

Inclui bibliografia

ISBN 978-85-378-0724-8

1. Casey, Susan, 1962- – Viagens – Califórnia (Estados Unidos). 2. Tubarão (Peixe) – Califórnia (Estados Unidos). I. Título.

CDD: 597.3309794

11-3811 CDU: 597.311.2

"A humanidade é exaltada não por estarmos
tão distantes das demais criaturas vivas,
e sim porque o ato de conhecê-las bem
eleva o próprio conceito da vida."

Friedrich Nietzsche

"Todo anjo é aterrorizante."

Rainer Maria Rilke

Pt. Reyes
ILHAS
FARALLON
SÃO
FRANCISCO
0 10 20 km
N
1.000 pés
Farallon do Meio,
Farallon Norte
BAÍA
MAINTOP
Ilhota do
Tio Bêbado
CANAL
JORDAN
Enseada das
Ondas
Grande
Arco
PONTA
OESTE
Maintop
Península
do Serviço
Meteorológi
Morro do Phill
Enseada da Ponta Oeste
Gruta
Pálida
Pequena
Maintop
Praia da Cabeça do Índio
Cabeça
do Índio
BAÍA DE M
Quartel-general
do Rat Pack
Área de caça
do Rat Pack

FARALLON SUDESTE e
ILHAS DA PONTA LESTE
Pt. Reyes
Ilhota dos
-Marinhos
Sugarloaf
A Fenda
Ilhota Chocolate Granulado
Ilhota
Aulon
Arco de
Pedra
Primeira ancoragem
do *Just Imagine*
Domínio da Irmandade
Bolinas
30km
Golden Gate
43km
Canal Aulon
Península
Aulon
BAÍA DO PESCADOR
Garganta
Aulon
A Teta
Plataforma
Norte
Ponta da Torre
Praia do
Leão-
Marinho
Morto
Banheira do
Imperador
Casa dos
antigos
oveiros
Enseada da Orca
Enseada do Papagaio-do-Mar
EADA DOS
MARINHOS
Catacumbas
das Alcas
Toca das
Gaivotas
Morro do
Observatório
dos Biguás
A Sela
Morro
do Farol
Ponta
Shubrick
Grande Gruta
de Airo
FARALLON SUDESTE
Morro Leste
do Observatório
de Focas
Casa 1
Encosta
dos Petréis
Gruta do
Coelho
Pequena
Gruta de
Airo
Casa da Guarda
Costeira
Planície Arenosa
Garganta
do Esgoto
Heliporto
Baía do
Espiráculo
Gruta
da Joia
Toca da
Cotoco
Praia de
Mirounga
Garganta
do Lixo
Arco
Baixo
Planície
Marítima
Plataforma
Leste
Planície
do Mexilhão
Garganta do Airo
A Onda Perfeita
GA
Segunda ancoragem
do *Just Imagine*
Pedra da Sela
cain

Introdução

> "Um oceano sem seus monstros incógnitos seria como um sono sem sonhos."
>
> John Steinbeck, *The Log from the Sea of Cortez*

A matança aconteceu de madrugada, e, como de costume, o animal foi decapitado com um único golpe feroz. O sangue jorrou no ar feito um gêiser, criando uma mancha vívida que se destacava na água como a obra de um violento pintor abstrato. A quinhentos metros dali, diante do farol no ponto mais alto da ilha, um homem observava por um telescópio. Primeiro notou o frenesi das gaivotas, *gestalt* de aves que indicava problema. Depois viu o sangue. Apanhando seu rádio, virou-se e começou a correr.

As quatro outras pessoas que habitavam a ilha foram acordadas num sobressalto pela transmissão do rádio.

– Temos um ataque perto do Sugarloaf, este aqui parece grande. Muito sangue.

Na casa ao pé da montanha, ecoaram os ruídos que o cientista Peter Pyle produziu ao descer a escada correndo, calçar as botas de borracha até os joelhos, bater a velha porta atrás de si e correr para lançar o barco.

Peter e seu colega Scot Anderson, a voz ouvida no rádio, saltaram para dentro do *Boston Whaler*, um baleeiro de dezessete pés. O barco estava apoiado sobre uma cama de pneus ao lado de um penhasco e preso a um guindaste, que o ergueu no ar. A embarcação balançou sobre a beira do penhasco e foi arriada até as enormes ondas do início do inverno no Pacífico, dez metros abaixo.

Peter desenganchou o cabo de aço de uma polegada de espessura enquanto o baleeiro subia e tombava em ondas capazes de engoli-lo. Ligou o motor e avançou por duzentos metros em direção às gaivotas, onde o objeto de toda aquela atenção boiava numa nuvem de sangue: um elefante-marinho, que devia pesar um quarto de tonelada, sem cabeça. O odor era denso e oleoso, banha rançosa misturada a água do mar.

– É isso aí – disse Peter. – Este é o cheiro de um ataque de tubarão.

Num mundo em que existem muito poucas certezas, os dois sabiam que um tubarão-branco orbitava abaixo deles, esperando até que o elefante-marinho sangrasse um pouco mais, e que logo voltaria para tomar seu café da manhã. Poderia ser Betty, Mama ou Cadillac, as grandes fêmeas que patrulhavam o lado leste da ilha. Essas brutamontes, todas com mais de cinco metros de comprimento, eram conhecidas apenas como a Irmandade. Ou então poderia ser um macho "menor" (em torno de quatro metros), como Pintado ou Nariz em T, ou então o sorrateiro Barbatana Rasgada. Esse grupo de tubarões era conhecido como Rat Pack. Poderia ser qualquer um dentre muitos tubarões-brancos. Nessa época do ano um grande número desses tubarões percorria aquele pedaço de mar de cinquenta hectares, nadando perto da costa da ilha Farallon Sudeste enquanto as pobres focas deixavam as enseadas estreitas na maré alta e entravam na zona de perigo.

A cada ano, mais de mil pessoas sofrem ferimentos graves causados por produtos de limpeza de vasos sanitários ou são mortas por gado. Menos de uma dúzia é atacada por tubarões-brancos. Nessa vizinhança, entretanto, as estatísticas não contam. Nas ilhas Farallon, durante os meses de setembro a novembro, qualquer pessoa louca ou azarada o suficiente para entrar na água tem uma enorme probabilidade de dar de cara com um tubarão-branco.

Os dois homens ficaram parados no convés, segurando grandes hastes às quais estavam presas câmeras de vídeo. Seguiram-se vários instantes de um silêncio absoluto que ocorre poucas vezes durante a vida, momentos sinistros em que o tempo parece parar e até as aves ficam quietas. Depois, a quinze metros dali, notou-se um redemoinho no oceano.

A mítica e aterrorizante barbatana dorsal emergiu da água e avançou na direção deles feito um submarino alemão, deixando um grande rastro. O tubarão passou bem ao lado do barco, submergindo logo depois da popa.

Seu corpo, quase preto ao romper a superfície, brilhou em tons de cobalto e turquesa debaixo da água.

– Ele está vindo! – gritou Peter.

O baleeiro foi sacudido. Uma enorme cabeça triangular surgiu da água e, com surpreendente delicadeza, mordeu o canto de trás do barco. Scot se aproximou um pouco mais e filmou. O tubarão revirou os olhos pretos; os homens puderam ver com clareza as cicatrizes em toda a cabeça do animal e seus dentes de cinco centímetros de comprimento, atrás dos quais havia outras fileiras *de reserva*, com mais dentes de cinco centímetros. Então, tão rápido como havia chegado, o tubarão se escondeu abaixo da superfície, nadou por sob o barco e reemergiu ao lado do elefante-marinho. Quando o tubarão-branco mordeu a carcaça, sacudindo-a, um sangue laranja vivo jorrou pelos lados de sua boca.

– É o Cabeça Mordida! – disse Scot, abrindo um grande sorriso sob os óculos escuros.

– Ah, o Cabeça Mordida – disse Peter. Houve um momento de reconhecimento satisfeito, como se estivessem cumprimentando um velho conhecido com o qual acabassem de topar no meio da rua. – A gente conhece esse tubarão há dez anos.

Todo mês de setembro, uma das maiores e mais densas congregações de tubarões-brancos do planeta se reúne nas águas que cercam as ilhas Farallon, um arquipélago de dez ilhotas que ocupa uma área de 85 hectares no Pacífico, 43 quilômetros a oeste da ponte Golden Gate. Ninguém entende direito o que essa reunião representa, por que esses tubarões-brancos, os caçadores mais solitários do oceano, decidem, durante certa época do ano, habitar uma área tão pequena. A única certeza é que os tubarões permanecem naquele lugar por aproximadamente três meses. E mais: depois de estudá-los por uma década e meia no Projeto Tubarão-Branco das Farallones, Scot Anderson e Peter Pyle descobriram que, ano após ano, os mesmos tubarões voltam exatamente para o mesmo ponto.

Ao menos um dos motivos dessa reunião anual é a caça. Apesar dos estranhos objetos encontrados em barrigas de tubarões – um relógio cuco, um casaco de pele, placas de automóvel e armadilhas para lagostas, uma cabeça de búfalo, uma rena inteira e, por estranho que pareça, um homem vestindo uma armadura completa –, o que os tubarões-brancos realmente adoram comer são as focas e os elefantes-marinhos. E as Farallones estão repletas deles – elefantes-marinhos-do-norte, focas, lobos-marinhos –, todos a gritar e rugir, cobrindo as rochas feito um tapete de banha.

Nem sempre foi assim. As focas do arquipélago, que já chegaram a ser dezenas de milhares, foram quase extintas pela caça 150 anos atrás. Somente quando a ilha Farallon Sudeste, a maior do arquipélago, foi transformada em reserva natural, em 1969, a população começou a se recuperar. Quando as focas voltaram, quem mais se alegrou com sua presença foram os tubarões. Em 1970, um grupo de biólogos testemunhou o primeiro ataque de tubarão nas Farallones; a vítima foi um leão-marinho-de-steller, um animal acastanhado que parece também ser um predador. Nos quinze anos que se seguiram, mais de cem ataques contra focas e leões-marinhos foram observados de perto. Mas os tubarões só estavam se aquecendo. No ano 2000, Peter e Scot já registravam quase oitenta ataques numa única temporada. Ainda assim, mesmo que consideremos as atrações de um bufê de focas e leões-marinhos, por que esses tubarões *em particular* sempre retornam? E por que ficam tão amontoados? Esse tipo de comportamento entre tubarões-brancos nunca havia sido documentado.

A verdade é que ninguém havia tido essa oportunidade. As ilhas Farallon são o único lugar do planeta onde é possível estudar o comportamento natural dos tubarões-brancos no ambiente selvagem. Isto é, sem estarem sujeitos à presença e à confusão dos seres humanos. Na África do Sul, no local conhecido como "Beco do Tubarão", próximo à cidade de Gaansbai, o canal fica tingido de vermelho com o sangue e os pedaços de peixes jogados como isca na água, e frequentemente há ali uma dúzia de barcos batendo uns nos outros enquanto até sessenta mergulhadores, espremidos em gaiolas de aço, obstruem a passagem de mil metros de largura. Na Austrália, os tubarões-brancos têm que enfrentar cargas elétricas submarinas, praias cercadas de redes, pescadores em busca de troféus, e mais iscas. Os tubarões-brancos das Farallones, por outro lado, não sofrem praticamente nenhum estorvo. Talvez cruzem com um ou outro barco cheio de turistas de São Francisco, mas não são coagidos a modificar seu comportamento, como ocorre regularmente com outros dos grandes predadores da natureza sempre que as pessoas querem vê-los, sentadas confortavelmente num trailer, num Tundra Buggy ou num jipe de safári.

Isso é importante porque, apesar da visibilidade dos tubarões nas Farallones, e apesar do fato impressionante de que os tubarões são tão antigos que surgiram antes mesmo das *árvores*, os tubarões-brancos ainda estão entre as criaturas mais misteriosas do planeta. Mesmo depois de termos reduzido o genoma humano a um conjunto de letras, depois de termos espaçonaves circundando Marte, os cientistas ainda não possuem algumas informações básicas sobre a espécie.

Quanto tempo os tubarões vivem? Ninguém sabe. (Mas é provável que vivam pelo menos trinta anos, se considerarmos que os tubarões-brancos não atingem a maturidade até terem mais de dez anos, que todos os tubarões das Farallones são adultos e que alguns deles visitam as ilhas há mais de uma década. Alguns cientistas especulam que os tubarões vivam até sessenta anos, mas isso ainda não foi provado.)

Onde os tubarões-brancos acasalam, quando, com que frequência e, até mesmo, *como*? Temos indicações sobre a vida sexual dos tubarões-brancos, mas nenhum fato. Scot e Peter descobriram que, enquanto os machos voltam às ilhas todos os anos, as fêmeas só retornam a cada dois anos, frequentemente com mordidas novas e profundas na cabeça. Esses ferimentos estão ligados ao acasalamento? Nos anos em que não regressam às ilhas, as fêmeas estarão parindo em águas mais cálidas? Por falar nisso, quantos tubarões-brancos existem nos oceanos? Tudo isso continua a ser um mistério absoluto. A própria população sazonal das Farallones não passa de um palpite: pode haver entre trinta e cem tubarões.

Além disso, é claro, temos a questão do tamanho: que dimensões esses tubarões atingem, exatamente? Mais uma vez, não temos respostas claras. Como seus esqueletos são feitos de cartilagem, e não de ossos, os tubarões não deixaram praticamente nenhum registro fóssil, exceto os dentes. O maior tubarão-branco já capturado e medido com precisão tinha 5,95 metros, mas há relatos convincentes, ainda que não verificáveis, de animais muito maiores. Nada a respeito dessas criaturas seria muito surpreendente. Os tubarões são os campeões da evolução na categoria peso pesado; eles vêm fazendo ajustes finos em seu organismo ao longo de eras, centenas de milhões de anos antes de os seres humanos sequer pensarem em entrar de penetras na festa. São resistentes a infecções, doenças circulatórias e, em grande medida, ao câncer. Conseguem se curar rapidamente de várias lesões, como lacerações nas córneas ou perfurações profundas. Todo o organismo do animal está direcionado à sobrevivência. Desde o momento em que os tubarões-brancos nascem, como réplicas da mãe com 1,20 metro de comprimento, já partem em busca de sua primeira refeição; são capazes de detectar diminutos impulsos elétricos da ordem de milivolts emitidos pelos batimentos cardíacos da presa a centenas de metros de distância.

Assim como o tubarão-branco, as ilhas Farallon são uma perfeita aberração da natureza. Sua ecologia é um castelo de cartas – uma confluência complexa de oceano, mamíferos, aves e tubarões, todos circundando uns aos outros, num equilíbrio sublime. Na natureza, entretanto, complexidade também significa fragilidade. Embora as ilhas façam parte do Santuário Marinho Nacional do Golfo das Farallones, de 3.250km², a reserva natural se encontra no caminho de algumas das mais movimentadas rotas marítimas da Costa Oeste dos Estados Unidos. Em 1971, 3,2 milhões de litros de petróleo vazaram no golfo das Farallones, matando mais de 20 mil aves marinhas. Treze anos depois, em 1984, um navio-petroleiro explodiu, despejando 5,3 milhões de litros de petróleo. E, neste exato momento, centenas de embarcações estão espalhadas no fundo do mar, ao redor das ilhas, prontas para despejar petróleo feito lâmpadas de lava tóxicas à medida que a água corrói lentamente seus cascos. Se somarmos a isso a presença de um porta-aviões de 10 mil toneladas já usado para práticas de tiro ao alvo nuclear e 48 mil barris de resíduos radioativos, a situação fica ainda mais precária.

As próprias ilhas são frágeis. São ocas em certas partes, feitas de um granito de 89 milhões de anos do qual boa parte já apodreceu e se desfaz ao simples toque. A palavra *farallón*, em espanhol, significa "ilhota rochosa no oceano" (o plural é *farallones*), e algumas das ilhas, como a Farallon do Meio, conhecida na região como "a Espinha", mais parecem rochas protuberantes do que ilhas de verdade. Todas as dez ilhas fazem parte da borda irregular da plataforma continental, que sobressai das águas do Pacífico antes de afundar por três quilômetros – a profundidade do Grand Canyon – para dentro da escuridão. Tecnicamente, as Farallones não passam de um subúrbio exótico de São Francisco, pois se encontram dentro dos limites da cidade. No entanto, dos 7 milhões de pessoas que habitam a Bay Area, poucos estão cientes de sua existência. E mesmo que alguém saiba que as Farallones estão por ali, certamente não terá nenhuma ideia da história violenta e desesperada do lugar: os acidentes, os assassinatos, a cidade esquecida, a guerra. A cada ano há menos pessoas vivas que ainda se lembram das histórias. Nas fotos por satélite da Bay Area, as Farallones geralmente ficam fora da imagem.

É compreensível que as ilhas sejam tão desconhecidas. A viagem de barco desde o continente é uma convulsão de turbulência e náusea que pode durar mais de seis horas – e isso num dia em que algum capitão esteja disposto a tentar a travessia. Até as tripulações da Guarda Costeira evitam fazer o percurso, admitindo que preferem ir de helicóptero sempre que possível. Ninguém vive nas Farallones o ano inteiro. Peter, Scot e um punhado de colegas se revezam para ocupar a única construção habitável, uma casa singela edificada há 120 anos na Farallon Sudeste que parece resistir a qualquer coisa. E, de fato, resistiu: o lugar é açoitado regularmente pelo clima mais inóspito que o Pacífico consegue produzir. Ventos de trinta nós, um cobertor de névoa e ondas de cinco metros de altura são o dia a dia do lugar.

Mesmo que um visitante tenha a coragem ou a curiosidade de empreender a viagem até as Farallones, não poderá desembarcar – o arquipélago é um Parque Natural Nacional intensamente supervisionado, situado dentro de um Santuário Marinho Nacional, e as únicas pessoas que têm permissão para entrar ali, segundo a lei federal, são os biólogos que monitoram a fauna local. De qualquer forma, não há onde atracar um barco. As ilhas são cercadas de penhascos íngremes e rochas ocultas e traiçoeiras que criam linhas de rebentação abruptas. Cerca de 250 mil aves marinhas passam o ano pintando os rochedos, e o cheiro de amônia é repugnante. É proibido fazer barulho, os aviões não podem voar diretamente sobre as ilhas e todas as embarcações devem se manter no mínimo a duzentos metros da costa. E você certamente não vai querer dar um mergulho nessas águas. Diante de todos esses impedimentos, só existe uma razão para visitar as ilhas Farallon: por serem o lugar mais horripilante e selvagem da face da Terra.

Eu fiquei fascinada pelas Farallones em 1998, quando assisti a um documentário da BBC sobre o trabalho de Scot e Peter. Na televisão, mesmo as coisas magníficas tendem a parecer insignificantes, mas aquele programa conseguiu transmitir a ideia do tamanho descomunal dos tubarões, de como o barco de pesquisa dos biólogos parecia um brinquedo de criança em comparação com os animais e da natureza extraterrestre do lugar. Quando o programa começou, eu estava deitada no chão da minha sala, padecendo de mononucleose, e me perguntei se poderia estar alucinando.

Na tela, as ilhas sobressaíam das águas do Pacífico como as presas de um monstro marinho que precisava urgentemente ir ao dentista. A água era de um negrume abissal; a neblina atravessava arcos de rocha bruta. No entanto, a característica mais surreal das ilhas ficava abaixo da superfície. Quando o homem loiro identificado como "Scot Anderson, biólogo" se inclinou sobre a borda de seu barco de onze pés e submergiu uma câmera de vídeo à prova d'água, passaram-se poucos segundos antes que um tubarão-branco surgisse na tela. E depois outro, e mais um. Não havia nenhum tipo de isca na água. Os tubarões estavam simplesmente ali, nadando, amontoados feito aviões sobre um aeroporto muito movimentado. Será algum tipo de armação?, perguntei-me. Uma montagem da televisão? *Não pode ser real.* Como é possível que tubarões-brancos do tamanho de furgões estivessem dando voltas por ali, tão perto de São Francisco, dentro do raio de entregas das pizzarias? E quem eram aqueles dois malucos sentados ali no meio, num *barco a remo*?

Os tubarões-brancos despertam uma espécie de admiração universal – e não só por sua capacidade de nos engolir como quem come um tira-gosto. Os ursos-pardos podem devorar pessoas com a mesma facilidade, e, embora também despertem um saudável respeito, o que sentimos diante deles não é nada comparado à resposta primitiva ao vermos aquela forma negra cruzando a água. Pergunte ao Discovery Channel; sua Semana do Tubarão anual é um fenômeno que gera aumentos de até 100% na audiência, e o canal invariavelmente programa essa semana para que ocorra durante as medições desse índice.

Os tubarões-brancos representam o desconhecido, um fenômeno terrível e poderoso. Vivem num elemento diferente do nosso, não são bonitinhos, não são nem um pouco fofos e, num certo nível, parecem ser o mais próximo que conhecemos de dinossauros vivos. Sua *alteridade* é o que nos encanta e nos faz tremer de medo. Além de, é claro, as várias fileiras de dentes. Trata-se de uma relação complicada. O biólogo Edward O. Wilson resumiu a questão em belas palavras quando escreveu: "De uma forma profundamente tribal, nós adoramos os nossos monstros."

A maior parte das pessoas prefere amar o monstro a distância, ou talvez apenas por fotografias, a se aproximar para acariciar sua pele ou examinar suas presas (ou apalpar a barbatana, como fez Scot no programa da BBC quando um tubarão passou ao seu lado). O instinto de sobrevivência geralmente vence a curiosidade, e isso é bom, pois são essas as pessoas com as quais podemos contar para preservar nossa espécie, transmitindo sua sensatez para as novas gerações. Mas há também outro tipo de pessoa. Como eu.

Desde que me entendo por gente, tenho a sensação de que as coisas mais empolgantes da vida estão escondidas em algum lugar, como os ovos Fabergé ou os uísques escoceses com centenas de anos. E que a única maneira de encontrá-las é por meio de uma busca incessante. Não vamos nos deparar com uma civilização perdida enquanto caminhamos para pegar o ônibus até o trabalho, nem encontrar um tubarão-duende exposto na seção de mariscos do supermercado local. Ver a Lua pela TV, visitar criaturas selvagens em gaiolas, encostar o nariz em vitrines de museus para admirar um suvenir da história – tudo isso traz a sensação de estarmos perdendo alguma coisa. Ainda assim, quase todo mundo que conheço já fez essas coisas.

Na verdade, eu também. No entanto, aos 34 anos de idade, e há dez anos metida numa carreira bem-sucedida no mundo das revistas, ainda havia dentro de mim inquietude e curiosidade incontroláveis, e eu não podia dizer que me sentia satisfeita. Eu tinha um fascínio particular por corpos d'água. Eles me atraíam profundamente, como o pêndulo de um hipnotizador; sempre que eu olhava para um corpo d'água, perguntava-me o que havia debaixo da superfície. Os lagos canadenses de tonalidade verde-escura onde eu passava os verões, o Caribe, com suas águas claras como o gim, o Pacífico insondável, o brilho raso e antisséptico de uma piscina: tudo aquilo me atraía por igual.

Meu fascínio pela água me levou a uma carreira como nadadora que durou 25 anos. Eu passava até seis horas por dia encarando o fundo de todo tipo de piscina, nadava milhões de metros e fazia incontáveis viradas, e ainda assim não era água suficiente. A única coisa mais fascinante do que estar na piscina era nadar num lago, num rio ou no oceano, onde eu talvez pudesse ver peixes. Até os peixes mais detestáveis, como um bagre, uma perca ou um achigã, conseguiam me deixar enfeitiçada, me causavam uma mistura irracional de encanto e terror. Enquanto outras pessoas observavam o espaço, cogitando sobre buracos negros e galáxias distantes, eu encarava alguma grande extensão de água na esperança de ter o breve vislumbre de uma barbatana.

Os oceanos cobrem 71% da Terra, e estima-se que 95% das formas de vida que os habitam jamais tenham sido avistadas; só exploramos uma fração minúscula dessa enorme extensão aquática. Avanços na exploração profunda permitiram que investigássemos melhor as profundezas, e, nos últimos anos, obtivemos imagens estonteantes de criaturas anteriormente desconhecidas – seres que escapam à nossa imaginação, como o peixe-ogro, a lula-vampira-do-inferno e o peixe-boca-de-guarda-chuva. Os cientistas acabam de descobrir as fontes termais no fundo dos oceanos – uma água fervente, saturada de minerais, que jorra da crosta da Terra para o mar através de formações semelhantes a chaminés (e que, por sinal, talvez sejam a própria origem da vida). O uso de novas tecnologias, como o sonar de varredura, permitiu que descobríssemos tesouros incríveis: seiscentos naufrágios, alguns de tempos pré-bíblicos, estão submersos numa pequena porção de oceano na costa de Portugal. No mínimo três cidades egípcias submersas, que devem ter mais de 2 mil anos de idade, foram descobertas recentemente no fundo do oceano perto do porto de Alexandria. Quando os arqueólogos submarinos começaram a explorá-las, depararam-se com a frota afundada de Napoleão.

Em outras palavras, até nos lugares em que a superfície é familiar existem universos inteiros e mundos ancestrais enterrados, perdidos no fundo, como um quarto desconhecido em nossa própria casa. Para mim, tudo isso era emocionante e assustador. Durante anos, tive um sonho recorrente – na verdade, quase um pesadelo – no qual eu flutuava à noite, cercada por grandes peixes que pareciam de outro mundo. Nunca conseguia vê-los direito, mas sabia que a água estava viva, cheia deles, todas aquelas criaturas ocultas a me circundar. Quando vi as Farallones na tela pela primeira vez, a memória desses fantasmas, já quase aposentada, ressurgiu na minha consciência. Aquelas águas eram realmente *estranhas*. O que haveria debaixo da superfície?

Foi bastante difícil achar a resposta. O programa da BBC sobre os tubarões das Farallones era tudo que havia. Os artigos que consegui encontrar não passavam de tratados questionáveis sobre populações de focas e a migração das aves marinhas, ou então artigos de jornal concisos que despertavam mais perguntas do que respondiam. O *Los Angeles Times* chamava as Farallones de "os imóveis mais inacessíveis dos Estados Unidos, ou do mundo", mas não especificava mais nada. Uma manchete do *New York Times* de 1858 contava que um pescador tinha sido "apanhado por um polvo" nas ilhas, mas não dava mais detalhes.

Acabei por me deparar com alguns fatos aleatórios que me deixaram intrigada: um esqueleto feminino tinha sido encontrado numa gruta marinha, e sua identidade ainda era um mistério... Um século atrás, na ilha Farallon Sudeste, havia uma vila que tinha até sua própria escola... Um novo tipo de água-viva tinha sido encontrado ali; o animal tinha *braços* em vez de tentáculos. E também os tubarões, sempre os tubarões. Os mergulhadores comerciais se recusavam a trabalhar em qualquer ponto próximo das ilhas. Os mergulhadores do governo não tinham permissão de entrar naquelas águas, pois os seguros não cobriam essa atividade. Os tubarões-brancos tinham até frustrado uma tentativa de bater o recorde mundial de esqui aquático, numa travessia da Golden Gate até as Farallones. "Foi a coisa mais idiota que já fiz", confessou o esquiador, que passou horas atravessando ondas de cinco metros de altura capazes de quebrar seus ossos, até que seu barco teve um vazamento quando já se aproximava das ilhas. Ao nadar por baixo do casco para verificar o que havia de errado, ele percebeu de súbito que não estava sozinho: "Tudo o que vi foi um bando de tubarões." O homem saltou de volta para dentro do barco, e a tripulação voltou para São Francisco o mais rápido que pôde.

Ir até as Farallones, ao que parecia, era como passear pelo monte Olimpo enquanto os deuses percorriam as águas à procura de mais uma refeição em seu bufê. E, naquele lugar agourado, os seres humanos não eram bem-vindos nem necessários. As regras habituais da civilização não se aplicavam ali. As Farallones eram um lugar em que nada era falso e nada estava à venda, um lugar em que carros e cartões de crédito, telefones celulares e sapatos de salto alto não nos levariam a lugar algum, em que os animais prosperavam enquanto as pessoas morriam das maneiras mais incomuns. Esse recanto perdido, ao que parecia, não era apenas um pedaço desconhecido dos Estados Unidos, não era apenas uma janela para um interessante ecossistema marinho. Era o vislumbre de um outro mundo.

Vendo os dois homens na TV, cercados de tubarões em seu pequeno barquinho, percebi que a cidade de São Francisco e as ilhas Farallon eram separadas por uma espécie de fronteira. De um lado estava o mundo do asfalto e das *happy hours*; do outro estava um local inóspito ainda rondado por predadores de 400 milhões de anos. Eu queria atravessar aquela linha enquanto ela ainda existia, antes que a civilização a alcançasse e a deixasse mais indistinta, domando-a e, por fim, apagando-a por completo. Mas como? O lugar ficava fora de alcance, a entrada era proibida. Além disso, eu não fazia ideia de como chegar lá. Mas as Farallones haviam atiçado algo nos recantos mais profundos da minha imaginação, e eu soube que, de um jeito ou de outro, iria visitá-las. Precisava fazê-lo. Quantas vezes na vida temos a chance de entrar em nossos próprios sonhos?

PARTE 1

A ILHA

Capítulo 1

"As ilhas são propriedade do governo, dedicadas ao serviço de faróis, e para visitá-las é preciso autorização especial do Inspetor de Faróis responsável pelo departamento. Não é fácil obter essa licença."

Charles S. Green, "Los Farallones de los frayles", *The Overland Monthly*, 1892

16 DE NOVEMBRO DE 2001

A expressão "ilhas do Pacífico" traz à mente imagens de abundância e tranquilidade; de ventos amenos, sol, relaxamento e coquetéis refinados. Estas ilhas do Pacífico, entretanto, não têm nada disso. Nada é fácil nas Farallones. O próprio desembarque na ilha Farallon Sudeste já é um ato eletrizante, que requer agilidade física e nenhum medo de altura. Para desembarcar, temos que subir num bote e ser suspensos por um guindaste, e então içados por um penhasco num disco de metal do tamanho de uma tampa de bueiro. Ou então temos que saltar para a costa de um bote inflável sacolejante e, carregando equipamento, escalar um paredão de pedra, tomando o cuidado de escolher o momento certo entre as ondas, a fim de não sermos arrastados para o mar feito uma bolinha de papel. Tudo isso ocorre numa área restrita que não dá nenhuma margem de erro ao marinheiro. À direita, ondas e correntezas fervilham num desfiladeiro estreito ladeado de rochas pontiagudas. À esquerda, o oceano estoura contra uma saliência de granito, emitindo jatos no ar. Acima: milhares de gaivotas mergulhando como bombas. Abaixo: um cardume de tubarões-brancos. Não é exatamente a melhor infraestrutura para receber visitas.

A vida nas Farallones traz ainda outra série de desafios. A Farallon Sudeste, de 25 hectares, é a única ilha remotamente habitável do arquipélago, graças a uma estreita planície marítima que corre por sua margem sul. Nessa extensão de rocha há duas casas idênticas, castigadas pelas intempéries, construídas na década de 1870 – casas que encaram o oceano feito sentinelas. Uma delas tem eletricidade e água corrente, a outra não. A única fonte de água doce na ilha é um tênue córrego amarelado cuja água só uma pessoa desesperada beberia. No passado, muitos beberam. Hoje em dia, a água da chuva é coletada em estruturas de concreto, depois canalizada para tanques nos quais passa por sete etapas de filtração. A água quente é escassa. A disponibilidade de alimentos varia, especialmente durante o inverno e a primavera, quando tempestades violentas muitas vezes impedem, durante semanas a fio, o desembarque de barcos de suprimentos na ilha. Ainda que, por lei, nunca possa haver mais de oito pessoas vivendo na Farallon Sudeste, não há nenhuma privacidade na ilha – todos têm no mínimo um companheiro de quarto, e essa pessoa provavelmente é um estagiário de biologia que não toma banho há onze dias. Ah, e a descarga do banheiro não pode ser usada com muita frequência.

Também não foi fácil conseguir um convite para visitar a ilha. Um ano antes, quando entrei em contato com Peter Pyle, apresentei-me e lhe fiz a proposta de escrever um artigo sobre as ilhas para uma revista. Peter sugeriu que eu solicitasse uma licença de jornalista junto ao Serviço de Peixes e Animais Selvagens dos Estados Unidos para ficar meio dia no arquipélago. Passar a noite era completamente fora de cogitação – somente cientistas tinham permissão para isso. E me alertou: até as licenças diurnas eram muito difíceis de obter.

Mas Peter é um sujeito naturalmente amigável, e nossa conversa durou horas. Àquela altura, ele já era biólogo-chefe das Farallones havia dezesseis anos e, além de suas credenciais como estudioso dos tubarões, também era ornitologista renomado e uma enciclopédia viva sobre o arquipélago. A conversa com Peter aumentou ainda mais meu desejo de visitar as ilhas, e ele terminou a ligação concordando em fazer tudo o que pudesse para me ajudar. Pouco depois, pedi – e recebi – uma licença de um dia para escrever uma história para a revista *Time*. Infelizmente, o dia em que visitei as ilhas, 17 de novembro de 2000, acabou por ser o único sem tubarões daquela temporada. A viagem valeu a pena; ao menos pude ver a beleza assustadora das ilhas, e gostei imediatamente de Peter e Scot, mas as horas passaram e os únicos animais selvagens que encontrei foram hordas de gaivotas e pilhas de focas e leões-marinhos. Minha frustração deve ter ficado bem evidente, pois, quando eu estava indo embora, Peter, de improviso, me convidou para voltar na temporada seguinte. Voltar para as Farallones como uma verdadeira estagiária.

Eu, naturalmente, aceitei a oferta. E foi assim que, três anos depois de assistir ao documentário na BBC, acabei deitada num estrado no quarto Jane Fonda, no andar de cima da residência principal das Farallones. (O quarto ganhou esse nome porque sua porta tinha sido um dia decorada com uma pintura a óleo da atriz nos tempos de *Barbarella*, vestindo nada mais do que algumas penas. Depois disso, alguém cobriu a pintura com a imagem de um estorninho.) A decoração do quarto Jane Fonda lembrava um dormitório universitário terrivelmente malcuidado. Havia camundongos rastejando pelos cantos, mordendo e rasgando alguma coisa no armário (depois descobri que eram as barrinhas de cereais que eu tinha deixado na minha bolsa de viagem). Toalhas esfarrapadas esticadas diante das janelas serviam como cortinas improvisadas. Os colchões pareciam testes de Rorschach, a pintura das paredes estava descascando, a argamassa estava cheia de rachaduras e a cômoda trazia a inscrição "Propriedade da Guarda Costeira Americana".

Embora o dia tivesse acabado de nascer, pouco depois das seis ouvi vozes no andar de baixo. Fiquei em pé e escovei os dentes no banheiro coletivo, vestindo as mesmas três camadas de roupas com as quais tinha dormido. Naquela época do ano, no início da manhã, a temperatura rondava 4°C; mesmo dentro da casa o ar parecia pegajoso e úmido, e o piso de lajotas estava gelado. Calcei um par de meias de esqui e desci a íngreme escada de madeira. O andar de baixo era dividido em três ambientes principais: uma sala cheia de móveis velhos comprados num mercado de pulgas, um escritório com computadores de diferentes épocas e a cozinha, que era o principal ponto de reunião.

Scot e Peter já haviam acabado o café da manhã e provavelmente estavam na cozinha fazia pelo menos uma hora. Parte do ritual diário de Scot consistia em acordar às 3h30 e verificar a previsão do tempo para calcular o potencial de tubarões, depois voltar rápido para a cama antes de acordar outra vez e preparar uma marca específica de café que ele próprio importava do continente. Em contraste com o estado decrépito dos quartos, a cozinha era quente e aconchegante, com panelas de ferro trabalhado penduradas na parede, belas bancadas azuis e um enorme porta-temperos que continha de tudo, desde o velho e bom sal até pimenta preta do Malabar. O espaço era dominado por um enorme fogão industrial Wolf, de aço inoxidável, que provavelmente valia mais que a casa inteira. Scot estava ao lado do fogão, servindo uma xícara de café. Peter estava sentado atrás dele, numa das cadeiras, cada uma diferente das outras. Estava inclinado para trás, rindo e conversando, o cabelo encaracolado escapando por baixo de um boné desbotado do San Francisco Giants. As roupas que estava usando, percebi depois, eram seu uniforme característico: calças Carhartt à prova de balas, uma camisa de tela grossa, já amaciada pelo uso, e um colete de lã. À frente dele havia uma tábua de marés.

Os dois homens tinham pouco mais de quarenta anos e eram de altura média; possuíam aquele brilho autêntico que o bronzeamento artificial não consegue imitar, além do modo tranquilo e confiante das pessoas que se sentem em casa. Era como se tivessem saído das páginas de uma revista de alpinismo, na qual homens perfeitamente desarrumados e incrivelmente atraentes, com a barba por fazer, andavam de caiaque no Zambeze e escalavam o El Capitán pendurados nas pontas dos dedos. A atitude daqueles caras correspondia à aparência. Quando cheguei, dois dias antes, a bordo de um barco de observação de baleias chamado *Superfish*, Peter me recebeu no barco de pesquisa de tubarões. O *Boston Whaler*, de dezessete pés, subia e descia atrás do *Superfish*, de 65 pés; os dois barcos se erguiam e tombavam alternadamente com as ondas de três metros de altura. Minha função era pular sem cair na água, onde poderia ser esmagada feito um inseto entre os dois barcos ou engolida por um tubarão curioso. Consegui dar o salto, mas fiquei completamente apavorada, e minhas pernas não pararam de tremer durante uma hora. Enquanto isso, Peter, navegando entre ondas capazes de engolir seu barco, conversava com a tripulação do *Superfish*, cumprimentando pessoas, observando as aves com o canto do olho e me ajudando a subir a bordo, tudo ao mesmo tempo.

Peter e Scot pareciam completamente à vontade naquele lugar, e as Farallones, de certa forma, eram como um lar para eles. Ao longo dos anos, os dois pesquisadores criaram uma rotina. Scot sempre dormia no Quarto do Vento (um quarto também conhecido como a Irmã Feia da Jane Fonda, por ser pequeno e inclinado para um lado). Peter sempre transportava seu equipamento em tonéis de plástico, para evitar os camundongos, os piolhos das aves e a umidade. Scot cuidava do equipamento do Projeto Tubarão; Peter lidava com a logística da ilha. Scot trazia café e cerveja; e Peter, o vinho barato. Os dois gostavam de tomar Jack Daniel's, sabiam interpretar o oceano e consertavam coisas. Eles tinham o arquipélago na palma das mãos, até onde isso era possível.

Peter e Scot coordenavam seus horários de modo que, durante a temporada de tubarões, pelo menos um dos dois estivesse sempre presente. Peter adorava passar a maior parte do outono nas ilhas, não só por causa dos tubarões, mas também por ser uma temporada com muitas aves. Scot preferia ir somente quando o tempo estivesse mais apropriado para seu trabalho. Quando as ventanias chegavam ou a névoa cobria o lugar e, em suas palavras, "alguém apagava as luzes", ele muitas vezes tentava pegar carona num barco pesqueiro e voltar para Inverness, um vilarejo tranquilo perto de Point Reyes onde ele vivia com a namorada. Durante os outros nove meses do ano, Scot trabalhava como guarda ambiental no Parque Nacional Litorâneo de Point Reyes e como naturalista em meio período para a Sociedade Oceânica. Peter também vivia em Inverness, com a esposa e dois filhos; quando a temporada de tubarões terminava nas Farallones, ele retornava ao continente, onde trabalhava na captação de recursos para o projeto, respondia a e-mails e telefonemas, organizava a pesquisa, escrevia relatórios e voltava o restante de sua atenção para o mundo das aves.

Estávamos todos com os olhos um tanto inchados naquela manhã, graças às várias garrafas de vinho que tínhamos tomado no jantar da noite anterior, por isso apanhei uma xícara e me servi de café. Sentei ao lado de Peter.

– Bom dia – disse ele. – Está pronta para correr? – Em outras palavras, Peter estava perguntando se eu estava pronta para um ataque de tubarão, podendo sair às pressas se subitamente houvesse um, sem pentear o cabelo ou trocar de roupa. Mas é claro! Na noite anterior eu tinha deixado jaqueta, binóculo, óculos escuros, câmera e botas bem ao lado da porta de entrada, ao alcance das mãos.

Adam Brown e sua mulher, Natalia Collier, conhecidos por todos como Brown e Nat, entraram na cozinha e se puseram a preparar torradas, revistando as duas geladeiras em busca de fatias de pão caseiro e do último pedaço de manteiga. Brown, que tinha 29 anos, era o terceiro – e mais novo – pesquisador do Projeto Tubarão; na verdade, ele era o único acréscimo que Scot e Peter haviam feito à equipe. Era um homem de feições fortes, alto e ossudo, com um rabo de cavalo loiro. Nat também era bióloga. Tinha quase trinta anos e não precisava se esforçar para ficar bonita, com o cabelo castanho grosso e nenhuma espécie de maquiagem. Tinha um jeito determinado incomum em alguém daquela idade. Não havia dúvida de que Nat iria salvar uma ou duas espécies antes de deixar esta vida.

Durante a maior parte do ano, os Brown levavam uma existência errante, percorrendo um circuito no qual as Farallones eram apenas uma parada. Passavam vários meses na ilha de St. Martin, no Caribe, antes de chegarem às Farallones, monitorando populações de aves e gerindo sua própria organização ambiental sem fins lucrativos. Ao contrário da maioria dos casais de vinte e tantos anos, esses dois tinham decidido que sua vida ideal não incluía grandes empresas, carros de família nem casa num condomínio fechado. Não tinham endereço fixo. Durante as calmarias entre os períodos de trabalho, eles surfavam.

O casal estava no arquipélago desde agosto e, como Nat me contara, ficaria até o início de dezembro. No entanto, a temporada de tubarões oficial acabaria dali a três dias. Até aquele momento o ano tinha sido apenas razoável. Havia menos focas no arquipélago, e era provável que os tubarões ainda estivessem com fome. Na semana anterior, ao que parece, o tempo estivera estranhamente favorável, a água, clara, e tudo correra conforme o previsto. Carcaças despedaçadas surgiam a torto e a direito, grandes grupos de tubarões subiam à superfície para se alimentar, e Scot, Peter e Brown flutuavam em meio a tudo aquilo no barco de pesquisa. Mas o grosso da atividade parecia ter terminado. O clima estava novamente inóspito, havia muito vento e névoa. Esse era o tempo típico das Farallones, mas não era muito bom para a observação de tubarões. Nos dois dias anteriores, a temperatura mal passara dos 10°C, o mar fora de azul ultramarino a cinza metálico, e ficáramos presos em terra o tempo todo.

Eu passara meu tempo explorando a ilha, vagando pelas partes planas, percorrendo o caminho íngreme até o velho farol, escalando as encostas pedregosas dos morros e arrancando grandes punhados de espinafre-da-nova-zelândia, uma planta invasora que colonizara rapidamente o lugar depois que suas sementes pegaram carona nas solas dos sapatos de alguém em 1975. (Peter tinha explicado a missão, na guerra declarada contra a espécie exótica: procurar e destruir o flagelo verde sempre que possível.) No segundo dia, Scot me mostrou um lugar chamado de Banheira do Imperador, uma baía protegida, de aspecto dramático, repleta de focas e leões-marinhos que ficavam ali deitados, ou então davam cambalhotas, urrando e bufando, enquanto a água corria ao redor deles como uma Jacuzzi cristalina. Descendo um pouco mais a trilha estreita, viramos uma esquina e chegamos à Plataforma Norte e à baía do Pescador, um beco sem saída. Era uma paisagem que fazia qualquer um apanhar uma câmera imediatamente – um semicírculo assustador de lanças rochosas em torno de uma baía inquieta, sem nenhum abrigo contra o vento. Um desses pedregulhos, o Arco de Pedra, tinha no centro um buraco do tamanho de uma casa, como o olho de uma agulha. Havia um outro penhasco, maior, mas menos chamativo; chamava-se Sugarloaf [Pão de Açúcar] e se erguia grandiosamente em meia-lua na margem nordeste da baía, ligeiramente separado do resto do grupo.

Mesmo sem tubarões, o lugar era deslumbrante. Eu poderia ter passado tranquilamente um ano ou dois explorando todos aqueles lugares de nomes fabulosos – como a ilhota do Tio Bêbado, o Arco Funky ou a baía da Joia –, observando as focas, as rochas, as aves, as ondas e o céu volúvel e imprevisível. Mas a minha visita acabaria em menos de 48 horas, e eu estava ficando um tanto preocupada por ainda não ter visto nenhum tubarão. Passar em branco pela segunda vez em dois anos seria inconcebível.

– Amanhã é o dia – assegurou Peter na última noite. – Estamos à espera de um ataque grande e sangrento.

"O verdadeiro biólogo lida com a vida, com a vida abundante e impetuosa, e aprende algo com isso, aprende que a primeira regra da vida é viver", escreveu John Steinbeck em *The Log from the Sea of Cortez*. Ao se formar na universidade em 1979, Peter Pyle decidiu provar que Steinbeck estava certo. Aos vinte anos, Peter, um conhecedor de pássaros, com cabelo comprido, bigode estilo anos 1970 e um diploma de zoologia recém-adquirido na Universidade de Swarthmore, pôs o pé na estrada com o objetivo expresso de ver o maior número de aves que pudesse, das florestas fechadas do Havaí (onde, no fim das contas, havia poucas aves, mas muitas oportunidades de ganhar algum dinheiro cultivando pés de maconha) à Europa, e dali para a Ásia. No caminho, encontrou outro ornitologista, que comentou que o melhor lugar para trabalhar com pássaros era Bolinas, na Califórnia, sob os auspícios de um grupo chamado PRBO, Point Reyes Bird Observatory (Observatório de Aves de Point Reyes). Era uma organização cheia de talento e irreverência, dedicada a conservar ecossistemas, pântanos, ambientes marinhos ou qualquer lugar em que houvesse aves. "Aquilo é a sua cara", disseram a Peter.

E assim, na noite de ano-novo de 1979, Peter chegou a Bolinas num Fusca azul-marinho capenga que por vezes também lhe servia de casa. Depois de trabalhar por vários meses como voluntário em Palomarin, uma estação de campo do PRBO instalada na costa escarpada de West Marin,

Peter recebeu a oferta de trabalhar por oito semanas como estagiário na ilha Farallon Sudeste, que o PRBO monitorava em parceria com o Serviço de Peixes e Animais Selvagens dos Estados Unidos.

Ao pisar na Plataforma Leste pela primeira vez, Peter olhou para tudo aquilo: as multidões de aves, a paisagem extrema, o clima violento, o isolamento perfeito, as estagiárias bonitinhas. Tudo o que ele queria estava bem ali, embalado num só pacote. *É isso*, pensou. *Este é o meu lugar*. Em 1985, Peter já havia sido contratado para trabalhar como biólogo nas Farallones, o que lhe permitia passar a metade do ano vivendo no arquipélago.

Naquele tempo, os tubarões que habitavam o local não recebiam muita atenção. Entretanto, à medida que se tornou mais comum, durante a década de 1980, avistar enormes barbatanas dorsais e focas estraçalhadas, a curiosidade dos biólogos também aumentou. Peter anotava algumas observações sempre que testemunhava um ataque na ilha, mas não podia fazer mais nada. Todos ficavam fascinados quando os tubarões surgiam, admirados com seu tamanho e com as enormes manchas de sangue bem perto da costa, mas não havia nenhum programa de pesquisa dedicado aos tubarões-brancos, não havia recursos para estudá-los e, sobretudo, não havia ninguém com a inclinação para fazê-lo naquela ilha de ornitologistas. Um intrépido cientista marinho chamado Peter Klimley, já famoso por seus estudos inovadores sobre tubarões, pôs o projeto em andamento em 1985, a convite do biólogo-chefe das Farallones, David Ainley. Ainley, que, pelo que todos dizem, é uma espécie de biólogo visionário, queria criar um programa de pesquisa dedicado aos tubarões-brancos. Ele e Klimley, auxiliados por Peter, começaram a montar sistemas para coletar dados e, por várias temporadas, tentaram atrair tubarões, fazendo-os engolir carcaças de ovelhas que continham transmissores. A ideia de fazer os tubarões engolirem aparelhos de rastreamento era original e promissora (posteriormente, o método continuou a ser utilizado na ilha por um cientista chamado Ken Goldman), mas Ainley já estava muito ocupado administrando o lugar, supervisionando todo tipo de pesquisa, e Klimley tinha outros projetos ligados a tubarões em Baja e em outras partes que exigiam sua atenção, por isso não podia dedicar uma temporada inteira à ilha. As Farallones eram, acima de tudo, um centro para estudos de campo e precisavam de alguém que ficasse ali o tempo todo, observando.

Foi exatamente nesse momento, em 1987, que Scot entrou na história. Ele crescera justamente no povoado de Tiburon ("tubarão" em espanhol), nas margens de uma baía no Condado de Marin. Enquanto outros meninos colavam pôsteres de Farrah Fawcett e dos Rolling Stones nas paredes de seus quartos, Scot colocava imagens de tubarões-brancos. Ele tinha ouvido falar das Farallones. Além disso, tendo passado a vida inteira perto daquela faixa de oceano, ouvira todas as lendas e histórias de pescador sobre tubarões. Nos anos 1970 e 1980, porém, nem mesmo os maiores conhecedores do assunto sabiam muito sobre o tema. Os pescadores locais diziam haver tubarões-brancos na área, muitos deles, mas as informações ficavam por ali.

Scot não era o único interessado em pesquisar os tubarões-brancos nas Farallones, mas sem dúvida era o mais determinado. Construiu seu caminho até as ilhas de modo sistemático ao longo dos anos, cultivando colegas que pudessem ajudá-lo a ir até lá e aprendendo a instalar dispositivos de rastreamento nas patas de aves, um processo complicado e técnico, de modo a estar qualificado para um estágio. Quando finalmente chegou ao arquipélago, conseguiu se tornar indispensável, fazendo tudo com extrema competência – desde cozinhar uma lasanha fantástica até consertar o telhado. O que fosse preciso.

O mais importante, porém, foi que logo ficou claro que ele conseguia enxergar certas coisas sobre os tubarões que ninguém mais conseguia. Ele tinha um sexto sentido que lhe permitia saber exatamente para onde olhar no momento certo, e um sentido de visão que se poderia descrever como biônico. Pouco depois da chegada de Scot, Phil Henderson, um especialista em aves marinhas que passava os outonos na ilha, indicou-o para um cargo recém-criado: pesquisador-chefe de tubarões-brancos.

Peter era a única pessoa que Scot conseguia convencer a ir de barco ver uma carcaça mutilada, o único cientista que compartilhava seu fascínio pelos tubarões. E Peter, com sua habilidade de distinguir um pardal LeConte de um pardal Henslow a cem metros de distância, partilhava o dom da visão de Scot. Era uma parceria ideal.

E foi assim que em 1988, apoiados pelo PRBO e pelo Serviço de Peixes e Animais Selvagens dos Estados Unidos, os dois criaram o Projeto Tubarão-Branco das Ilhas Farallones, o único estudo de longo prazo de espécimes individuais de tubarões-brancos em existência. E "individuais", para eles, significava literalmente um por um. Usando câmeras de vídeo submersas e observações feitas da borda do convés, Scot e Peter identificaram mais de cem tubarões-brancos, catalogaram sua localização em torno da ilha e até lhes deram nomes (embora o hábito de batizar os animais possa parecer apenas uma brincadeira amigável, tinha na verdade um propósito científico essencial: era a maneira mais fácil de reconhecê-los em campo).

Uma das primeiras coisas que aprenderam foi que aqueles tubarões-brancos eram os alfas dentre os alfas. Um tubarão médio das Farallones tem 4,5 metros; um tubarão grande tem 5,5 metros; tubarões de seis metros são raros, mas há relatos deles. Em outros locais com grande concentração de tubarões, como na África do Sul, na Austrália e na ilha de Guadalupe, no México, costuma haver tubarões jovens de 2,5 a 3,5 metros, que certamente não são peixes pequenos. Nas Farallones, entretanto, um tubarão-branco de 3,5 metros seria visto como um adolescente nanico tentando entrar num bar.

O projeto de Scot e Peter tinha um elemento inovador: estudar uma *vizinhança* de tubarões-brancos enquanto eles faziam suas coisas de tubarão, ano após ano. Graças a isso, a dupla foi a primeira a documentar os hábitos naturais de alimentação dos tubarões-brancos, seu comportamento instintivo junto a outros tubarões e suas estratégias de caça inatas. Embora essas observações possam parecer triviais, no mundo da biologia representaram um feito notável. A configuração única das Farallones – o posto de observação do farol, os alojamentos convenientes, a abundância de tubarões e focas e as multidões de gaivotas para sinalizar os ataques – permitiu-lhes reescrever capítulos inteiros de livros sobre tubarões-brancos. O que veio a calhar, porque, de fato, a maior parte do conhecimento registrado estava errada. Os cientistas pensavam que os tubarões-brancos caçavam à noite; eles caçam de dia. Pensavam que esses tubarões não tinham uma boa visão e que seguiam suas presas pelo faro; na verdade, são predadores visuais. Pensava-se que fossem máquinas mortíferas irracionais, quando de fato os tubarões perseguem suas presas com cuidado e planejamento.

Hoje em dia, Peter e Scot não hesitam nem um pouco em se aproximar de um tubarão-branco enquanto o animal se alimenta. No início, porém, tudo era mais assustador. Eles queriam observar os tubarões de perto, mas a embarcação que usavam tinha apenas onze pés. Eles se referiam ao barco como o "Bote" ou o "Prato de Comida".

Acelerar o Prato de Comida e se aproximar de um tubarão logo após um ataque era um ato de fé – eles não tinham a menor ideia do que os animais poderiam fazer. Não era algo que pudesse ser consultado num manual: *Procedimentos para a operação de um barquinho minúsculo perto de um tubarão-branco enquanto ele se alimenta*. Todos ainda estavam sob a influência sombria do filme *Tubarão*. Peter e Scot suspeitavam que os tubarões quisessem comê-los. Por que os animais *não* acertariam o barco, tentando virá-lo?

Os tubarões-brancos certamente eram conhecidos por morder, golpear, atacar e até afundar embarcações pequenas. Capitães de todo o mundo contavam histórias de animais que haviam acertado barcos de pesca esportiva como se estivessem defendendo seu território, e de tempos em tempos encontravam-se dentes incrustados em cascos. Na ilha de Cape Breton, no Canadá, um tubarão-branco de 3,5 metros fez um buraco no fundo de uma embarcação pequena. Na África do Sul, um barco de pesca parou de repente, embora o motor ainda estivesse ligado. Quando os pescadores olharam pela lateral para examinar o motor de popa, descobriram que um tubarão-branco tinha cravado a mandíbula em volta das hélices. Havia histórias de tubarões-brancos que haviam acidentalmente aterrissado sobre pequenas embarcações ao saltarem da água, matando pessoas, esmagando ossos e, ao menos em um caso, mastigando o estofado dos bancos.

Naquele primeiro ano, ao se instalarem nas ilhas, Peter e Scot foram se aproximando cada vez mais dos ataques; sempre que algo os assustava, a resposta era a mesma: acelerar o motor e sair em disparada. Foi exatamente o que fizeram na terceira vez que saíram para estudar um ataque, num dia de águas claras na ponta ocidental da ilha, um local chamado Cabeça do Índio, quando um tubarão que tinha aproximadamente o dobro do tamanho do barco se aproximou para farejar. Era uma fêmea, e não estava sozinha. Foi a primeira vez que encontraram dois tubarões ao mesmo tempo. Quando identificavam um tubarão nadando em círculos sob eles, Peter e Scot se sentiam razoavelmente seguros, mas a ideia de um segundo tubarão à espreita atrás deles enquanto observavam o primeiro os deixava tensos demais naquela época. Aceleraram para sair dali. Depois de esperarem alguns minutos a vinte metros de distância, vendo as barbatanas circundando a carcaça, a curiosidade foi mais forte, e eles se aproximaram aos poucos. Os tubarões os observaram, mas continuaram a morder a foca.

– Percebemos que podíamos sair para o mar, observar os ataques e não morrer – relembra Scot. – Foi um passo importante.

A previsão do tempo de Peter estava certa. Depois que clareou, saí da casa e vi que a névoa tinha se dissolvido, o oceano estava à vista e o contorno acidentado de outra Farallon, a Pedra da Sela, estava perfeitamente em foco pela primeira vez desde a minha chegada. A Pedra da Sela sobressaía da água apenas duzentos metros a sudeste da ilha principal e, vista de certos ângulos, parecia exatamente uma barbatana dorsal. Em suas encostas ficavam pousados muitos biguás, formando um elegante desenho de listras pretas. A ilha marca a divisão entre a baía de Mirounga (onde o Rat Pack costumava caçar) e a ponta Shubrick (onde reinava a Irmandade). Muitos elefantes-marinhos já haviam perdido a cabeça à sombra da ilha.

Scot, Peter e eu tomamos nossos cafés nos degraus da entrada, olhando para a água que cintilava na luz da manhã. Havia um vento leve, e umas poucas nuvens passavam depressa. Entretanto, não se podia dizer que fosse uma manhã tranquila. As gaivotas guinchavam no volume máximo, como sempre. As ondas estouravam nos rochedos, pulverizando o ar com gotículas. As aves marinhas voavam em formação sobre a água, e cada vez que pareciam preferir um ponto em particular eu sentia uma pequena pontada de esperança – haveria ali uma carcaça? Peter parecia ter outras coisas em mente; estava fitando uma onda tubular perfeita, de 2,5 metros, que quebrava numa área conhecida como "Beco do Tubarão". Não era de surpreender que aquelas ondas nunca tivessem sido surfadas.

Mas não por falta de pranchas. Sempre havia várias delas na cabana de suprimentos – Scot as usava para atrair tubarões até a superfície e tirar fotos de identificação. Aos olhos de um tubarão, ao que parece, uma bela *swallowtail* de seis pés é uma imitação quase perfeita de uma foca. Quando são recolhidas do mar, as pranchas em geral têm pedaços enormes faltando; muitos surfistas passaram a enviar pranchas velhas a Scot na esperança de reobtê-las depois que os tubarões tivessem feito sua visita. Além do valor para fins de pesquisa, as pranchas atacadas davam ótimos temas de conversa.

Segundo Scot e Peter, a Rainha Aniquiladora das Pranchas de Surfe era uma fêmea chamada Cotoco. Ela media quase seis metros, pesava duas toneladas e meia e, quando estava por perto, era quem mandava nas Farallones.

– Acredito que seja o único tubarão que entendia quem nós éramos, o que estávamos tentando fazer – relembra Peter. – E não estava nem um pouco preocupada. Quando Scot soltava os chamarizes, Cotoco vinha e os destruía, mais por não gostar deles do que por ser enganada pelo contorno das pranchas. – Peter virou-se para Scot. – Ei, estamos num ano ímpar. Cotoco talvez esteja por aqui.

– Se estivesse, a gente saberia – respondeu Scot.

Cotoco patrulhava uma área do oceano no lado leste da ilha, perto do local de onde os barcos eram lançados na Plataforma Leste. Para as presas, não era aconselhável passar por ali.

– Nenhum elefante-marinho escapa dela – contou Peter.

Enquanto outros tubarões levavam vinte minutos ou mais para consumir suas presas, Cotoco conseguia devorar um elefante-marinho de 250 quilos em apenas três minutos. Embora já fizesse anos desde a última vez em que haviam visto a característica barbatana caudal decepada de

Cotoco – o que inspirara seu nome –, Scot e Peter ainda falavam dela com um respeito que beirava a veneração.

– A Cotoco era uma deusa, essa é a única forma de descrevê-la – disse Peter, baixando a voz em reverência. Certa vez, Scot prendeu uma câmera de vídeo na parte de baixo de uma prancha de surfe para determinar de que ângulo vinham os tubarões quando atacavam. Soltou a prancha perto da Plataforma Leste. No momento oportuno, como um aguerrido piloto de testes, Cotoco atacou a prancha com toda a força. O vídeo resultante é impressionante: dentes, espuma e ruídos violentos que trazem à mente a imagem de uma colisão de trens subaquática. Foi a primeira vez na Califórnia que alguém conseguiu filmar tubarões-brancos com uma câmera submersa.

Cotoco fez sua estreia no cinema naquele documentário da BBC que eu vira, o que valeu a Scot um prêmio Emmy por cinematografia. No primeiro ataque furioso, a prancha se partiu ao meio e foi arremessada no ar, e, enquanto a câmera filmava imparcialmente, Cotoco ressurgiu na superfície e acertou os pedaços restantes com um golpe violento da cauda, para então ir embora, mal-humorada, em busca de comida de verdade.

Nada disso parecia ser um grande incentivo à prática do surfe.

Ainda assim, todos os envolvidos no Projeto Tubarão surfavam. Na verdade, Brown tinha até sido atacado por um tubarão enquanto surfava em Palm Beach em novembro do ano anterior.

– Isso mesmo, eu faço parte da estatística – confessou Brown na noite anterior, quando lhe pedi detalhes. – Mas não posso dizer que fui *atacado*. Na verdade, eu fui apenas mordido. – Por 76 dentes, para ser exato. Enquanto esperava por uma série de ondas, Brown sentiu uma pressão no pé e olhou para baixo. Ao redor dele, a água estava toda vermelha. *Cacete! Olha só esse sangue*, pensou, sem se dar conta de que era o seu. Brown não chegou a ver o tubarão, mas depois de examinar as feridas concluiu que se tratava de um tubarão-mangona, uma espécie assustadora, de dentes tortos, que come peixes. E, nas águas turvas da Flórida, um pé branco pode ser terrivelmente parecido com um peixe.

Peter surfava desde pequeno; era rato de praia em Oahu. Todo dia, depois das aulas, ele corria para apanhar sua prancha, uma prancha grosseira de dez pés que havia comprado por quatro dólares num mercado de pulgas (o preço talvez tivesse alguma relação com a pátina azul-celeste sobre a pintura à base de chumbo, que deixava lascas incrustadas sob as unhas dos pés de Peter). Mesmo depois que os equipamentos de surfe melhoraram e evoluíram ao longo dos anos, quando seus amigos começaram a fazer manobras extravagantes nas novas pranchinhas, Peter sempre preferiu os pranchões. Para ele, surfar com uma *longboard* era mais emocionante, mais em sintonia com o oceano. Independentemente do que os outros surfistas pensassem sobre essas ideias esotéricas, as pranchas grandes tinham ao menos uma vantagem: não eram tão parecidas com uma foca (pranchas de *bodyboard*, ao que parece, são as piores).

– Eu sei exatamente como faria – dizia Peter agora, apontando para a onda. – Mas entrar na água aqui... – sua voz murchou.

– Bem, *talvez* desse para tentar em abril – disse Scot. Os ataques de tubarão eram raros na primavera. Mesmo assim, Scot não parecia muito convencido. Ele só começara a surfar havia pouco tempo, e era abertamente cauteloso com as ondas que escolhia. Com bons motivos. Embora as Farallones servissem como um *drive-thru* conveniente para os tubarões que caçavam focas, certamente não eram o único lugar da área que fazia as pessoas pensarem duas vezes antes de subir numa prancha de surfe. Todo o norte da Califórnia é infestado de tubarões – há tantos deles que a área que vai da baía de Tomales, em West Marin, até as Farallones e dali para Monterey é conhecida como "Triângulo Vermelho". Nessa pequena região ocorrem mais ataques de tubarões que em todas as outras grandes zonas de tubarões do planeta – somadas. Mais perto de casa, nos arredores de Inverness, havia outras tantas praias com boas ondas em que Scot nem pensava em entrar.

– North Beach e South Beach – disse Scot. – Eu não entro ali.

Essas praias ficavam um pouco ao norte do Farol de Point Reyes e tinham colônias de elefantes-marinhos. As duas áreas tinham fortes correntes submarinas e correntes de retorno com um excelente potencial para ataques, além de terem, é claro, focas; tudo isso gera precisamente as condições das quais os tubarões-brancos gostam. Havia também um lugar sinistro perto da boca da baía de Tomales chamado Poço do Tubarão, onde os surfistas tinham encontrado recentemente três tubarões-brancos num único dia. Preocupado, um deles perguntou a Scot o que estava havendo. Um grupo de focas teria chegado de súbito ao lugar? Era a lua cheia? A maré vermelha? A nova roupa de neoprene amarela que um deles estava usando?

– Não, eles normalmente andam por ali – respondeu Scot. – Só que desta vez vocês calharam de ver os bichos.

– Eu não surfo onde tem tubarões – dizia-me Scot agora, enfatizando a ideia.

– Você surfa em Bolinas! – disse Peter. Bolinas era um pequeno vilarejo praiano, também em West Marin, que ficava a apenas trinta quilômetros de barco das Farallones. Relatos de tubarões-brancos de tamanho razoável no canal do vilarejo não eram raros. Recentemente, um praticante de *bodyboard* tinha sido atacado ali. Em outras palavras, Bolinas estava cheia de tubarões.

– É, mas eu só fico na água rasa, que bate no meu peito – respondeu Scot, rindo. – E sempre mantenho uma zona de proteção de uns quinze garotos ao meu redor.

Toda essa conversa sobre tubarões estava me deixando impaciente. *Onde* eles estavam? Como se estivesse lendo a minha mente, Scot ficou em pé de repente.

– Tem alguma coisa acontecendo ali – disse, apontando para a onda.

O tubarão estava tão perto da costa que, mesmo sem binóculo, pude ver a barbatana dorsal preta; se estivesse mais próximo, ele estaria tomando um café conosco. Observamos por um momento, vendo a barbatana desenhar uns poucos círculos pequenos, feito um patinador artístico praticando diligentemente; depois ela desapareceu na onda.

– Não tem nenhuma carcaça – disse Peter.

– É, esse aí é só um tubarão fazendo coisas esquisitas – disse Scot.

– Bem, também pode ter sido um leão-marinho. – As carcaças de leões-marinhos não boiam como as de elefantes-marinhos. Por isso, os ataques a leões-marinhos são muito mais difíceis de observar. Decidimos zarpar no baleeiro e dar uma olhada; mesmo que nada estivesse acontecendo na baía de Mirounga, na água estaríamos muito mais perto da ação.

Caminhamos quatrocentos metros até a Plataforma Leste, onde Scot apanhou uma prancha de surfe na cabana de depósito. Na porta da cabana estavam pintadas as palavras *Shark Shack* (Cabana do Tubarão), acima de um desenho em preto e branco de um tubarão (Scot desenhava tubarões o tempo todo; os diários de bordo estavam cheios de seus esboços). A trilha de um metro de largura que ia das casas até o posto de lançamento das embarcações, pavimentada um século atrás, tinha trilhos e um vagão que corria sobre eles. O asfalto já estava se desfazendo, mas os trilhos ainda funcionavam, e o vagão vinha a calhar quando era preciso transportar coisas como bujões de propano, painéis solares ou mantimentos para três meses. Na borda do penhasco, o baleeiro repousava abaixo do enorme guindaste azul que o erguia, movia de lado e baixava até a água.

Brown foi chamado pelo rádio para operar o guindaste. Peter, Scot e eu nos empilhamos no barco, agora repleto de pranchas de surfe, câmeras de vídeo e coletes salva-vidas. Usando um mosquetão enorme, Peter conectou o arnês do baleeiro ao braço do guindaste. A máquina rugiu, e por um momento a embarcação ficou suspensa no ar como algo saído de um filme de James Bond. Fomos arriados até a água. Tranquilizei-me com a ideia de que Peter tinha feito mais lançamentos, em todas as condições possíveis, que qualquer outra pessoa. Ele sabia ler as ondas, manobrando o baleeiro em meio à rebentação com uma das mãos enquanto soltava o gancho do guindaste com a outra. O fundamental era prever a chegada do próximo conjunto de ondas – se ele não calculasse direito, os vagalhões fariam o barco se espatifar contra o rochedo.

Aceleramos até a baía de Mirounga, desligando o motor um pouco a oeste da Pedra da Sela, cerca de trezentos metros da costa. Scot amarrou a prancha de surfe a uma linha de pesca e arremessou-a da popa; a prancha ficou flutuando à deriva, com um aspecto bastante solitário. Do lugar onde estávamos sentados, a terra e a água pareciam desoladas como a Lua. Na verdade, abaixo da superfície, aquela região era um eixo central de toda a cadeia alimentar. No limite irregular da plataforma continental, a vida rugia das profundezas ao ser empurrada para o alto por correntes de água fria, trazendo plâncton e nutrientes que atraíam aves, krill, peixes pequenos e invertebrados esquisitos, como águas-vivas, ouriços, polvos e lulas, que, por sua vez, traziam garoupas, salmões e outras criaturas pelágicas que focas, leões-marinhos, anequins e tubarões-azuis adoram lanchar; é claro que as baleias não iriam perder uma festa com tantos animais: baleias-cinza, jubartes e as magnânimas baleias-azuis. E, é claro, onde houver baleias, focas e uma boa seleção de peixes de tamanho médio, lá estarão os tubarões-brancos patrulhando o lugar, para garantir que ninguém fique se sentindo muito imortal.

Boiamos à deriva, em silêncio. Os únicos ruídos eram o vento soprando fraco e a água batendo de leve na lateral do barco. Mantive os olhos na prancha de surfe.

– Um tubarão está vindo – disse Peter em voz baixa. A presença de um tubarão era sempre precedida de uma agitação na água, do desenho criado pela poderosa barbatana caudal logo antes de romper a superfície. Naturalmente, eles viram a agitação muito antes que eu. No instante seguinte, o tubarão apareceu, cortando a água em direção ao barco. Peter e Scot enrijeceram-se, em estado de alerta máximo, de pé no barco, empunhando suas câmeras montadas em hastes como se segurassem arpões. De repente o baleeiro pareceu ridiculamente pequeno e deu a impressão de flutuar baixo demais na água.

A primeira coisa que notei no tubarão foi seu diâmetro descomunal. Imagino que eu já soubesse, ao menos intelectualmente, que um tubarão podia ser tão comprido quanto o nosso baleeiro, mas não esperava que também fosse da mesma *largura* que o barco. Para dar uma ideia, eis algumas medidas: um tubarão de seis metros de comprimento tem 2,5 metros de largura e 1,80 de altura. Ou seja, tem a largura de um caminhão, e dos grandes. A largura do tubarão é maior que a altura de Yao Ming, o jogador de basquete mais alto da NBA. A cauda desproporcional do tubarão-branco pareceria mais natural numa baleia; no entanto, a cauda do tubarão fica posicionada verticalmente na água, feito um leme gigante, enquanto a cauda da baleia se posiciona na horizontal, como o aerofólio de um carro de corrida.

Mais uma coisa sobre os tubarões-brancos: eles são pretos. Não um preto liso como o das orcas ou labradores – é um tom carvão salpicado que ganha um brilho lustroso abaixo da superfície. Além disso, os tubarões-brancos se queimam com o sol, o que os deixa mais escuros. Só a parte de baixo é branca. Esse esquema de duas cores faz os tubarões-brancos parecerem evanescentes como fantasmas quando vistos de baixo, mas sólidos como chumbo quando vistos de cima. Isso é uma ótima camuflagem, especialmente em áreas rochosas.

– Quem quer que tenha dado esse nome a eles deve ter visto um tubarão de barriga para cima – comentou Peter.

Aquele tubarão em particular, que parecia ter cerca de 4,5 metros de comprimento, passou por baixo de nós, depois subiu à superfície e bateu na popa do barco. Tinha a cabeça riscada de cicatrizes pretas, que pareciam profundas, e algumas perfurações, como se alguém tivesse brincado de jogo da velha com um picador de gelo na cabeça do animal. Cada tubarão tinha um conjunto característico de marcas, manchas, cicatrizes e arranhões, ou havia perdido um pedaço de barbatana, mas aquele parecia ter perdido uma briga de faca. Senti uma parte muito antiga do meu cérebro, a parte que era muito útil quando habitávamos as savanas, entrar em estado de alerta. O tubarão nadou ao nosso redor com a curiosidade insistente e nada ameaçadora de um cocker spaniel à procura de restos de comida debaixo da mesa de jantar.

– Eles têm dupla personalidade – disse Scot. – Quando estão em modo de ataque, a disposição dos tubarões fica diferente.

Scot explicou que o tubarão estava apenas nos investigando, usando a boca para explorar algo que talvez fosse comida. Afinal, eles não têm mãos. Além disso, por serem caçadores experientes, não se lançam com toda a força sobre algo que possa machucá-los. O que não quer dizer que, quando estamos na água, seja divertido nos tornarmos objeto de curiosidade de um tubarão-branco. Mas esses dois modos de comportamento distintos são a razão pela qual tantas pessoas escapam à morte ao sofrer ataques de tubarão, desde que sobrevivam à primeira mordida.

Agora havia três tubarões a nos circundar. Pareciam hesitantes e – por estranho que pareça – quase delicados. Mantinham distância uns dos outros, mas seguiam todos a mesma estratégia, dando voltas por todos os ângulos possíveis, nadando cerca de dois metros abaixo da superfície para manter as barbatanas submersas, tentando decidir se o baleeiro representava comida. Àquela pouca profundidade, estavam claramente visíveis, e seus corpos escuros emitiam uma espécie de brilho, como se tivessem uma luz interior. Quando um tubarão sobe à superfície, sua cauda surge primeiro, depois a barbatana dorsal, e então a cabeça. Os três animais não estavam particularmente apressados; ficaram nos examinando feito garotões em seus carros rebaixados, andando devagar pela avenida numa noite de sábado. Passavam por baixo do baleeiro, batiam nele, acertavam-no com a cauda. Olhando pela lateral do barco, tentando seguir seus movimentos, deparei-me frente a frente com um tubarão que vinha subindo rápido, bem na nossa direção; era assim que eles avançavam sobre as presas. Vi os olhos do animal e um sorriso torto, perverso.

– *Meu Deus* – gritei, afastando-me da lateral.

Ao meu lado, Peter mergulhou a câmera na água.

– Os tubarões-brancos têm esse sorrisão na cara quando estão vindo de frente – disse ele. – É fofo.

– Eles não são *lindos*? – disse Scot, com o orgulho de quem está falando de um filho.

Então, perto da proa, vi uma cauda muito maior do que as outras. Parecia mais a cauda de um jato que a de um peixe, e movia-se com a ondulação lânguida de uma modelo de passarela. Era tão grande que, quando vista de trás, encobria quase todo o corpo do animal. Este tubarão tinha uma aura diferente. Só poderia ser uma das Irmãs. A grande cauda brilhava, e não tinha absolutamente nenhuma cicatriz. O animal nadava com uma força incrível e uma graça surpreendente, um tanque Sherman movendo-se como um cavalo numa competição de adestramento. Quando desapareceu nas profundezas, outro tubarão surgiu da escuridão, dando várias voltas rápidas, para a frente e para trás, sob o baleeiro. Scot se inclinou sobre a borda para ver melhor.

– Ei, esse é o Rabo Cortado! – gritou.

Rabo Cortado, explicou-me, era um dos membros do Rat Pack e já visitava as Farallones havia treze anos seguidos, um recorde. Era um tubarão irascível, mas bastante popular, por ser um dos candidatos do programa "Adote um tubarão-branco", usado para captar fundos para o projeto. As menininhas que tinham "adotado" Rabo Cortado lhe escreviam cartas apaixonadas regularmente. (Paige Hulme, uma menina inglesa de oito anos, era uma correspondente típica: "Querido Rabo Cortado: Estou escrevendo para você para dizer tudo mesmo! Eu te amo tanto. Eu quero te ver. Sabe aquele chaveiro que você me deu, bom, está no meu estojo. Minhas amigas morrem de medo de você – elas são umas crianconas mesmo. Eu te amo tanto. Eu vou sempre te amar para o resto da vida. P.S.: Você me escreve de volta, por favor?")

Os tubarões não paravam de vir. Pelo menos cinco se aproximaram do barco, talvez mais. Com o passar da tarde, perdi a noção do tempo, fiquei agachada na proa oca, saltando de um lado a outro enquanto os peixes enormes passavam debaixo de nós feito submarinos; acho que eu poderia ter ficado ali para sempre. Eu tinha uma pilha de perguntas para fazer. Eles reconheciam o barco? Uns aos outros? Quando erguiam a cabeça para fora da água, conseguiam nos ver? Eu queria saber quais tubarões nós tínhamos visto, mas muitas vezes era difícil dizer, vendo-os de cima. Só mais tarde, quando Scot e Peter analisassem o vídeo, saberíamos ao certo quais tinham passado por ali. Às vezes eles encontravam outros tubarões abaixo dos que haviam visto da superfície, aparições que a câmera detectava como sombras borradas ocultas na meia-luz da água. Scot não conseguiu explicar por que recebemos tantas visitas naquela tarde; não havia sangue na água, nada que justificasse as voltas contínuas dos tubarões. Eles pareciam estar com fome.

Na maior parte das vezes em que um ser humano encontra um tubarão-branco, o animal está caçando alguma coisa; no resto do tempo, eles se escondem com muita astúcia. Porém, mesmo quando um tubarão-branco está só reconhecendo a área, checando a periferia, sua presença é arrebatadora. Dá para *sentir* os tubarões, um fenômeno reconhecido por pesquisadores, surfistas, mergulhadores – qualquer pessoa que tenha passado tempo suficiente na água para se deparar com um deles. A única coisa mais forte que a chegada de um tubarão-branco é o instante de presságio logo antes de a barbatana aparecer, porque, de alguma forma, você sabe que ela está vindo. Já ouvi surfistas se referirem a esse sexto sentido como "aquele pressentimento" e "o arrepio". Peter chamou a sensação de estar "ligado", e era evidente que ele e Scot cultivavam esse instinto.

Agora que tantos tubarões convergiam para o baleeiro, sua presença era plenamente palpável. Foi uma sensação surreal estar boiando sobre eles, tomando uma Coca-Cola Diet, a apenas cinquenta quilômetros do shopping center no centro de São Francisco.

Mas algo ainda mais estranho acontecia a duzentos metros dali. Bem no meio da toca de Cotoco, o último lugar em que alguém pensaria em mergulhar o dedão do pé, havia um barco ancorado, e um homem saía da água. Aquele era Ron Elliott, explicou Peter. Ron era o último mergulhador comercial das Farallones, o único homem ainda disposto a se arriscar por ali. Ele apanhava ouriços; trabalhava sozinho em seu barco, um caranguejeiro de alumínio imaculado com um tubarão azul-celeste desenhado na amurada. O barco se chamava *GW*; as letras estavam pintadas em branco dentro do tubarão azul. Vi uma figura solitária em pé no convés, vestindo uma roupa de neoprene com capuz.

– Ele é discreto mesmo – disse Scot. – Não tem nem um auxiliar.

– O barco dele não tem nem uma mancha – disse Peter sacudindo a cabeça, admirado.

– *Nem uma mancha* – repetiu Scot.

Eles claramente admiravam aquele sujeito. E, depois de ver com meus próprios olhos o que havia naquelas águas, eu também. Peter chamou o *GW* pelo rádio, perguntando se podíamos nos aproximar para bater um papo, o que, nas Farallones, equivalia a visitar um vizinho.

Ron Elliott nem sempre teve as Farallones todas para si. Embora as águas ali fossem frias e escuras como um porão assombrado, bastante hostis mesmo sem os tubarões, no passado, quando as pessoas ainda não conheciam bem o lugar, muitos mergulhadores as exploravam – em busca de abalones e ouriços, ou mesmo por esporte. Para citar apenas um incidente, em 14 de janeiro de 1962, um domingo, mais de cem mergulhadores chegaram à ilha Farallon Sudeste para participar de uma competição de pesca submarina.

Em torno das 10h30 da manhã, um mergulhador chamado Floyd Pair acabava de emergir, a cerca de cem metros da costa, quando algo vindo de baixo o acertou. Confuso, ele olhou para o fundo e viu um tubarão de pouco mais de quatro metros com sua perna direita na boca, agitando a cabeça para arrancar um naco de coxa. Pair acertou repetidamente o tubarão com seu arpão enquanto gritava por socorro, e o animal nadou para longe – em direção aos outros mergulhadores. Mesmo depois que todos estavam de volta à segurança dos barcos, e após a chegada do helicóptero de emergência, o tubarão continuou na superfície, nadando em círculos. Floyd Pair sobreviveu, mas sofreu "lacerações graves em forma de dentes" que por menos de um centímetro não atingiram sua artéria femoral.

Mais tarde naquele mesmo ano, o grupo Mighty Skin Divers Club de São Francisco ancorou na Farallon do Meio, um rochedo isolado cerca de cinco quilômetros ao norte da Farallon Sudeste. Era 11 de novembro, no auge da estação de tubarões, embora ninguém soubesse disso na época. O mergulho era um esporte novo que estava ganhando popularidade, e os mergulhadores estavam empolgados para fotografar os peixes e polvos de tons psicodélicos que viviam nas redondezas da ilhota, e talvez aproveitar o momento para pescar alguns deles com seus arpões. Os trinta integrantes do clube eram guiados por Leroy French e Al Giddings, dois mergulhadores muito experientes.

Ao final do primeiro mergulho, Giddings estava de pé no convés, contando cabeças para se assegurar de que estavam todos de volta ao barco. No entanto, um dos mergulhadores estava ausente – French. Naquele momento,

Giddings se virou e viu um grande tubarão, de no mínimo cinco metros de comprimento, agitando-se na superfície. Leroy French estava na boca do animal. O tubarão ergueu a cauda enorme, bateu-a com força na água e, ante o olhar horrorizado dos mergulhadores, arrastou French para o fundo da água. Giddings, num gesto heroico, saltou do barco e nadou até o ponto onde seu colega havia desaparecido. Segundos depois, o colete salva-vidas de French se encheu e ele surgiu na superfície, gritando e se debatendo na água. Com a ajuda de outro mergulhador chamado Donald Joslin, Giddings conseguiu trazê-lo de volta até o barco. French foi então levado de helicóptero até um pronto-socorro no porto de São Francisco, onde precisou levar 480 pontos para fechar as feridas. O tubarão o mordera três vezes, arrancando pedaços do antebraço, da panturrilha e das nádegas. Sete anos depois, numa coincidência cruel, Donald Joslin seria atacado por um tubarão-branco enquanto mergulhava em busca de abalones perto da ponta de Tomales, o ápice do Triângulo Vermelho. E ele também sobreviveria, depois de horas de cirurgia e centenas de pontos.

E assim correram os anos 1960, 1970 e 1980 – mais e mais pessoas descobriam, da pior maneira, que as ilhas Farallon não eram um local ideal para o mergulho. Os clubes de mergulhadores procuraram outros lugares. Os praticantes de pesca submarina os seguiram. Os mergulhadores que coletavam abalones e ouriços, entretanto, permaneceram mais algum tempo. As águas ao redor da Farallon Sudeste eram ricas demais para serem ignoradas, e aqueles homens não se intimidavam com facilidade. Ainda assim, à medida que a população de focas se restaurava ao longo das décadas, os tubarões passaram a surgir com frequência cada vez maior: ocorreram vários ataques quase fatais, e muitos mergulhadores escaparam por um triz; por isso, todos levavam uma pistola 9mm quando mergulhavam nas Farallones, geralmente uma Glock modificada capaz de disparar debaixo d'água. Alguns mergulhadores usavam nas costas uma elaborada grade de metal para se proteger, feito tartarugas. Mas a grade apenas dificultava os movimentos e praticamente impossibilitava o mergulhador de subir de volta para o barco, e as armas funcionavam melhor em teoria do que na prática. Um por um, todos foram perdendo a coragem.

Em pouco tempo, só restava Ron. A princípio, Peter e Scot pensaram que ele estivesse em alguma espécie de missão suicida. Notaram que, ao escolher os locais onde mergulharia, Ron tinha um talento especial para ancorar no ponto onde ocorrera o último ataque de tubarão. Os dois temiam que, mais cedo ou mais tarde, estariam recolhendo o corpo de Ron da água. Mas os anos passaram e Ron continuou a mergulhar, muitas vezes chamando-os pelo rádio ao fim do dia com observações valiosas sobre o comportamento dos tubarões, coisas que só poderiam ser notadas por alguém que estivesse lá embaixo. Os três ficaram amigos.

Hoje, o *GW* estava ancorado perto da ponta Shubrick, diante de uma impressionante caverna marítima em forma de catedral chamada Grande Gruta do Airo. A abertura da gruta era um corte vertical na pedra, de 60 metros de altura, cravado na ilha como uma ferida letal. Aquele era o território da Irmandade. Atamos nosso barco ao *GW*. Ron estava no convés usando uma roupa grossa de neoprene que lhe dava o aspecto simultâneo de trabalhador dedicado e foca cansada. Ron se mantinha em boa forma, com cinquenta e poucos anos, o cabelo raspado nos lados e olhos que, apesar de terem uma expressão gentil, pareciam atentos a tudo. Nós o cumprimentamos, Peter me apresentou, e logo nos pusemos a falar de tubarões. Scot falou dos que passaram por nós perto da Pedra da Sela.

– É, eu também vi um – disse Ron. Ele falava devagar, com o sotaque arrastado da Califórnia.

Perguntei quantas vezes ele havia visto tubarões nas Farallones. Ele pensou por um instante, coçou o lado do pescoço.

– Bom, na verdade eu não fico contando, mas, ahhhh, pelo menos... trezentas, quatrocentas vezes.

Com o tempo, eu acabaria por entender a atitude de Ron em relação aos tubarões. As emoções ficavam de fora. Para Ron, os tubarões estavam apenas fazendo o seu trabalho, assim como ele. E se, para executar seu trabalho, Ron às vezes tinha que escapar dos tubarões se escondendo debaixo de rochas, espantando-os com a cesta de ouriços ou encarando-os – bem, aquele era apenas mais um dia de trabalho no escritório.

Ainda na semana anterior ele havia mergulhado na área da ponta Shubrick e praticamente caíra em cima de uma das Irmãs. Ela se afastou, mas então deu meia-volta, com a boca bem aberta, avançando na direção dele com uma intenção inconfundível.

– Ela tentou me dar uma mordidinha de amor – disse Ron. – Enfiei minha cesta de ouriços no focinho dela, ela atacou o cesto, sacudiu-o sobre a minha cabeça, entortou o meu braço, me arrastou por aí.

Durante a briga, Ron teve o capuz da roupa arrancado, ficou com a máscara presa em torno do pescoço, o nariz sangrando. O tubarão então se virou e o acertou com a cauda.

– Achei que ela tivesse quebrado a minha cara – disse Ron. – Continuou a nadar em círculos ao meu redor, seguindo-me por aí. Não era desses tubarões fáceis de enganar.

Os tubarões sabiam exatamente o que tinham diante de si quando encontravam Ron debaixo d'água, ele tinha certeza disso. Passavam muitas vezes perto dele, vindo de diversas direções, tentando decidir qual seria a melhor maneira de se aproximar. Ron, no entanto, sentia a presença deles, mesmo quando estavam às suas costas. E a emboscada por trás era a especialidade dos tubarões.

Ele também tinha de se preocupar com as águas-vivas e as anêmonas-do-mar, além dos leões-marinhos que passavam em gangues rumo às suas pilhagens, parando às vezes para afundar os dentes na nuca de Ron. Mas ele não ligava para o perigo de mergulhar ali. Na verdade, preferia que fosse assim – o risco afastava todos os concorrentes. Ron começara a mergulhar para coletar ouriços no sul da Califórnia na década de 1970. Quando Ron e sua mulher, Carol, se mudaram mais para o norte, para Point Reyes, ele olhou para as Farallones, que ficavam a apenas duas horas de barco, e percebeu que, em termos de ouriços, aquele era o local ideal. Ele precisava mergulhar ali. E na primeira vez que o fez, em 1989, encontrou um tubarão de mais de cinco metros.

Enquanto Ron enroscava cuidadosamente sua mangueira de ar, perguntei como Carol se sentia com relação ao local de trabalho dele.

– Ela não tem problema com isso – disse Ron, e então fez uma pausa. – Beeeem, talvez esteja ficando um *pouquinho* cansada. Mas ela sabe que, se alguma coisa acontecer, eu prefiro que seja aqui do que, por exemplo, num *carro*.

O sol já começava a se pôr; era hora de partir. Tínhamos ficado cinco horas na água. A luz esmaecia devagar, e o oceano estava preto como piche. Enquanto nos afastávamos do *GW*, virei-me para Scot e Peter, com a pergunta estampada no rosto: como era possível que alguém ganhasse a vida fazendo aquilo?

– Ron é pura competência – disse Peter.

Scot concordou, maravilhado com a coragem de Ron:

– As pessoas choram durante o noticiário da noite quando veem uma barbatana dorsal na água – disse. – E aqui temos um cara que vive rodeado de barbatanas o dia inteiro e não quer contar a ninguém.

Era difícil imaginar que toda a competência do mundo pudesse manter um mergulhador em segurança num lugar em que uma simples prancha de surfe atraía um tubarão-branco para a superfície em poucos minutos, às vezes em segundos. Por quanto tempo Ron poderia contar com aquela mistura de habilidade, sangue-frio e sorte? Mergulhar sozinho naquelas águas era como jogar roleta-russa, só que com apenas uma bala *faltando* no tambor. Agora eu entendia o deslumbramento de Peter e Scot. Era um deslumbramento com tons de medo. Ninguém queria testemunhar o dia em que as coisas dessem errado.

Enquanto voltávamos para a Plataforma Leste, apontei para todo tipo de coisa – gaivotas, sombras na água, nada em particular – pensando que fossem tubarões.

– Você ficou com tubarões no cérebro – disse Scot. – Acontece. Não dá para ficarmos perto de uma criatura como essa sem sermos afetados. Com aquele tamanho, e o jeito como passam pela gente – fitou o oceano escuro. – A gente vê os olhos deles, e sabe que estão olhando de volta.

Era Scot quem iria preparar o jantar naquela noite, e, quando voltamos para casa, ele desapareceu na cozinha. Peter saiu com Brown e Nat para fazer algum trabalho ligado às aves, e eu me joguei no sofá da sala com o cansaço profundo que surge quando nossas glândulas passam o dia inteiro bombeando adrenalina. A sala, desordenada, tinha uma decoração chamativa, com motivos da fauna. Havia muitas caveiras. Um crânio particularmente grande, não me pergunte de que tipo, exibia uma alegre coroa dourada. Havia livros sobre tubarões, dentes de tubarão, fotografias de tubarões e uma caixa de rádios Motorola em diferentes estados de decadência. Viam-se aves empalhadas, instrumentos meteorológicos, ossos de baleia e um violão velho. Ao lado da janela, um velho cobertor mexicano cobria o encosto de uma poltrona que já vira dias melhores. Um rádio marítimo, apoiado numa mesa de madeira, cuspia a previsão do tempo em meio a ruídos de estática. Acima do rádio, expostos como uma obra de arte, estavam pendurados os restos de um bote inflável que havia sido mordido e parcialmente afundado por um tubarão chamado Cadillac. Pendurado no lugar de honra, o pedaço de borracha tinha marcas de dentes que só poderiam ter sido feitas por uma mandíbula de meio metro de largura.

Eu estava caindo no sono quando Peter abriu a porta e gritou:

– Venha aqui fora, você precisa ver o Clarão Verde!

Eu não sabia muito bem o que era o Clarão Verde, mas me levantei assim mesmo. Toda a população humana das Farallones, nós cinco, se reuniu nos degraus da entrada. O sol se punha, pendendo pesado no horizonte, como uma gota d'água prestes a cair, e então desapareceu no instante seguinte. E nesse milissegundo ali estava ele – um pequeno clarão verde-esmeralda, em forma de lua crescente, que subiu feito um relâmpago desgovernado. Quem piscasse o olho deixaria passar dez clarões como esse – mais tarde fiquei sabendo que o Clarão Verde é tão raro que muitas vezes é considerado um mito ou um boato, embora seja uma ilusão facilmente explicável (isto é, se você for um físico especializado em óptica e souber explicar princípios como a refração e a dispersão). Para que exista uma mínima esperança de se observar o Clarão Verde, é preciso que diversas condições estejam presentes no momento do nascer ou do pôr do sol: um horizonte perfeitamente plano, ar limpo numa temperatura precisa em relação à da água e uma longa extensão de céu sem nada que obstrua a paisagem, nem mesmo uma única nuvem.

Todos aplaudiram o Clarão Verde antes de voltarem para dentro, fugindo do vento gelado que soprou de súbito. O jantar foi uma obra-prima improvisada que Scot preparou usando o estoque cada vez menor de tomates enlatados e caixas quase vazias de espaguete, e a cozinha ganhou um ar de celebração. Eu finalmente havia visto os tubarões. (Além disso, Cabul acabava de cair, e o Talibã fugira às pressas, embora ninguém ainda estivesse ciente disso na ilha Farallon Sudeste. Guerra, terrorismo – essas preocupações pertenciam a um outro planeta.) Scot deixou claro que os avistamentos daquela tarde não eram nada comparados a um ataque de verdade, mas, mesmo assim, eu estava nas nuvens com aquela experiência e não a trocaria por nada.

– Comecemos? – perguntou Peter, alcançando dois fichários grossos na prateleira atrás da mesa da cozinha. Eram os diários da ilha, nos quais, de 1968 em diante, cada detalhe do que acontecera nas Farallones fora cuidadosamente documentado – do ataque de tubarão mais sangrento a uma espécie de mosca até então nunca vista. Ao final de cada ano, esses diários eram levados para a costa e encadernados em capa dura. Depois voltavam para a casa, onde permaneceriam. E então, em alguma data futura, quando alguém precisasse saber se uma espécie rara de picanço marrom realmente pousara na ilha em 20 de setembro de 1984, ou a leitura do barômetro na noite de ano-novo de 1973, ou em que dia, exatamente, uma Irmã chamada Talho Branco matara cinco elefantes-marinhos durante a temporada de tubarões do ano 2000, eles teriam como descobrir. As anotações eram feitas todas as noites após o jantar, e o ritual de fazê-las era o mais próximo que havia de uma religião nativa nas ilhas.

Nat, Brown e Scot tiraram dos bolsos seus cadernos de anotações de campo amarelos. Peter tratou primeiro das aves.

– Mobelhas e mergulhões? Andorinhas, trepadeiras e corruíras? Corredeiras, picoteiros, picanços, estorninhos? Juruviaras e rouxinóis?

Continuou citando pássaros por algum tempo. E então:

– Baleias? Golfinhos? Camundongos? Morcegos? Borboletas? Tubarões?

– Bem, tivemos um avistamento de manhã – disse Scot. – E depois vários outros no barco esta tarde. Incluindo o Rabo Cortado. Todos na baía de Mirounga.

Peter anotou tudo isso e acrescentou algumas notas próprias. Reparei que suas entradas no diário eram mais longas, poéticas e cuidadosas que as de qualquer outro. Lendo os registros, observei uma grande variação de estilos e uma disparidade na qualidade. Alguns escreviam: "Krill, lado leste." Peter, por outro lado, escreveria algo como "Rodovia rubra de krill em mares de 2,5 metros atraíram jubartes para a ilha, e nós as vimos emergir sob uma lua nascente".

Naquela noite, o sonho da água voltou, mas desta vez a imagem era mais clara. Eu reconheci os tubarões que passavam: Cotoco, Rabo Cortado e a Irmã desconhecida com sua cauda monstruosa. Pela primeira vez, entretanto, o sonho não me abalou, não pareceu estranho. Aqui no arquipélago, os sonhos com tubarões eram tão comuns e tão vívidos que havia uma seção no diário dedicada a contá-los; Scot confessara que ainda sonhava com tubarões todas as noites. No meu sonho, estava escuro e eu estava sozinha num barco pequeno, à deriva. Mais uma vez, olhei para baixo e vi criaturas sombrias nadando abaixo de mim, quase invisíveis sob a luz da lua. E por toda a noite peixes majestosos e terríveis atravessaram o quarto Jane Fonda num silêncio sobrenatural.

Capítulo 2

"Já não estamos sós."

Diário das ilhas Farallon, 10 de setembro de 1994 (primeiro dia da temporada de tubarões)

17 DE NOVEMBRO DE 2001

A velha torre fica no ponto mais alto de todo o arquipélago, um rochedo íngreme que recebe o nome simpático e enganador de morro do Farol. Quando o farol das Farallones piscou pela primeira vez, em 1855, tinha uma lente de Fresnel de primeira linha, uma joia óptica trazida de navio da França, e uma equipe de operadores dedicados. Um jumento chamado Jack, que fazia o trabalho pesado na ilha, transportava seu combustível – barris de óleo de cachalote – pela trilha em zigue-zague. (Mesmo para um jumento, o trabalho não era moleza; quando Jack se aposentou, vinte anos depois, seu pelo tinha ficado completamente branco.) Em 1972, a lente, de 5,5 metros de altura, foi substituída por um par de holofotes automatizados, e o último faroleiro partiu do arquipélago numa lancha da Guarda Costeira.

Hoje em dia o farol é uma ruína colonizada por ratos e manchada de guano, onde crescem liquens verde-neon. Mas, se você está aqui para patrulhar ataques de tubarão, o lugar é uma tribuna de honra. Numa manhã de céu aberto, o observador tem quinze quilômetros de visibilidade e uma visão de 360 graus das ilhas na parte sul do arquipélago: a oeste está a baía de Maintop; em frente, a baía do Pescador, com o Sugarloaf ao norte; a ponta da Torre, a ponta Shubrick, a Plataforma Leste e a Pedra da Sela ficam a leste; e ao sul temos a baía de Mirounga, aberta como um tapete. A dez quilômetros dali na direção oeste, as Farallones Norte sobressaem da água, e, a cinco quilômetros na direção noroeste, a Farallon do Meio se ergue do oceano feito um quebra-molas. A torre do farol, um cilindro de concreto de dois andares com uma pequena entrada retangular, oferece pouco abrigo contra o inevitável vento uivante, e quem caminha pelo deque exterior precisa manter a mão no corrimão o tempo todo.

Esse era o lugar ideal para o Sharkwatch, o sistema de vigia de tubarões criado por Scot em 1987. Na temporada de tubarões, enquanto houvesse luz natural, haveria alguém a postos ali – Scot, Peter, Brown, Nat ou um dos estagiários que completavam a equipe – vasculhando as águas com um binóculo potente em busca de ataques. Desde o início, Scot quis ficar com o primeiro horário do dia: nos catorze anos que se seguiram, nos meses de setembro, outubro e novembro, sempre que estivesse na ilha, Scot subia a trilha em zigue-zague, vencendo o desnível de 117 metros, para ocupar o turno das oito da manhã.

Quando Scot estava vigiando, nenhuma nuance na água passava despercebida. Não que um ataque de tubarão nas Farallones seja um evento sutil. O sangue de elefante-marinho tem um tom escarlate brilhante devido a seu alto conteúdo de oxigênio, e deixa uma grande mancha na água azul, bastante fácil de perceber. A pista mais evidente, entretanto, aparece no céu. O local de um ataque é tomado instantaneamente por uma revoada hitchcockiana de gaivotas, todas brigando para rapinar um aperitivo. A visão aérea às vezes trazia ainda mais detalhes: a toca da Irmandade ficava logo abaixo, na direção leste, e quando uma das garotonas se aventurava a dar um passeio sob a luz do final da tarde via-se tudo: o sangue, a vítima, o contorno do tubarão.

Havia regras simples para o Sharkwatch: se Scot vislumbrasse uma mancha na água ou uma reunião de aves, chamava Peter pelo rádio, determinava a posição do tumulto usando um instrumento óptico chamado teodolito e então descia o morro correndo para encontrar os outros na Plataforma Leste. A ideia era lançar o baleeiro o mais rápido possível e chegar ao local para registrar o incidente em vídeo. Posteriormente, cada mínimo detalhe do encontro era registrado num relatório de campo, com uma identificação do tubarão e um diagrama ilustrando as partes faltantes da foca ou do elefante-marinho.

Descer o morro do Farol correndo para ver um ataque de tubarão, no entanto, é uma maneira segura de morrer. Além de ser uma ladeira perigosamente íngreme, com um declive que varia dos trinta aos cinquenta graus, o solo é instável. A trilha é um tapete frouxo de lascas de granito, cadáveres de pássaros em decomposição e pedras movediças, e os pés tendem a escorregar como se estivéssemos andando de patins num chão de bolinhas de gude. Scot havia recentemente adquirido uma bicicleta de menina para acelerar a descida. A bicicleta tinha sido projetada para uma pessoa de um metro de altura, e tinha um selim banana de cor rosa brilhante, fitas roxas no guidão e pneus bem aderentes.

Naquele momento, eu estava mais preocupada com a subida; apesar de praticar duas horas de natação por dia, tive que parar duas vezes no caminho. Quando finalmente me juntei a Scot, completamente sem fôlego após a última subida até o topo, ele já estava estudando o oceano havia uma hora. Scot estava de pé, numa pose cinematográfica, sobre a plataforma de concreto estreita que circundava a torre, com os braços cruzados diante dos ventos arrebatadores. Uma caixa de som tocava música clássica. Havia uma quantidade estonteante de céu ali em cima, e o mar parecia querer avançar sobre a ilha, vindo de todos os lados. No horizonte distante, era possível delinear a curvatura da Terra.

Eu já tinha estado no farol antes, mas apenas em dias nublados, e a extensão da paisagem me surpreendeu, trazendo-me uma tristeza inesperada. Aquela grandiosidade crua era quase excessiva, uma lembrança da insignificante escala humana. Senti-me terrivelmente sozinha.

Scot se virou e me cumprimentou com um breve aceno quando cheguei ao cume, olhando-me de relance, por um nanossegundo, antes de voltar a vigiar o oceano. Perguntei se ele havia visto qualquer indício de tubarões.

– Nada ainda – disse ele. – Mas estamos quase na maré cheia.

A maior parte dos ataques ocorria durante a maré cheia; essa era outra peça do grande quebra-cabeça sobre os tubarões que as Farallones ofereceram para o mundo. Porque – pense bem –, a menos que os tubarões fossem observados o tempo todo, e de uma posição fixa, como alguém poderia desvendar esse fato? Era necessário continuidade. Uma coisa era avistar um tubarão-branco, anotar sua localização, examinar seu comportamento durante meia hora. Talvez, se o pesquisador tivesse muita sorte, pudesse determinar seu sexo, para o qual é preciso dar uma boa olhada no lado de baixo do tubarão – os machos têm dois longos clásperes (como podemos imaginar, fazer esse exame não é algo fácil). Mas as coisas ficavam muito mais interessantes para quem de fato *conhecesse* o tubarão. Por exemplo, quem calhasse de saber que um tubarão em particular era o Pintado, um grande membro do Rat Pack com um sorriso torto, e rastreasse suas aparições ao longo das estações, chegaria à seguinte conclusão: Pintado vinha às Farallones havia onze anos consecutivos, e estava quase sempre acompanhado de Rabo Cortado. E então poderia ir além: eles viajavam juntos o tempo todo? Ou estavam apenas compartilhando uma área de caça? Scot e Peter esperavam instalar, na estação seguinte, rastreadores por satélite nos dois tubarões para descobrir a resposta. Seria uma enorme descoberta. Se esses dois tubarões estivessem andando juntos por uma década, como alguém poderia pensar em tubarões-brancos como assassinos implacáveis, as máquinas mortíferas do oceano? Em vez disso, seriam animais com inteligência suficiente para escolher seus amigos e mantê-los por perto.

Descobrir segredos sobre os tubarões-brancos não é trabalho para amadores; requer um sistema rigoroso, que começa nos trajes do pesquisador. As Farallones são páreo duro para o guarda-roupa de uma pessoa. As roupas ficam cobertas de lama, sangue e bosta de aves, além de serem açoitadas por água salgada, névoa e chuva. Todos na ilha usavam calças grossas de trabalho e o tipo de calçado que alguém escolheria para se embrenhar na selva congolesa; Scot acrescentava a isso uma jaqueta, um capuz que ele mantinha apertado bem firme em volta da cabeça sempre que saía da casa e óculos escuros polarizados que lhe cobriam a metade do rosto. Por baixo dos óculos, os olhos de Scot tinham uma cor azul-gelo, intensos como lasers.

Olhei para baixo, pelo outro lado do pico. Um passo em falso em qualquer direção resultaria numa queda livre considerável antes do baque nas pedras de granito pontiagudas. A ilha parecia feita de rochas hexaédricas, estriadas por um milhão de fendas e fissuras minúsculas que emitiam centelhas em todas as dimensões, feito bolas de discoteca. Pareciam rochas imaginadas por um cubista numa viagem de peiote, um amontoado insano de pedras cortadas pela água do mar e erodidas pelos elementos. Todo o lugar parecia carcomido por cavernas e buracos e longas passagens retorcidas que levavam a outras longas passagens retorcidas. Durante as grandes tempestades, a ilha chegava a vibrar e zunir, produzindo o que os visitantes assustados muitas vezes descreviam como um "gemido".

Nos primeiros anos em que Scot esteve aqui, seu plantão de observação de tubarões muitas vezes durava doze horas seguidas. Ele havia trazido uma pilha de equipamentos fotográficos para o projeto, pagos do próprio bolso, e as lentes teleobjetivas reluziam no farol. Era arriscado lançar o Prato de Comida quando as águas estavam agitadas, e quase sempre estavam; portanto, até 1992, quando ganharam um barco maior (catorze pés), o farol era o melhor lugar para se observar os ataques. Passar dias inteiros no farol – de pé no concreto, à mercê do tempo – era cansativo para as pernas, e às vezes difícil para a mente, mas a vigília trazia suas recompensas.

Durante as longas horas de espera entre os ataques de tubarão, sempre havia algo incrível a ser visto – um grupo de golfinhos atravessando o mar, um esquadrão de baleias emergindo e jorrando água. Às vezes uma ave fantasticamente rara fazia uma aparição, completamente fora de seu curso migratório. As Farallones eram famosas por esses avistamentos, que ocorriam com regularidade, especialmente durante o outono. Aves que deveriam estar no polo norte ou batendo asas sobre o Serengueti acabavam por errar o caminho e passavam pelo farol ou pousavam numa das três arvorezinhas que havia na ilha. Rouxinóis-azuis com as laterais vermelhas, piadeiras e mergulhões-de-xantus – todos eles acabaram aparecendo por aqui. Uma vez, Scot viu um pelicano-de-dorso-rosa-africano aterrissar no meio de um bando de pelicanos comuns, marrons – parecia um exótico brinquedo empalhado caído do céu.

A solidão, as paisagens longas e dramáticas, o desafio do trabalho – tudo isso se encaixava perfeitamente com o temperamento de Scot. Ele não era de conversar muito. Apreciava a rotina. E, embora se desse bem com as pessoas, também gostava de estar sozinho. Na vida ideal de Scot, todo o comércio e a agitação, o movimento frenético e a papelada ficavam tão longe de seu horizonte pessoal que ele jamais teria de vê-los, muito menos ser preso em seus tentáculos.

Quando criança, ele era louco por peixes. Scot passava horas vendo as pessoas pescarem nos rochedos de Tiburon, esperando poder dar uma olhada no que haviam conseguido. Ver um peixe cruzando a água tinha algo de mágico, era como encontrar um tesouro escondido. Um dia, ele estava num barco de pesca quando alguém apanhou um pequeno tubarão-leopardo. A criatura tinha um tom bronze e prata, uma cara que parecia a de um gato, manchas perfeitamente simétricas e uma elegância sinuosa. Scot ficou instantaneamente embasbacado com sua beleza. O tubarão-leopardo não se agitou em pânico; moveu-se pelo convés feito um crocodilo, com ar impassível. Scot jamais esqueceu aquela imagem.

Ele soube então que o que realmente queria fazer era estudar tubarões. O mais importante, no entanto, era que queria estudá-los em seu elemento. Essa, pensava Scot, era a única maneira de realmente entendê-los. Nada de ficar sentado num escritório escrevendo pedidos de bolsas de pesquisa ou encurvado sobre um computador, plotando números num gráfico. A tentativa de desvendar a vida de um animal sentado com os olhos fixos numa tela lhe parecia fútil. Durante algum tempo, trabalhou como ajudante em alguns barcos de pesca locais, o que era excelente para observar a vida marinha, mas não tanto para iniciar uma carreira como biólogo. Scot logo percebeu que, para ter acesso avançado aos tubarões, precisaria, no mínimo, de um título universitário, mas ele já tivera problemas com a escola no passado e temia ser disléxico. Por fim, encontrou uma faculdade chamada World College West que não tinha medo de fazer as coisas de forma diferente. Scot complementou a abordagem *new age* de sua faculdade com cursos de biologia marinha na Faculdade de Marin, onde ficou amigo de um professor excepcional chamado Gordon Chan e percebeu, pela primeira vez, que realmente adorava aprender.

Sua formação acabou por levá-lo a um censo de aves no Alasca, ao mercado de peixes de Tsukiji, em Tóquio, e a passar seis meses em Katmandu, onde viveu com uma família nepalesa e aprendeu sua língua. Ao voltar a Marin, parte de sua lição de casa consistia em interceptar caminhões de pescadores que cruzavam as ruas de Point Reyes carregando, orgulhosos, os corpos de tubarões-brancos que haviam morrido em suas redes para pesca de halibute. Quando os tubarões eram cortados, Scot pedia – e recebia – as partes excedentes, e então ele e Gordon Chan as dissecavam, tentando desvendar como tudo se encaixava.

No trabalho de campo, a curiosidade, a destreza e a formação científica não ortodoxa de Scot geraram inovações, como os chamarizes, as câmeras montadas em hastes e a prancha de surfe com vídeo. Ele estava determinado a encontrar maneiras novas e mais eficazes de espionar sua comunidade de tubarões. Outros pesquisadores de tubarões-brancos tinham passado pelas Farallones, fazendo trabalhos interessantes, mas não ficaram muito tempo. E nem todos estavam preparados para viver em isolamento num monte de rochas no Pacífico. Para aguentar a vida naquela ilha, o pesquisador deveria ser corajoso, adaptável e emocionalmente estável, com um profundo senso de respeito. Scot tinha tudo isso. E, mais que qualquer outra pessoa, ele parecia ser capaz de pensar como um tubarão.

Nem mesmo os Cousteau tinham conseguido. Em outubro de 1986, Jean-Michel Cousteau e sua tripulação chegaram às Farallones num barco de 113 pés chamado *Alcyone* e logo começaram a espalhar sangue e entranhas pelo lugar, tentando atrair os tubarões. Ficaram ancorados na Plataforma Leste durante vários dias. O Serviço de Peixes e Animais Selvagens dos Estados Unidos instruíra Peter para que os acomodasse da melhor maneira possível, e ele ficou a postos na Farallon Sudeste à espera de que fizessem contato. Eles não fizeram nenhum chamado pelo rádio. No terceiro dia, Peter viu, da costa, dois ataques sangrentos que ocorreram a menos de cem metros da proa do *Alcyone*. Decidiu zarpar no Prato de Comida, para se aproximar deles e lhes dizer que estavam perdendo o espetáculo. Aproximando-se da lateral da embarcação, Scot gritou para cumprimentá-los, mas ninguém respondeu. Não conseguiu ver nem uma alma viva ali da água, por isso deu a volta pela popa e espiou o convés. Era um belo dia de outono, e toda a tripulação Cousteau estava tomando banho de sol de sunga e biquíni. Eles tiraram os óculos espelhados e o encararam com irritação. Um dos homens fez sinal para que Peter se afastasse, dizendo: "Sim, sim. Vamos chamar você mais tarde."

Posteriormente, num livro chamado *O grande tubarão-branco de Cousteau*, Jean-Michel narrou amargamente o tempo que passou nas ilhas: "Estávamos equipados com câmeras e uma gaiola antitubarão... mas não vislumbramos nem uma única barbatana dorsal. Como baldes de peixes e sangue animal se mostraram incapazes de atrair tubarões-brancos durante a expedição às Farallones, a equipe Cousteau passou a questionar os relatos sobre a abundância de tubarões nessa área."

Deixando de lado o império Cousteau, por mais barbatanas dorsais que passassem por aquelas ilhas, o mundo da pesquisa profissional sobre tubarões continuava a ser brutalmente competitivo. Não havia empregos suficientes. Não havia financiamento ou crédito suficiente. E, claramente, não havia objetos de estudo suficientes para todos. Scot havia visitado locais de concentração de tubarões-brancos na ilha das Focas, situada na costa da África do Sul, e na ilha de Guadalupe, na costa de Baja; as duas áreas tinham desvantagens quando comparadas às Farallones. As águas que cercavam a ilha das Focas apresentavam um tráfego intenso de tubarões-brancos, mas os animais se espalhavam por uma área muito mais ampla, o que dificultava seu estudo. Além disso, por ali não havia indícios de gigantes como as Irmãs. Da mesma forma, na ilha de Guadalupe, no México, a maioria dos tubarões era pequena. O que mais trazia problemas para a pesquisa, no entanto, era o fato de que a ilha de Guadalupe era uma área sem qualquer controle, onde era despejada uma grande quantidade de chamarizes para atrair tubarões, e não havia limite para o número de operadores com permissão para enfiar uma gaiola na água. Aqueles tubarões, na opinião de Scot, estavam tão confusos com a presença de turistas que, ao ouvirem as âncoras sendo lançadas, nadavam em direção aos barcos já prevendo a comida que receberiam. E na Austrália, um local que já fora sinônimo de tubarões-brancos, as populações estavam decrescendo rapidamente, apesar das leis de proteção ao animal.

Poderíamos correr um dedo pelo mapa-múndi, parando em todos os locais onde havia tubarões-brancos, e nenhum se mostraria remotamente próximo ao que as Farallones tinham a oferecer em termos de pesquisa. Scot e Peter haviam encontrado o lugar ideal, e tinham bons motivos para se mostrar possessivos. Foram eles que investiram seu tempo ali.

De pé no farol, açoitada pelo vento e pela areia, eu não sabia ao certo se conseguiria passar o equivalente a vários anos da minha vida ali. A observação de tubarões era uma atividade exigente, e, para mim, um plantão de doze horas estava além dos ossos do ofício – tratava-se de um ato de devoção. Disse isso a Scot. Ele concordou com a cabeça.

– Os tubarões-brancos exigem paciência – respondeu, olhando para a água. – Pete e eu somos muito pacientes. – De repente, seu olhar se tornou glacial. Apertou um botão no rádio. – O homem chegou – anunciou, numa voz uma oitava abaixo do normal. Durante um segundo, pensei que ele estivesse falando de um tubarão, mas quando acompanhei seu olhar, na direção de São Francisco, vi um barco que surgia no horizonte, vindo diretamente na nossa direção. Ainda não passava de um ponto na água. Ao olhar pelo binóculo, mal consegui distinguir umas poucas figuras que pontilhavam o convés, mas Scot sabia exatamente quem era. Era o mundo exterior, avançando sobre as ilhas.

"Atenção, viciados em adrenalina! O melhor lugar do mundo para o mergulho entre tubarões fica a poucos minutos do Fisherman's Wharf de São Francisco", anunciava a manchete de outubro de 2002 da revista *Men's*

Journal. Era apenas uma questão de tempo até que alguém tentasse ganhar dinheiro com os tubarões das Farallones. Essa pessoa era Lawrence Groth, de 36 anos, fundador e presidente da Great White Adventures, uma empresa especializada em encontros com tubarões-brancos. Como dizia o site da companhia, Groth "havia criado nas Farallones a primeira operação de mergulho em gaiola do mundo a atingir uma taxa de êxito de 86% sem o uso de iscas!". Todas as manhãs durante a temporada de tubarões, desde que o tempo permitisse, a Great White Adventures chegava com seis mergulhadores, que pagavam 775 dólares cada um para estar ali.

O incentivo econômico era claro. Para mim, o surpreendente não era que a operação de Groth estivesse nas ilhas, e sim que não houvesse dez Groths abrindo caminho por ali todas as manhãs, um após o outro, em barcos cada vez maiores. Mas há boas razões para que o mergulho em gaiola não tenha se tornado muito popular nas Farallones. O clima, como já mencionado, muitas vezes é cruel; a temperatura da água varia em torno de 11°C. A visibilidade debaixo d'água não passa de cinco metros – isso num bom dia. São condições muito distantes das encontradas nas águas cálidas e claras de Baja ou da Cidade do Cabo. Nas Farallones, os mergulhadores geralmente são arremessados sem dó de um lado para outro.

Ao longo dos anos, muitos outros projetos de mergulho em gaiola tentaram – sem êxito – se instalar no arquipélago. Na verdade, nenhum deles durou mais de uma ou duas semanas. Groth, um homem compacto e robusto, com um bigode abundante, era mais persistente e tinha mais dinheiro para gastar que todos os seus antecessores. Quando criança em Hayward, Califórnia, Groth sempre ouvia histórias sobre os tubarões das Farallones. Quando finalmente foi ver o arquipélago com os próprios olhos, em 1998, um tubarão emergiu à superfície tão perto de seu barco que todos a bordo ficaram encharcados. Groth foi fisgado.

Ele abriu o negócio em 1999, e começou em grande estilo – comprou um barco de mergulho de 32 pés chamado *Patriot* e as mais avançadas gaiolas de alumínio, além de contratar uma tripulação experiente. Quando o repórter de um jornal lhe perguntou por que investira mais de 100 mil dólares para montar outra operação de mergulho em gaiola num lugar onde tantos antes dele haviam desistido, Groth respondeu: "Eu queria ver tubarões-brancos. E acho que outras pessoas também deveriam ver. É uma criatura incrível, e está bem aqui no nosso quintal."

Desde então, ele passou a expandir sua operação aprimorando o barco, aumentando o número de viagens, publicando anúncios em revistas como a *Shark Diver*, investindo num site elaborado e promovendo a Great White Adventures na imprensa. A demanda parecia alta, e ele não teve dificuldade em encontrar uma clientela disposta a se arriscar naquelas condições turbulentas. Vinham pessoas de todos os lados, até do Japão.

Entretanto, a natureza nem sempre cooperava com o plano. Havia dias em que os mergulhadores testemunhavam algo realmente memorável, como vários tubarões se alimentando juntos ou um tubarão que emergia perto do barco. Mas esses casos eram exceções, e, num dia típico, um cliente que pagasse quase mil dólares poderia ver apenas o contorno borrado de um tubarão passando pela gaiola – se não houvesse muito plâncton atrapalhando a visibilidade. E também havia dias de completa monotonia, quando os tubarões ficavam escondidos e tudo o que os mergulhadores trêmulos viam da gaiola era o vácuo turvo, cor de esmeralda.

O *Patriot* geralmente ancorava na baía de Mirounga ou diante da Plataforma Leste. Embora certamente fossem locais de grande concentração de tubarões, dali pelo menos dois terços da água em torno da Farallon Sudeste ficavam essencialmente fora do alcance de visão dos mergulhadores. Toda uma fileira de tubarões poderia estar dando cambalhotas no lado noroeste da ilha, junto ao Sugarloaf, à Cabeça do Índio, à baía do Pescador, à ponta Oeste ou ao Maintop, e eles nunca ficariam sabendo. Por isso, Groth estava louco para "trabalhar com" Scot e Peter; se tivesse boas relações com eles, poderia ouvir o rádio do farol que anunciava os ataques, entre outras coisas. Essa claramente seria uma relação vantajosa para os mergulhadores.

Só havia um problema: Scot e Peter não queriam nem saber deles. A relação entre o Projeto Tubarão e a Great White Adventures começou mal e deteriorou-se a partir daí. A primeira vez que Peter encontrou o *Patriot*, Groth estava soltando iscas, deixando um rastro de pedaços de peixe e sangue. Soltar iscas nas Farallones era uma atividade muito malvista; numa escala de mau comportamento, equivalia a fumar um cigarro após o outro no quarto de um paciente com enfisema. Peter zarpou o baleeiro e se aproximou para dar fim à situação. Em resposta, Groth lhe entregou uma carta escrita por um advogado em Washington, afirmando seu direito legal de soltar iscas nas águas da ilha.

Pouco depois, Groth efetivamente parou de soltar iscas na água. Embora reconhecesse que a prática não era popular entre os biólogos, poderia haver outra razão para sua súbita mudança de comportamento. "Aquilo não funcionava", comentou numa entrevista ao *San Francisco Chronicle* em setembro de 2000. Nessa época, Groth e seu parceiro haviam feito uma oferta a Peter e Scot: em troca de informações sobre o paradeiro dos tubarões, o *Patriot* os "protegeria" de outras operações, menos cuidadosas, de mergulho em gaiola. Para Scot e Peter, aquilo era uma forma de extorsão. Eles recusaram a oferta.

Durante o restante da temporada de tubarões de 2000, a situação na água ficou tensa. Quando o *Patriot* começou a rebocar chamarizes em forma de foca em volta da ilha, os biólogos acusaram Groth de construí-los com uma madeira pesada que poderia quebrar os dentes dos tubarões. Em resposta, Groth acusou Scot e Peter de vender acesso à ilha e de bater com o baleeiro em tubarões enquanto estes se alimentavam, chegando a enviar uma fita de vídeo que supostamente registrava esse fato a um repórter da televisão local.

A coisa ficou feia também na política. Com o apoio do Observatório de Aves de Point Reyes, Peter fez lobby pela criação de regras que limitassem as atividades recreativas na área. Do modo como as coisas estavam, não havia nenhum regulamento que impedisse uma frota de barcos de passeio de circundar as ilhas num dia qualquer com uma caixa de cervejas e uma prancha de surfe, tentando atrair os tubarões. "Antes que o negócio da observação de tubarões saia do controle nas Farallones, como ocorreu na Austrália e na África do Sul (arruinando completamente estudos realizados em outros locais de pesquisa), pedimos ao Santuário que implemente emendas regulatórias que protejam os tubarões e permitam a continuação da nossa pesquisa", escreveu Peter numa carta ao diretor do Santuário Marinho Nacional do Golfo das Farallones.

Furioso, Groth argumentou que isso representava "restrição ao comércio" e uma "interferência lesiva nos negócios". Houve ameaças de processos, acusações de calúnia. Em setembro de 2001, Groth ofereceu "o ramo de oliveira pela última vez", instando os biólogos a aceitar sua proposta de parceria.

"Eles não são boa coisa", disse Scot a um jornal em maio de 2001. Scot sentia que, durante a temporada de 2000, os mergulhadores em gaiolas haviam atravancado completamente o trabalho do Projeto Tubarão; os mergulhadores afugentaram os tubarões em três de sete eventos de alimentação. Groth tinha outro ponto de vista. Ele via o *Patriot* como uma base de observação que poderia trazer informações adicionais, alegando ter construído uma plataforma de vídeo operada por controle remoto capaz de filmar os tubarões se alimentando a distância. O aparelho, que ele batizou de GEO (*Groth Eco Observer*), tinha, em sua opinião, "aplicações positivas para a pesquisa".

Os biólogos, que já realizavam seu estudo de longo prazo havia mais de uma década, não consideravam muito interessante a perspectiva de colaborar com Groth. Para os organizadores do mergulho em gaiola comercial, associar sua atividade à pesquisa (real ou pseudo) se tornara uma maneira popular de dar dignidade a algo que poderia facilmente degenerar em uma mera busca por emoções. E não havia dúvidas de que aquilo relaxava os clientes, fazendo-os pensar que estavam na presença de alguém que sabia alguma coisa sobre os animais. Mas o que era bom para a pesquisa – ou para os tubarões – nem sempre era o melhor para os negócios.

Scot temia, sobretudo, que o uso de chamarizes o dia inteiro, todos os dias, acabasse por dessensibilizar os tubarões. Eles eram, afinal, os predadores mais bem-adaptados de toda a natureza. Por quanto tempo conseguiríamos enganá-los, fazendo-os atacar um pedaço de fibra de vidro? Em seus estudos, Scot sempre tivera a preocupação de variar cuidadosamente a localização, o momento e a forma dos objetos que soltava na água, e sempre que um tubarão investigava um chamariz, Scot o retirava da água por pelo menos três horas. Depois colocava outro, mas dessa vez usava uma forma completamente diferente. Para não influenciar o comportamento de caça natural dos tubarões, utilizava seus chamarizes por menos de vinte horas por temporada. Durante o outono de 2000, o *Patriot* soltou e rebocou chamarizes durante quase cem horas. Em meados de novembro, Scot percebeu que a eficácia de seus chamarizes tinha caído vertiginosamente. As pranchas ainda eram investigadas, mas já não eram atacadas. Os tubarões tinham levado menos de dois meses para decifrar por completo a situação.

Ainda assim, o ano 2000 foi fantástico para a observação de tubarões, o melhor já registrado. Em certos dias chegava a haver quatro eventos de alimentação. A taxa de êxito de Groth era alta, e, em vez de jogar a toalha, ele estava mais encorajado que nunca. O ecoturismo havia chegado às Farallones e não parecia estar disposto a ir embora. As pessoas estavam ávidas para ver aqueles animais; sempre estiveram. E, nesse sentido, os esforços de Groth realmente representavam um progresso: antes de o mergulho em gaiola começar a ser praticado, ver um tubarão-branco geralmente significava matá-lo.

Os aquários do mundo estão cheios de tubarões – possuem exemplares de cação-bico-de-cristal, cação-bruxa, tubarão-cabeça-de-martelo, tubarão-tigre, galha-branca-oceânico, tubarão-lixa, galha-preta, cação-anjo, tubarão-zebra, peixe-serra, tubarão-leopardo, um raro tubarão-de-port-jackson – a lista segue em frente. Os tubarões-brancos têm estado universalmente ausentes. Mas não por falta de tentativas.

Antes que ficasse claro que o *Carcharodon carcharias* é uma das poucas espécies de tubarões de sangue quente e, portanto, adaptada a águas mais frias, muitos tubarões-brancos foram exibidos em coleções de peixes tropicais. A maioria se recusava a comer. E também havia os problemas de transporte. Não era fácil transportar por aí um peixe vivo de uma tonelada com uma boca cheia de navalhas. Os tubarões-brancos precisam ter água fluindo constantemente por suas guelras para se manterem vivos; quando são forçados a ficar imóveis, acabam por sufocar. Muitas vezes, ao chegarem a um aquário, os tubarões já estavam semimortos, por terem ficado presos e se asfixiado na rede de um pescador. E como, exatamente, um tubarão de três metros de comprimento iria se mover pela água estando dentro da caçamba de um caminhão, avançando por uma rodovia em direção ao Marineland? Todo o processo era incrivelmente complicado.

No entanto, na esteira do filme *Tubarão*, nos anos 1970 e 1980, o potencial financeiro de exibir um "monstro" real vivo fazia muitos empresários ficarem com água na boca. Os aquários não desistiam, na esperança de que, um dia, um desses animais acabasse por sobreviver. Ao menos 37 tubarões-brancos pereceram no processo; só no SeaWorld de San Diego morreram cinco tubarões, numa série de tentativas frustradas entre 1976 e 1980. A maior parte dos animais durou menos de 24 horas, mas o SeaWorld ainda conseguiu bater um recorde de longevidade, mantendo um tubarão vivo por dezesseis dias. No entanto, esse recorde deve vir acompanhado de um asterisco. Em 1968, um tubarão-branco macho de 2,5 metros, exposto no Manly Marine World de Sydney, na Austrália, mostrou sinais de que poderia sobreviver em cativeiro – e sofreu uma morte muito pública devido a isso.

O tubarão do Manly Marine World contrariou todas as expectativas. Ele tinha sido capturado com linha e anzol e lutou durante horas antes de ser levado a bordo. Quando o aquário chegou para buscá-lo, o tubarão foi arrastado para uma praia, jogado num tanque não filtrado no fundo de uma picape, transportado por estradas esburacadas durante 45 minutos, tirado da água e carregado numa maca por vários lances de escada, sendo então depositado num aquário tosco repleto de tartarugas, tubarões-lixa e peixes diversos. A essa altura, a maior parte dos tubarões que tivessem recebido tal tratamento já estaria morta.

Este não apenas sobreviveu, como nadou com facilidade pelo tanque, sem dar sinais de desorientação. No terceiro dia começou a se alimentar, com entusiasmo. Infelizmente, em vez de comer os peixes mortos oferecidos pelos mergulhadores do aquário, preferiu jantar seus companheiros de tanque. Durante uma semana, os mergulhadores observaram, inquietos, o tubarão comer as ciobas uma a uma. Depois ele começou a mostrar interesse pelos próprios mergulhadores. Quando um dos mergulhadores escapou por um triz de um ataque, foi decidido que o tubarão deveria ser tirado dali.

Mas como? O Manly Marine World nem sequer estava equipado para receber um tubarão-branco, e não havia uma forma fácil de removê-lo. A solução: o tubarão levaria um tiro à queima-roupa. E – por que perder a oportunidade? – o aquário iria vender entradas para o espetáculo. Afinal, estávamos nos anos 1960, e a consciência ecológica ainda estava para nascer. A casa estava cheia quando, dez dias após a chegada do tubarão, um grupo de mergulhadores entrou no tanque empunhando pistolas submergíveis. Foram necessários sete tiros para matar o tubarãozinho mal-humorado, e sete minutos até que ele tombasse no fundo do tanque, supostamente sob os gritos de alegria da torcida. "O Seta Branca era louco – teve que morrer antes que acabasse de esvaziar o aquário", dizia a manchete do jornal *Australian Post*.

Apesar do final bárbaro, o incidente demonstrou que um tubarão-branco mantido nas condições certas talvez sobrevivesse. E qualquer diretor de aquário nos Estados Unidos sabia que a Califórnia era o melhor lugar para pôr as mãos num tubarão. Antes que as redes de emalhar fossem proibidas, os pescadores regularmente apanhavam tubarões-brancos em toda a costa do Condado de West Marin, às vezes recolhendo vários no mesmo dia. O SeaWorld de San Diego não era o único interessado. O Aquário Steinhart de São Francisco também estava louco para apanhar um tubarão-branco. A concorrência entre os dois era intensa, e logo começou a corrida por um tubarão saudável e não muito grande. Os pescadores locais que ligavam para o Steinhart a fim de informar que estavam de posse de um espécime viável eram atendidos por uma força SWAT – a "Steinhart White Acquisition Team" ("Equipe Steinhart de Aquisição de Tubarões"). O SeaWorld, por sua vez, mantinha caminhões de carga ao longo da Bay

Area, sempre a postos para transportar um tubarão pela costa em tanques de temperatura controlada repletos de substâncias químicas tranquilizantes e jatos oxigenados que fariam os líquidos correrem suavemente pelas guelras do animal. O Steinhart, que não queria ficar para trás, criou um veículo chamado "Elasmossarcófago", um elaborado tanque para transportar peixes. O SeaWorld respondeu aumentando a oferta: 5 mil dólares por um tubarão-branco saudável.

Mike McHenry era um pescador local que sabia exatamente onde encontrar um tubarão-branco. Também sabia como apanhá-lo. McHenry pescava salmão e bacalhau negro nas Farallones desde a década de 1950 e, muitas vezes, ao recolher as linhas, os tubarões se materializavam para roubar os peixes. Um dia, uma Irmã colossal se aproximou de seu barco. McHenry calculou que o animal devia pesar duas toneladas e meia, algo que ele nunca vira antes. O tubarão era tão assustador, até para um homem acostumado a todo tipo de coisa medonha que vivia no oceano, que McHenry o acertou imediatamente com um tiro na cabeça. Ao observar o enorme peixe afundando, arrependeu-se: "Minha nossa, que coisa idiota acabei de fazer!" Especialmente se considerarmos o preço corrente das vendas de entradas para a exibição da fera: "Aquilo ali provavelmente valia *40 mil dólares*." Anos depois, em 1982, McHenry capturou quatro tubarões-brancos – três machos, uma fêmea – num único dia em que esteve ancorado perto da Plataforma Leste, usando apenas anzóis com iscas numa linha de meia polegada. (Algumas pessoas especularam que a isca havia sido um leão-marinho recém-alvejado, uma acusação que McHenry negou.) Ele ficou surpreso com a facilidade que tivera para capturar os tubarões; apenas a fêmea apresentara certa resistência. "A gente precisava enroscar a linha no grampo da popa para frear os tubarões", contou McHenry. "Mas, depois disso, conseguíamos puxá-los para perto sem muita dificuldade, e eu os matava com um tiro de espingarda de calibre grosso."

Quando ouviu falar da recompensa por um tubarão capturado, McHenry se virou para seus ajudantes e disse: "Bem, vamos apanhar um."

E conseguiu – outra fêmea. Capturou-a perto da Pedra da Sela. Tinha 4,5 metros: um tamanho pequeno para uma Irmã, mas ainda assim grande demais para qualquer tanque de aquário. O diretor do Steinhart, John McCosker, rejeitou o tubarão de McHenry para exibição, mas, quando o animal morreu, levou-o à Academia de Ciências da Califórnia para que fosse estudado. "Pelo visto não vou ganhar o meu dinheiro", queixou-se McHenry, vendo o tubarão ser levado embora.

Um tubarão perfeito, de tamanho ideal para um tanque, acabou por ser capturado na baía de Bodega. Uma fêmea de pouco mais de dois metros, que foi chamada de Sandy. O animal ficara preso acidentalmente na rede de um pescador, Al Wilson, que o batizou com o nome de sua namorada. Wilson vendeu Sandy ao Aquário Steinhart por mil dólares. (Na esperança de receber um pagamento ainda maior, Wilson tentara entrar em contato com uma equipe do SeaWorld que estava hospedada na área, mas ninguém atendera o telefone no hotel. Toda a equipe tinha saído para a lavanderia.)

Em 12 de agosto de 1980, Sandy fez sua estreia pública no Roundabout, o novíssimo tanque toroidal do Steinhart, com capacidade para quase 400 mil litros de água. Em quatro dias, 40 mil pessoas fizeram fila para vê-la, e outros milhares tiveram que ficar de fora. Walter Cronkite proclamou no noticiário nacional que Sandy era "a Queridinha de São Francisco". A revista *Life* dedicou uma reportagem de duas páginas ao tubarão. John McCosker foi fotografado no tanque ao lado do animal, com uma legenda que dizia: "Seu companheiro de natação é um tubarão-branco de quatro meses de idade, 150 quilos e mais de dois metros, uma espécie famosa... por desmembrar mulheres e engolir criancinhas."

Scot, que tinha 24 anos na época, correu para o aquário. Uma fila de pessoas saía em zigue-zague pela porta de entrada, transbordando para a rua. Ele ficou na fila durante uma hora, avançando lentamente rumo ao Roundabout, onde Sandy nadava contra a correnteza, cercada de albacoras-da-laje, barracudas e arraias. Os espectadores tinham permissão para observar Sandy durante dez minutos antes de serem retirados do aquário para que outro grupo pudesse entrar. Era o primeiro encontro de Scot com um tubarão-branco vivo, e ele ficou impressionado com o aspecto daquela fêmea, sem comparação com os outros tubarões que havia visto.

Sandy estava desorientada no tanque, mas seus movimentos não tinham nada de hesitantes. Era apenas um bebê, mas sua força já era visível.

Ainda assim, aquele animal não chegava nem perto do assassino invencível que as pessoas esperavam. Sandy rejeitava a comida, até mesmo iguarias como esturjão sem pele. Parecia ter medo do escuro, portanto as luzes em volta do aquário foram deixadas acesas 24 horas por dia. E o mais desconcertante foi que, em virtude de uma leve corrente elétrica que saía do sistema de energia do tanque, o animal passou a golpear o corpo repetidamente contra a parede. O público, fascinado por tubarões, adorava ver o animal estonteado, mas McCosker temia as consequências. "Não sabíamos bem o que fazer", escreveu mais tarde. "Mas, se não fizéssemos nada, ela provavelmente morreria em uma semana."

A decisão foi tomada às pressas. Em 17 de agosto, cinco dias depois de sua chegada, Sandy foi removida do Steinhart e mais uma vez colocada no elasmossarcófago. Ela atravessou a ponte Golden Gate escoltada pela polícia. Quando o comboio chegou ao porto de Sausalito, Sandy foi depositada cuidadosamente num receptáculo arrastado ao lado do barco que a levaria para as Farallones. A viagem foi particularmente problemática – o barco teve de atravessar um mar agitado a passo de tartaruga, de modo a manter o tubarão vivo e dentro do receptáculo. Os repórteres, loucos para documentar a libertação, sofreram horas de náuseas terríveis. Mas era a coisa certa a ser feita. Quando Sandy foi libertada, afastou-se em disparada com uma vitalidade que jamais mostrara no tanque.

Enquanto isso, um pescador de ouriços chamado Joe Burke encontrou sua própria solução para o problema de manter um tubarão vivo em cativeiro: ele iria expor um tubarão morto. Burke mergulhava nas Farallones desde a década de 1980 e via tubarões regularmente. Em geral, os animais apenas passavam por ele, nadando devagar e dando uma boa olhada. Ser examinado por tubarões-brancos nunca é uma experiência relaxante, e Burke (ao contrário de Ron Elliott) sempre ficava perturbado com esses encontros. Mas o ávido mercado japonês fazia com que a coleta de ouriços fosse equivalente a, na descrição de Burke, "nadar por aí apanhando notas de cem dólares". Os recifes e as lajes intocados em torno das Farallones estavam cobertos de dinheiro, e tudo que havia entre um mergulhador e sua mina de ouriços era uma frota de carros-fortes com dentes.

Um dia, enquanto colhia seu dinheiro, Burke encontrou um tubarão, uma fêmea enorme, que era diferente dos outros. O tamanho do animal já foi suficiente para fazê-lo engasgar no bocal do equipamento, mas, além disso, parecia programado para o ataque. Não parava de circundá-lo, aproximando-se e agitando a cauda ao lado dele. Nesse momento, Burke pensou que seria uma boa ideia se enfiar debaixo de algumas rochas. O tubarão desapareceu por um momento, e Burke aproveitou a oportunidade para tentar fugir. No entanto, no momento em que saiu de seu abrigo, o tubarão reapareceu, e Burke teve de se esconder outra vez. O processo continuou – Burke tentava repetidamente se esconder e escapar, e o tubarão o intimidava feito um gato brincando com um camundongo. Finalmente, em desespero, Burke entrou em seu cesto de ouriços e fez um sinal para que seu ajudante, Donald, o puxasse para a superfície. Enquanto subia, enroscado no cesto de arame como se fosse a pesca do dia, o tubarão continuou a circundá-lo de forma ameaçadora, como que tentando encontrar o melhor ângulo para o ataque. Para Burke, foi um milagre conseguir sair intacto da água.

Burke não conseguia esquecer aquele encontro. Ficou chocado com a personalidade particular daquele tubarão e sua agressividade incessante. Aqueles animais tinham um lado que ninguém conhecia, pensou Burke. E decidiu fazer algo a respeito.

Burke concebeu o plano de rebocar um tubarão-branco morto em volta de um tanque e cobrar de quem quisesse dar uma olhada. No entanto, ao contrário dos aquários, Burke não estava à procura de um tubarão-branco de tamanho manuseável – ele queria logo uma Irmã, um espetáculo da natureza, um leviatã. Mas, especificamente, queria o tubarão louco que o caçara, obrigando-o a sair da água. Queria que todos conhecessem seu verdadeiro comprimento, seu diâmetro inconcebível. Queria que as pessoas pudessem encarar seus olhos negros, oniscientes.

Logo surgiram problemas no esquema concebido por Burke. Se o tubarão não fosse preservado num líquido especial, apodreceria em pouco tempo. Mas um tanque de vidro móvel, grande o suficiente para conter uma Irmã de 5,5 metros, desabaria sob o peso do líquido necessário para manter o animal. Seu plano alternativo, a construção de um tanque de metal com janelas, também não funcionou. Algo assim custaria uma quantia absurda, e seria preciso uma carreta para transportá-lo.

Além disso, era preciso capturar o tubarão. Coletar ouriços tranquilamente no fundo do oceano e pescar um espécime de duas toneladas eram empreendimentos que tinham tanto em comum quanto tai chi chuan e futebol americano. Burke e Donald circundaram a Plataforma Leste com ideias vagas sobre como capturar uma Irmã. Fizeram diversas tentativas, sujando as águas das Farallones com todo tipo de coisa, de carcaças de ovelha a centenas de galinhas congeladas. Num dia quente de outubro, Scot e Peter viram, da ilha, os dois mergulhadores alçar dois grandes tonéis de papelão ao convés do barco, que se chamava *Under Pressure* ("Sob Pressão"). Os tonéis tinham um novo tipo de isca particularmente rico: entranhas de ovelha e vísceras de vaca, recolhidas no chão de um matadouro. Aquela mistura tinha estado cozendo, fermentando, *apodrecendo* no compartimento de carga do barco sob o calor daquela tarde. Quando Donald enfiou uma faca num dos tonéis para abri-lo, seguiram-se uma grande explosão e, durante um segundo ou dois, uma sangrenta chuva de vaca. Os dois homens, cobertos daquilo, puseram-se a gritar. Em seguida o ar ficou saturado de um odor tão pútrido que fez as 25 mil gaivotas parecerem cheirosas como perfume.

Burke nunca conseguiu capturar um tubarão nas Farallones. Depois de muita publicidade entre os pescadores da costa californiana, ele pagou 10 mil dólares por uma fêmea de cinco metros que havia morrido numa rede para peixes-espada. Quando o tubarão chegou, porém, Burke ficou consternado ao ver que ele tinha um sorriso esteticamente desagradável e dentes salientes como os de um coelho. E, quando a mandíbula se acomoda após a morte, não pode ser realinhada. Burke passou a detestar seu tubarão. Ele o desprezava, tinha horror à aparência do animal. No fim das contas, apanhou uma serra elétrica e deu cabo da carcaça, desistiu de seus planos de montar uma exibição e se mudou com a família para a Nova Zelândia.

Mas os barcos não paravam de vir. Ao longo dos anos 1970 e 1980, e mesmo no início dos anos 1990, as normas de proteção dos tubarões das Farallones eram fracas. As ilhas em si eram uma reserva selvagem bem protegida, intocáveis segundo a lei, mas nas águas que as circundavam havia um vale-tudo. Os pescadores atiravam nos elefantes-marinhos com rifles de alta potência. Os barcos lançavam grossas linhas de pesca por toda a baía de Mirounga, esperando capturar um tubarão-branco. Alguns centros de pesca esportiva ofereciam recompensas de mil dólares a qualquer cliente que conseguisse a façanha.

Os biólogos não podiam fazer nada além de observar. Os diários das ilhas expressavam sua frustração, sua dolorosa aceitação: "7 de outubro de 1988: *Quarterflash* o dia inteiro soltando iscas na baía de Mirounga, sem atividade aparente. Agora estão sendo açoitados por ventos de mais de 25 nós. Enfim..." Mais tarde, na mesma semana: "*Los Hermanos y Hermanas* está ancorado na Plataforma Leste mais uma vez, bombeando lentamente duzentos litros de sangue de cavalo para atrair tubarões." Em 7 de setembro de 1990, o diário dizia: "Os dois pesqueiros de ontem vieram de novo sem êxito... nós saímos e falamos com o capitão do *Mayflower*, que foi mordido por um tubarão no ano passado. Trocamos histórias e os convencemos/pedimos que só levassem um tubarão, se muito. Eles concordaram, e vão nos deixar examinar e fotografar quaisquer tubarões que peguem. Pareceram muito interessados no nosso trabalho."

A essa altura, os biólogos já haviam começado a conhecer os animais, por isso observar as caçadas era muito mais doloroso. Estavam particularmente preocupados com um tubarão específico, um membro do Rat Pack chamado Meia Barbatana. Meia Barbatana era um tubarão tranquilo, um tanto bobão, que talvez não fosse o mais esperto do arquipélago. Era facilmente reconhecível porque tinha perdido a barbatana dorsal, que fora cortada ao meio horizontalmente. E estava sempre na área. Quando uma prancha de surfe era jogada na água, Meia Barbatana estava ali, feito um cachorro correndo atrás de um graveto. Para Scot e Peter, era impressionante que o animal nunca percebesse que o chamariz não era comida, como faziam os outros. Era provável que os pesqueiros que passavam por ali acabassem por pegá-lo: se havia um tubarão propenso a acabar empalhado na vitrine de alguém, era o Meia Barbatana.

E quando é que a caça terminaria? Quando todos os tubarões desaparecessem? Certamente não havia uma oferta interminável de tubarões. A natureza não produz predadores ápice nas mesmas quantidades com que nos dá, por exemplo, pombos. Os tubarões-brancos, como os tigres e os leões, se reproduzem lentamente, e dão à luz filhotes vivos, em vez de ovos, como outros peixes. Seu período de gestação não foi determinado com precisão, mas acredita-se que dure em torno de dezoito meses e resulte em uns poucos filhotes. Os tubarões-brancos ganharam recentemente um lugar de destaque na lista de "Espécies Mais Procuradas" da World Wildlife Federation (WWF) – estão entre os dez animais com mais probabilidade de extinção, "devido a ameaças do comércio insustentável e à demanda de consumo".

Assim, em março de 1993, o PRBO, Centro de Conservação Marinha, o Conselho de Defesa dos Recursos Naturais, os Defensores da Vida Selvagem, o Instituto da Ilha Terra, a Fundação Surfrider e pelo menos mais uma dúzia de grupos de ambientalistas da Califórnia propuseram uma lei para proteger os tubarões-brancos do estado. E ganharam um apoio inesperado: Mike McHenry decidira que não era certo matar aqueles animais. "Depois de algum tempo, comecei a sentir pena deles", disse McHenry, recordando os velhos tempos. "Tudo bem, eles são grandes e intimidadores, mas, se a gente quiser, pode acabar com todos eles em dois dias." Na audiência pública de debate da lei, ele se colocou em defesa dos pescadores e apoiou a proposta. "Nós não precisamos matar mais um único tubarão."

Não era uma atitude inteiramente desapegada. Os pescadores estavam começando a se dar conta de que o oceano, afinal de contas, não era infinito. Boa parte da vida marinha tinha simplesmente desaparecido, devastada por políticas inadequadas. No caso de certas espécies, como o bacalhau e o esturjão, a destruição foi rápida e avassaladora; era quase como se a indústria tivesse se dedicado a encontrar a melhor maneira de aniquilar a vida marinha do planeta. E brincar com o equilíbrio da natureza pode ser a maior das tolices: se eliminarmos o topo da cadeia alimentar, a base irá prosperar, permitindo que animais oportunistas (como os leões-marinhos, que adoram devorar peixes) dominem o ambiente e se reproduzam de forma descontrolada, fazendo então com que vermes, vírus, parasitas e outros seres do gênero passem a levar uma vida tranquila. Sem tubarões, os oceanos seriam um lugar repleto de pragas, e esse seria apenas o efeito colateral mais evidente. Dados os nossos escassos conhecimentos sobre o ambiente aquático, na verdade ninguém faz a menor ideia do que aconteceria se o ecossistema fosse transformado de forma tão drástica. Uma coisa é certa: não seria bom para a pesca.

Depois de certos ajustes que permitiriam a continuação das tentativas de exibir tubarões-brancos (para acalmar os aquários), a Lei 522 foi aprovada por unanimidade, entrando em vigor em 1999. Já não seria permitido matar tubarões-brancos na Califórnia. Não intencionalmente, ao menos.

A última manhã da temporada de tubarões de 2001 acordou feia e cinzenta. E eu estava indo embora. As duas coisas me deprimiram. Eu tinha aquela péssima sensação de fim de festa e um vazio no estômago. Acabara de escrever meu relatório; Scot e Peter tinham respondido a todas as minhas perguntas, e mais algumas. Eu havia conhecido Ron. A essa altura, meu artigo praticamente se escreveria sozinho, e ainda assim tudo parecia incompleto. Essencialmente, eu tinha recebido uma entrada para uma exibição privada dos segredos mais bem guardados da natureza – não dava para simplesmente ir embora dessa forma, abandonar os encontros com tubarões, o Clarão Verde e a possibilidade de que algo ainda mais grandioso se revelasse no dia seguinte. Eu me sentia seduzida por todos os animais que ainda não havia visto. A ilha não era um lugar para visitantes informais, desapegados e passageiros: eu queria ficar ali, e queria muito. É claro, sabia que aquilo era impossível, mas também me parecia impossível dar meia-volta e retomar uma vida urbana sem tubarões. E isso era o que eu mais temia, o retorno à vida corriqueira.

Enquanto observávamos uma chuva de meteoros na noite anterior, Peter me alertara sobre a dificuldade daquilo que ele chamava de "reentrada", acrescentando que muitas vezes levava semanas até se acostumar com o regresso ao mundo civilizado. Na primeira vez que voltara da ilha, depois de oito semanas, ele tinha ficado feito um zumbi, completamente incapaz de lidar com os elementos mais básicos da vida no continente, coisas como o tráfego, retornar um telefonema ou abrir caminho em meio a uma loja cheia de gente.

Depois do café da manhã, todos saíram apressados para fazer tarefas diversas, e fiquei sentada sozinha na cozinha, absorvendo a atmosfera cálida e comunal da casa. No entanto, não parecia certo ficar enfurnada ali, por isso prendi um rádio na minha jaqueta, saí e vagueei pela planície marinha em busca de gastrólitos – rochas que haviam chegado às Farallones na barriga de lobos-marinhos. Eu já havia visto várias dessas pedras, expostas na sala de estar. Só restavam uns poucos lobos-marinhos na ilha, por isso elas eram raras, mas de vez em quando ainda era possível encontrá-las. Os gastrólitos se distinguiam do granito quebradiço da ilha; eram redondos e lisos, como se houvessem sido polidos, e tinham uma qualidade densa, como se uma pedra muito maior tivesse se condensado, formando uma pedrinha. Ninguém sabia exatamente por que os lobos-marinhos comiam pedras, mas alguns pensavam que talvez lhes servissem como lastro. Ou para auxiliar a digestão. Ou para enganar a fome. Ou então, como escrevera Brown no diário, "talvez eles sejam só esquisitos". Às vezes um único lobo-marinho engolia cinco quilos de pedras.

De repente, pareceu que a coisa mais importante do mundo era encontrar um gastrólito, um pedaço daquele lugar que eu pudesse levar de volta comigo. Caminhei com os olhos fixos no chão, e o vento acertou a minha pele com grãozinhos de areia. De vez em quando, uma gaivota vinha num voo rasante, agitava as asas e guinchava furiosa. Ao longo da costa, observei as entradas de mar onde dezenas de elefantes-marinhos se reuniam, preguiçosos. Quando me aproximei, eles berraram como gatos.

Dentro de duas semanas, a equipe do inverno iria chegar. O inverno era a estação mais tempestuosa e solitária nas Farallones, e nessa época os cientistas se dedicavam a monitorar o acasalamento dos elefantes-marinhos e a sobreviver às frentes de clima violento. Os ataques de tubarão continuariam de forma esporádica durante as próximas seis semanas, mas em janeiro acabariam por desaparecer gradualmente. Não é que não houvesse nenhum ataque durante o inverno, a primavera e o início do verão, mas eram muito incomuns. A maior parte dos tubarões simplesmente desaparecia; com o passar do mês de dezembro, eles iam embora do lugar feito socialites fugindo para *resorts* no Caribe. Mas ninguém tinha a menor ideia do local para onde os tubarões seguiam.

Pelo menos até aquele momento, ninguém ainda sabia. Durante as últimas duas temporadas, usando hastes longas semelhantes a arpões, Peter e Scot tinham conseguido marcar uma dúzia de tubarões, sobretudo membros do Rat Pack, com um novo tipo de transmissor por satélite bastante sofisticado, que coletaria informações sobre suas viagens. A um intervalo predeterminado, que poderia variar de duas semanas a nove meses, o marcador se soltava da posição em que estava, logo abaixo da barbatana dorsal do tubarão, e emitia uma torrente de dados para o sistema de satélites Argos. As informações seriam então usadas para calcular as longitudes e latitudes da rota do animal, as profundidades em que estivera nadando, sua rotina diária. Os marcadores eram uma maravilha tecnológica que prometia esclarecer alguns dos maiores mistérios dos tubarões, e havia interesse em colocar mais daqueles na água. No entanto, cada marcador, que era essencialmente um computador em miniatura, custava 3.500 dólares. Como o Projeto Tubarão tinha um orçamento apertado, de aproximadamente 10 mil dólares por temporada, subsidiados pessoalmente por Peter e Scot, o custo era um problema. Uma das tarefas de Peter na baixa temporada era recrutar patrocinadores para os marcadores do ano seguinte. Para levantar esse dinheiro seria necessária uma estratégia nova e mais ambiciosa. Conseguir que mais algumas crianças adotassem Rabo Cortado não seria suficiente.

Peter detestava fazer captação de recursos, ter de usar a conversa-fiada dos coquetéis requintados e passar bastante tempo longe do trabalho de campo, mas o esforço para implantar os marcadores era importante. Para proteger os tubarões, era fundamental saber por onde eles viajavam, especialmente se estivessem atravessando o oceano aberto, aquela imensa terra sem lei das águas internacionais onde frotas de pesca industrial do tamanho de pequenas cidades arrastavam redes gigantes e espinhéis com milhões de anzóis. Essas operações eram implacavelmente eficazes; um estudo feito na Universidade de Dalhousie durante mais de uma década revelou que 90% dos grandes peixes predatórios de todo o mundo tinham sido eliminados nos últimos cinquenta anos. Como se isso não fosse ruim o suficiente, os tubarões tinham sofrido um golpe a mais, graças à detestável e ilegal prática de amputar suas barbatanas, devolvendo seus corpos ainda vivos ao oceano. Assim como o chifre de rinoceronte (serrado e moído para produzir supostos afrodisíacos), o pênis de tigre (idem), o chifre de alce (mais um) e a vesícula biliar de urso (cujo preço por grama é maior que o da cocaína), a barbatana de tubarão é muito apreciada nos mercados da Ásia, onde é usada para fazer uma sopa muito popular.

Peter desceu a trilha caminhando e indicou que precisávamos ir embora. Eram 11h30, hora de juntar minhas coisas e embarcar. Ele havia feito acertos para que eu voltasse a São Francisco no *Superfish*, o mesmo barco que me trouxera. Seu capitão, Mick Mengioz, era amigo de Peter e não se importava em interromper sua observação de baleias para transportar uma carona. O barco devia chegar em torno do meio-dia. Depois de se despedir de mim, Peter apanharia Scot e levaria o baleeiro até Bolinas, onde a embarcação ficaria atracada até o verão seguinte.

Voltei para casa e me despedi de Brown, que estava retirando um pássaro de uma rede para marcá-lo com uma anilha na pata, e de Nat, que estava a caminho do farol para assumir o posto de Scot. Enquanto Peter e eu carregávamos nosso equipamento pelos degraus da entrada, notei que o *Patriot* tinha voltado e passeava devagar pela baía de Mirounga. Estava bastante perto da costa, e pude distinguir duas pessoas com roupas de neoprene entrando numa gaiola, auxiliadas por um ajudante. Um homem com uma capa de chuva de cor vermelha intensa e um boné, que supus ser Groth, estava a postos na cabine do capitão no convés superior, ao lado de outra figura bem agasalhada que segurava uma cerveja. O *Patriot* tinha ancorado no lugar em que, dois dias antes, todos os tubarões haviam nos cercado.

O rádio de Peter tocou. Era Mick; estava a dez minutos da ilha. Descemos pelos trilhos até a Plataforma Leste, onde Scot se juntou a nós em sua bicicleta de criança. Joguei minha mochila no baleeiro. Ao lado do barco havia um chamariz de neoprene em formato humano chamado Bob Cabeça de Boia, dobrado ao meio. Boa parte da barriga de Bob tinha sido arrancada. A imagem daquela figura, mutilada como um brinquedo de cachorro muito amado, era uma recordação de tudo o que eu perderia. Despedi-me de Scot, que nos transportou de guindaste até a margem.

O *Superfish* nos esperava diante da ponta Shubrick. Desta vez, eu teria que pular *para cima*, saltando um espaço de dois metros entre os dois barcos instáveis. Mick se inclinou na lateral do barco, pronto para me ajudar a subir a bordo. Ele era um homem alto, de cabelo castanho-claro, bonito de morrer e com a personalidade descontraída de quem está acostumado a lidar com o público. Os passageiros estavam amontoados ao redor dele.

– Este é um dos caras dos tubarões! – anunciou Mick, apontando para Peter. – Ele fica por aqui perseguindo os bichos!

Cinquenta olhares curiosos espiaram por baixo de camadas de Gore-Tex. Essa era a deixa para que Peter dissesse algumas palavras sobre o Projeto Tubarão e desse credibilidade à ideia de que provavelmente havia tubarões-brancos sob os nossos pés naquele momento. Peter e Scot tentavam evitar situações como aquela, mas com Mick faziam um pequeno esforço. Mick estava sempre pronto para ajudá-los como fosse preciso, transportando pessoas e equipamento e, em geral, comportando-se com incrível tranquilidade perto dos tubarões. E é claro: quando um tubarão como Cabeça Ferida, Kyra ou Mr. T aparecia perto do *Superfish*, fazia muito bem aos negócios.

Sob o olhar atento da multidão, Peter apresentou uma versão bastante resumida do projeto de pesquisa, passando a minha bagagem a Mick enquanto falava. *Ninguém consegue pôr os pés aqui*, pensei, consciente de todos os olhos ávidos por baleias que seguiam os nossos movimentos. *E agora está terminado.* Os barcos se sacudiam ferozmente sobre as ondas, e era hora de dar o meu salto. Peter me abraçou como se fôssemos velhos amigos, e então pisei sobre o corrimão do baleeiro, respirei fundo e segurei a mão de Mick. Ele me deu um impulso forte, eu dei o salto e, por um breve instante, fiquei suspensa no ar entre os dois barcos. Mas então aterrissei com firmeza no *Superfish* e fiquei ali por um instante, tentando fazer com que minha desorientação não desse tanto na vista. A multidão me examinou como se eu tivesse acabado de descer de outro planeta. Acho que estavam certos.

O *Superfish* se pôs a navegar, passando cerca de trinta minutos na baía de Mirounga para que todos pudessem dar uma boa olhada nas rochas abruptas e arqueadas, nas velhas construções e nas focas escuras, estiradas aos montes nas margens. Fitei profundamente a Pedra da Sela enquanto avançávamos, tentando retê-la na minha memória permanente para poder recordá-la quando quisesse, com todos os seus cheiros, sons e imagens de tubarões se desenrolando feito ideias assustadoras num technicolor em câmera lenta. Enquanto Peter, Scot e Brown caminhavam pela costa, embalando chamarizes e material fotográfico, carregando equipamentos e lixo para serem embarcados, o *Superfish* completou uma volta em torno das quatro ilhas do sul – a Farallon Sudeste, o Sugarloaf, a ponta Oeste e a Pedra da Sela – e seguiu em direção às Farallones Norte, a dez quilômetros dali, em busca de baleias. Apoiada na popa, vi Peter e Scot lançarem o barco da Plataforma Leste e seguirem na direção de Bolinas, ambos de pé na cabine, lado a lado.

Os observadores de baleia se aproximaram cheios de perguntas sobre a vida na ilha.

– É mesmo entediante?

– Vocês recebem canais de televisão ali?

– O que vocês comem?

Eu não estava a fim de responder a pergunta nenhuma, e eles voltaram para a cabine. Havia várias pessoas amontoadas em volta de uma mesa, que pareciam estar com frio. Uma mulher robusta, que obviamente não entendera algumas informações básicas sobre a viagem, usava shorts, uma camiseta de algodão e sandálias de dedo. Um homem de barba estava sentado no canto ao lado de sua companheira de cabelo crespo. Os dois usavam capas de chuva da mesma cor e tinham à sua frente todo um conjunto de lanches em saquinhos plásticos com fecho ziplock. Era evidente que esse casal pretendia que aquela fosse uma viagem romântica, pois o homem não parava de acariciar a namorada com uma das mãos, enquanto abocanhava grandes porções de amendoins com a outra. Ficar inalando o cheiro intenso dos amendoins e vê-lo apertar a coxa da mulher enquanto o barco cortava ondas de quatro metros era uma receita infalível para o enjoo, e a cabine foi esvaziando aos poucos. Por sorte eu havia tomado um Dramin, minha vitamina diária nas Farallones. Outros ali não tiveram a mesma sorte. Meia dúzia de pessoas se amontoou no corrimão da popa, com caras pálidas e miseráveis. Várias outras ficaram encolhidas na lateral. Mas então chegamos às ilhas do norte, e até o mais enjoado dos passageiros teve que erguer a cabeça, maravilhado.

As Farallones Norte eram uma série de picos pontiagudos que faziam as Farallones Sul parecerem um lugar bastante aconchegante. As ilhas surgiam do nada, eram cinco pináculos de rocha nua que formavam um círculo estreito, como uma mão com garras, cortados por fendas que a água fustigava com violência. Focas e leões-marinhos haviam escalado suas laterais íngremes e estavam acomodados na penumbra, urrando como um coro infernal. Também havia relatos de tubarões nessa área, e alguns mergulhadores haviam sido ameaçados e atacados. No entanto, poucas pessoas iam a essas ilhas, e era fácil entender por quê. Quando perguntei a Peter sobre as Farallones Norte, ele as descreveu como "medonhas". O próprio Ron afirmava que mergulhar por ali era complicado; as correntezas eram imprevisíveis e fortes, e as ilhotas tinham rochedos que mergulhavam abruptamente para o fundo da água, formando cavernas repletas de assustadoras criaturas de águas profundas, como enguias-lobo, quimeras e polvos gigantes. Ele não se dava ao trabalho de ir até lá, principalmente porque os ouriços eram de baixa qualidade. "A ilha Sudeste é a estrutura-mãe", tinha declarado Ron. Por algum motivo isso me fez pensar no filme *Alien*, e apertei o corrimão com mais força à medida que o *Superfish* se aproximava das Farallones Norte.

Circundamos as ilhas e depois viajamos mais alguns quilômetros para o oeste, até estarmos sobre a borda da plataforma continental. Num dos lados do *Superfish* havia um oceano com cerca de trinta metros de profundidade, relativamente fáceis de visualizar; no outro, um abismo longo e vertiginoso de três quilômetros. Ainda bem que aquelas pessoas nauseadas não se davam conta desse fato. O vento fustigava agora o oceano, formando grandes vagalhões; fiquei com frio e fui até a cabine, para me sentar ao lado de Mick. Mesmo a essa distância do continente, às margens da plataforma continental, não havia nenhuma baleia à vista. Principalmente porque, confessou-me Mick, a temporada de baleias havia terminado duas semanas antes. A naturalista a bordo, uma mulher excessivamente entusiástica que mandava as pessoas baterem palmas sempre que um golfinho solitário passava por nós, resignara-se a caminhar pelo convés segurando uma jubarte de plástico em miniatura.

Na viagem de volta a São Francisco o mar ficou ainda mais hostil, e, no momento em que o *Superfish* chegou a Potato Patch, uma área rasa no canal onde as correntes de saída colidiam com a maré que entrava, as ondas se transformaram em montanhas irascíveis. Mick teve de reduzir bastante o passo para não enterrar a proa na água. Quando finalmente atracamos na marina de Fort Mason, já estava quase escuro, e praticamente todos os passageiros buscaram refúgio na cabine.

A marina estava congestionada, cheia de pessoas apressadas e tomada pelos ruídos da civilização: o tráfego, sons metálicos de máquinas, o constante zunido de fundo das vozes humanas. Telefones celulares. Portas batidas com força. Uma fila interminável de carros impacientes dando voltas em busca de vagas de estacionamento inexistentes. Olhando para um shopping center no outro lado de uma avenida frenética de quatro faixas, perguntei-me como um lugar primitivo como as Farallones conseguiria sobreviver nas vizinhanças de uma cidade de 7 milhões de pessoas. Eu temia que não conseguisse.

Voltando a Manhattan, foi impossível levar algo como uma vida normal. O 11 de Setembro mal completara dois meses, e a cidade ainda estava em choque. Um desânimo caíra sobre tudo, um embotamento, e não era raro ver pessoas caminhando pelas ruas com lágrimas nos olhos. O Rockefeller Center, onde ficava o meu escritório, estava repleto de guardas, o metrô era patrulhado por soldados com armas automáticas, e na Quinta Avenida o tráfego era interrompido quase todos os dias por missas fúnebres na Catedral de St. Patrick. A cidade se ensimesmara para curar as feridas, a vida parecia mais obscura e mais frágil, beirando o insuportável, e eu não conseguia parar de pensar no dia em que os tubarões tinham se aproximado de nós no baleeiro, como visitantes em *chiaroscuro* vindos de outro planeta.

Capítulo 3

"Nunca vi um local habitado que parecesse tão profundamente desolado, tão inteiramente separado do mundo, cujas pessoas parecessem ter um laço tão tênue com a humanidade."

Charles Nordhoff, "As ilhas Farallon", *Harper's New Monthly Magazine*, 1874

10 DE JANEIRO DE 2003

Point Reyes cheirava a couro, eucalipto, musgo, madeira e fumaça quando entrei pela rua principal com meu carro alugado, buscando um restaurante chamado Station House. Sabia que não seria difícil encontrá-lo – havia apenas uma dúzia de prédios em todo o distrito comercial. Eu estava numa vila rústica na costa do norte da Califórnia, um lugar de fogões a lenha, encanamento antigo e queijo artesanal, acomodado numa das encostas dos morros costeiros e delimitado por uma estreita entrada de mar chamada baía de Tomales. Ponta de Tomales, na boca da baía, era um local popular para a prática de surfe, caiaquismo e mergulho para a pesca de abalones, apesar de ser o lugar que registrava o maior número de ataques de tubarão em todo o mundo. As Farallones ficavam a apenas trinta quilômetros daquele ponto.

A temporada de tubarões de 2002 tinha acabado de terminar, e eu estava ali para uma recapitulação. Embora houvesse tido a intenção de fazer uma ou duas viagens de um dia à ilha no outono anterior, acompanhada de Ron, o trabalho na revista me mantivera presa a Manhattan. Não sabia nada do que havia se passado com os tubarões no último ano: quem havia voltado e quem estava desaparecido, quantos marcadores tinham sido instalados, que novas descobertas tinham sido feitas. Numa troca de e-mails, Peter mencionara certas dificuldades, e as tensões geradas pelas rixas com os mergulhadores em gaiolas afetavam todo o trabalho nas ilhas. Eu queria saber de tudo o que estava acontecendo. Eu ainda tinha, como diria Scot, tubarões no cérebro.

A essa altura, eu já era vista pelos amigos como uma espécie de especialista em tubarões-brancos, capaz de falar sobre eles durante horas nas festas. Muitas vezes me pegava pensando nos tubarões das Farallones durante minhas longas práticas de natação, e eles continuavam a povoar meus sonhos; às vezes até me acordavam à noite. Ao contrário da maior parte das memórias, logo relegadas à pilha de descarte do cérebro (até mesmo nossas adoradas memórias sentimentais), os tubarões ocupavam lugar de honra na minha cabeça. Com o passar dos meses, minha curiosidade pelas ilhas também se intensificou. Sempre que encontrava um momento livre entre dois prazos de entrega de trabalhos, aprofundava minha pesquisa sobre as Farallones. Meu apartamento ficou repleto de recortes de jornais do século XIX, impressos em tipos de madeira e metal, com manchetes como "Ilhados nas Farallones" e "O estranho recanto de São Francisco", imagens melancólicas em tons sépia de pessoas que haviam vivido – e morrido – nas ilhas, edifícios já inexistentes, além das duas casas que ainda permaneciam, as tristes transformações em suas fachadas ao longo das décadas. Algumas das manchetes se mostraram úteis, e cada nova informação se transformava numa pista que me levava à fonte seguinte. Quando as peças começaram a se encaixar, passei a ver os contornos de uma história instigante que remontava ao século XVI. Pouco a pouco, a história perdida da ilha se tornou mais clara. E mais estranha.

Desde o início, as ilhas Farallon tiveram um problema com sua imagem. Os marinheiros as chamavam de "Dentes do Diabo", em referência tanto aos perigos náuticos que representavam como à sua aparência sublime.

Num artigo de revista do século XIX, as ilhas foram tristemente comparadas a uma prisão. "Deus fez menos por esse lugar do que por qualquer outro", reclamou um visitante.

Em 1579, sir Francis Drake se tornou o primeiro europeu a pisar nas ilhas, ficando por lá apenas o suficiente para estocar carne de foca e de aves marinhas. Ele batizou as Farallones de "ilhas de St. James", mas o nome não pegou. E consigo entender por quê: era inaceitavelmente empertigado. Seria como chamar a Califórnia de "Sussex" ou o Colorado de "Devonshire". Ou dar à área escarpada de Point Reyes o precioso nome de "New Albion" (o que Drake também fez; esse nome também não pegou). No século XVII, os índios miwok, que habitavam a costa, as chamavam "Ilhas dos Mortos" e consideravam o lugar uma espécie de inferno marinho: "uma ilha no mar amargo e salgado, uma ilha nua, inóspita e desolada, coberta apenas por pedras manchadas de salmoura e pelo sal reluzente, que range sob o andar, e açoitada por ventos amaldiçoados... nessa ilha abominável, os índios maus são condenados a viver para sempre."

Pelas ilhas também haviam passado vorazes caçadores de fortunas. A primeira tentativa de grande porte de transformar aquela abundante vida selvagem em dinheiro foi feita em 1807, quando um mercador de peles ianque chamado Jonathan Winship, capitão do navio mercante *O'Cain*, de Boston, notou "um grande número de leões-marinhos" na Farallon Sudeste. O *O'Cain* retornou três anos mais tarde, e, ao longo de dois anos, conseguiu matar 73 mil animais. Naquele tempo, Winship trabalhava em parceria com um grupo de russos que fazia bons negócios com a China comercializando peles de foca e lontra-marinha; eles atravessaram o estreito de Bering e desceram o Alasca caçando animais, até estabelecer sua base mais meridional em Fort Ross, 150 quilômetros ao norte de São Francisco. Os caçadores da Companhia de Peles Russo-Americana eram índios kodiak, aleúte e pomo, alguns dos quais eram escravos condenados àquele trabalho por acusações de homicídio. Essa operação permaneceu nas Farallones por quase trinta anos, limpando tudo o que havia no lugar: penas, ovos e carne de gaivota, óleo e carne de leão-marinho, peles de foca e também o maior dos prêmios – peles de lontra-marinha.

Correr os dedos por uma pele de lontra-marinha, com seus milhões de pelos por centímetro quadrado, é sentir visceralmente sua maldição. Esse é um animal muito felpudo, mais rico que o arminho, mais sedoso que o visom. Ainda no início do século XIX, no período pré-inflacionário, uma única pele valia quarenta dólares na China. Os lobos-marinhos tinham um pelo mais áspero e eram muito mais comuns. Valiam apenas dois dólares por pele. Mas havia poucas lontras-marinhas nas Farallones, e, além disso, as focas e os lobos-marinhos eram mais fáceis de caçar. Para caçar lontras-marinhas era preciso trazer equipes de caçadores aleútes, que apanhavam os animais na água, manobrando em caiaques pequenos e ágeis chamados *bidarkas*; no entanto, para caçar focas não era necessária nenhuma habilidade – qualquer pessoa com um porrete poderia realizar a tarefa.

As condições de vida eram miseráveis: havia pouco abrigo da intempérie, muitas doenças, nenhuma água doce e nenhuma maneira de ir e voltar do continente. A umidade incessante provocava eczemas e feridas na pele, que logo ficavam infectados. As provisões eram trazidas por navios em intervalos longos e aleatórios, mas na maior parte do tempo não havia nada para comer além de carne de leão-marinho, abalones e ovos de gaivota. As pessoas morriam aos montes. Em seu livro de título eufemístico chamado *Aventuras na Califórnia, 1818-1828*, um adolescente russo chamado Zakahar Tchitchinoff narrou o tempo passado na Farallon Sudeste:

> Cerca de um mês depois, o escorbuto se espalhou entre nós, e em pouco tempo todos ficaram doentes, exceto eu. Meu pai e outros dois foram os únicos que continuaram a trabalhar, e estavam ficando mais fracos dia a dia. Dois dos aleútes morreram um mês depois do surgimento da doença. Durante todo o inverno seguinte, ficamos ali numa grande miséria, e, quando a primavera chegou, os homens estavam fracos demais para matar leões-marinhos; tudo o que podíamos fazer era rastejar pelos penhascos, recolher alguns ovos de gaivota e chupá-los. No primeiro dia de junho daquele ano (1820), meu pai perdeu o equilíbrio enquanto tentava alcançar um ovo e caiu na água; estava fraco demais para nadar a curta distância até a costa, por isso se afogou. Seu corpo não foi arrastado para a costa da ilha, e eu nunca mais o vi.

Ao final da década de 1830, até os russos decidiram que aquelas condições eram inóspitas demais. Além disso, não havia mais focas. Em menos de trinta anos, o número de animais caçados por temporada caíra de 40 mil para 54. Em dezembro de 1841, os russos desistiram de Fort Ross e foram embora da Califórnia de vez.

E então veio a verdadeira corrida do ouro. Menos de um ano após a monumental descoberta de ouro no cascalho do American River em 1848, a população de São Francisco inchou de oitocentas para 40 mil pessoas; 4 mil recém-chegados surgiam a cada mês, sendo relegados a barracas e casebres. A população explodiu, e a anarquia também. Não havia nenhuma infraestrutura, e a justiça era administrada por milícias civis, muitas vezes de forma brutal. A ideia geral era a seguinte: deite as mãos no que puder, reivindique a coisa para si e tente mantê-la por meio da força. Durante os primeiros e agitados dias naquela nova metrópole, havia escassez de praticamente tudo.

Faltavam, sobretudo, mulheres e comida. Uma empreendedora chamada Eliza Farnham até tentou importar mulheres do Leste num barco de nome vistoso, o *Navio das Noivas de Eliza Farnham* – tudo o que uma mulher precisava era de 250 dólares, uma declaração de bom caráter escrita por um religioso e nada a perder. Já um homem recém-chegado do Maine, chamado Doc Robinson, percebeu que não havia muitas galinhas na Califórnia. Portanto, não havia ovos. E sem ovos não poderia haver tortas, bolos, nem omeletes. Robinson tinha ouvido boatos de uma ilha logo além do Golden Gate, habitada por uma enorme população de airos, aves marinhas do tamanho de um pato, com manchas de paletó semelhantes a um pinguim e a cabeça lisa de uma mobelha, que punham ovos tão comestíveis quanto os de uma galinha. Além disso, um ovo de airo tinha o tamanho de uma bola de tênis.

Assim, na primavera de 1849, Robinson e seu cunhado, Orrin Dorman, fretaram um barco e velejaram até as Farallones. Eles logo perceberam que o número de airos na ilha havia sido amplamente subestimado. Não havia nada *além* de aves ali, amontoadas lado a lado, apinhadas nas rochas em quantidades inimagináveis. Tentar contar as aves na Farallon Sudeste seria como contar os grãos de areia na praia ou folhas de grama num campo. Seria simplesmente impossível.

E onde quer que eles olhassem viam ovos. Centenas de milhares de ovos de airo dispostos nas rochas, em plena vista, e não acomodados em ninhos. Os ovos tinham cascas aveludadas e manchadas em tons cinza-claro, marfim, verde-claro ou turquesa. Eram cobertos de rabiscos negros, como a escrita de uma linguagem secreta dos airos. Mais finos numa das pontas, os ovos eram bem projetados para o terreno; eles rodavam em círculos em vez de rolarem das encostas.

Todos concordavam que aquele era um substituto perfeitamente aceitável na preparação de receitas. Quando cozinhados sozinhos, no entanto, esses ovos eram menos atraentes. Um ovo de airo frito tinha a gema vermelho-sangue, a clara branca e um certo gosto de peixe. Dizia-se que quem comesse um ovo estragado ficava com o gosto na boca por três meses.

Robinson e Dorman encheram seu barco de ovos e voltaram para São Francisco, atravessando uma tempestade violenta e despejando metade da carga no oceano, para não afundarem. Ainda assim, venderam os ovos restantes por um dólar a dúzia e embolsaram 3 mil dólares, o que era bastante dinheiro naquela época. Robinson abriu seu próprio cabaré – outro grande segmento de mercado naquela economia nascente da Califórnia –, e os dois homens jamais voltaram às Farallones. Mas outros voltaram. Uma semana depois daquela bem-sucedida venda de ovos, a Farallon Sudeste estava tomada de "oveiros".

Seguindo a lógica predominante, seis posseiros reivindicaram imediatamente a área, declarando que as ilhas lhes pertenciam com exclusividade devido a "direitos de posse", e formaram a Farallon Egg Company. O comércio de ovos, apesar de lucrativo, acabou por se mostrar um meio de vida bastante duro. A temporada durava oito agitadas semanas entre os meses de maio e julho, e durante essa época era homem contra airo, e ambos contra as gaivotas. Escalando paredões quase verticais de granito instável, os oveiros carregavam porretes na mão livre para se defender dos ataques de aves, ao mesmo tempo que colocavam os ovos dentro de suas "camisas de ovos" costuradas especialmente – enormes sacos de juta com muitos bolsos. Feridas no couro cabeludo eram comuns.

Ao final do dia, as camisas carregavam até dezoito dúzias de ovos, e os oveiros cambaleavam sob aquele peso feito uma trupe de papais-noéis bêbados e cheios de bolotas pelo corpo. As rochas eram escorregadias devido ao guano e à neblina, sendo ridiculamente fácil cair dos penhascos. Os oveiros usavam sapatos com sola de corda das quais sobressaíam pregos de ferrovia para garantir a tração, mas, ao primeiro escorregão ou à primeira pedra solta, poderiam se ferir ou morrer. Durante a temporada de coleta, havia aproximadamente 25 homens trabalhando para a Egg Company, e às vezes, ao final do dia, um dos oveiros era simplesmente anotado como "desaparecido" nos registros da empresa.

Enquanto isso, em 1851, ano em que a Farallon Egg Company fincou sua bandeira nas ilhas, não havia um único farol na costa do Pacífico. O tráfego de navios estava crescendo, e capitães de todo o mundo reclamavam da costa ocidental dos Estados Unidos, abandonada à própria sorte. Percebendo os perigos representados por 3 mil quilômetros de uma costa desconhecida e sem marcos, o governo federal americano decidiu iniciar um enorme projeto destinado a construir dezesseis faróis de San Diego a Seattle. Como as Farallones representavam o obstáculo mais notório na região, foi um dos primeiros faróis a serem encomendados.

O farol das Farallones foi aceso pela primeira vez em dezembro de 1855. Teria entrado em operação dois anos antes, mas as medições dos arquitetos foram imprecisas, e a lente não coube na torre do farol. O momento em que o erro foi descoberto não deve ter sido muito divertido – toda a estrutura teve que ser derrubada e reconstruída. Como em tudo o que diz respeito às Farallones, o processo não foi fácil. Não era possível desembarcar os pesados materiais de construção, e as pedras para as duas tentativas de edificação da torre tiveram que ser obtidas na própria ilha. Os trabalhadores eram forçados a escalar a lateral do morro do Farol carregando tijolos nas costas, um punhado por vez. Depois de alguns dias desse processo, os trabalhadores fizeram um motim calmo mas firme, e uma mula foi trazida à ilha.

Ao que parece, os atritos entre a Egg Company e a equipe de construção do farol surgiram imediatamente. O governo, que não reconhecia a reivindicação de posse feita pela empresa, tinha outras coisas com que se preocupar, portanto permitiu que a companhia continuasse seu negócio, desde que a coisa não saísse do controle. Mas os donos da Egg Company acreditavam que eles – e não o governo – eram os proprietários daquelas ilhas, e a coisa quase sempre saía do controle. Assim começaram trinta anos de um amargo casamento.

Quatro homens foram instalados de forma permanente no farol. Uma casa de pedra simples, com um sótão que servia de quarto, foi construída na base do morro do Farol como residência para os homens, próxima às duas casas construídas pela Egg Company na década de 1850. Mesmo durante os meses em que não estavam compartilhando a ilha com os oveiros mafiosos, o trabalho dos faroleiros das Farallones era extremamente árduo. Eles levavam uma existência isolada e solitária, e o clima piorava as coisas, açoitando-os com tempestades e envolvendo-os em névoa. Além disso, a cada ano a temporada de coleta de ovos se tornava mais traumática. Havia brigas incessantes quando gangues rivais enfrentavam a companhia, reivindicando o direito de coletar os ovos; mais de uma vez foi preciso chamar soldados para acalmar as coisas. As batalhas muitas vezes duravam semanas e envolviam ameaças, pancadarias, barricadas e armas de pequeno porte, e, durante esses intervalos, a população de São Francisco ficava sem ovos mais uma vez.

Às vezes as gangues expulsas se escondiam em grutas marítimas em vez de velejarem de volta para São Francisco, esperando até que as autoridades fossem embora para investirem sobre os ovos mais uma vez. Um grupo audacioso manobrou o barco para dentro da Grande Gruta do Airo e permaneceu ali durante dois dias, durante os quais foram submetidos a uma chuva incessante de guano. O acúmulo de amônia dentro da caverna matou vários dos homens. E os perigos não terminavam depois que a carga era coletada; os barcos que transportavam ovos para o continente eram regularmente sequestrados.

Era um mundo criminoso, pirata – e os quatro faroleiros estavam presos no fogo cruzado. Além de tudo isso, o salário era lastimável. Os faroleiros decidiram que *eles* é que deveriam lucrar com a coleta de ovos. Sempre tinham estado interessados nisso; eles também apanhavam alguns ovos e recebiam subornos para desencorajar outros grupos a desembarcar na ilha. No entanto, até 1858, quando um novo faroleiro-chefe chamado Amos Clift chegou à ilha, nenhum deles realmente tentara enfrentar a Egg Company.

Logo que chegou, Clift deixou claro que só tolerava as Farallones para poder explorar o negócio dos ovos. Ele era um ávido escritor de cartas e se correspondia com seu irmão Horace numa caligrafia extravagante, fazendo "S" e "P" retorcidos e floreios caligráficos com sua pena. Essas cartas foram arquivadas na Biblioteca Pública de São Francisco, e, enquanto eu as lia, pude vislumbrar mentalmente a imagem de Clift, sentado no farol enquanto o vento sacudia a porta, encurvado sobre uma folha de papel com uma longa pena e um tinteiro.

E uma garrafa de qualquer coisa com cinquenta graus de álcool. Em quase todas as cartas, que tendem a durar várias páginas, a elegante caligrafia de Clift começa com um estilo impressionante e depois se transforma em garranchos desastrosos. À medida que a caligrafia degenera, suas queixas sobre o trabalho tornam-se cada vez mais amargas, e seus planos de domínio total sobre os ovos aumentam. Numa carta para Horace escrita em 30 de novembro de 1859, Clift descreveu a situação: "Antes da minha chegada aqui, essa Egg Company fazia o que bem entendia... mas, desde que cheguei, as coisas mudaram. Eles perceberam que eu não caio em qualquer blefe... acho que agora as coisas vão se acertar e a Egg Company vai ser expulsa da ilha. Não vou poupar esforços. E, se eu conseguir, talvez aufira os benefícios." Para Clift, aquela era uma chance única de ganhar mais dinheiro do que ele jamais veria em outras circunstâncias: "A temporada de ovos ocorre nos meses de maio e junho, e os lucros da companhia, depois de pagar todas as despesas, variam a cada ano entre cinco e seis mil dólares. É um negócio e tanto. Se a ilha é propriedade do governo, eu tenho direito a esses ovos, e vou tentar usufruir deles." E depois que a fortuna tivesse sido ganha, acrescentou Clift, "o governo que vá se catar".

Nesse mesmo mês, um artigo no jornal *Daily Alta*, de São Francisco, anunciava que a Egg Company estava causando tumulto na Farallon Sudeste, "destruindo as estradas do governo" e "traçando linhas e colocando cartazes que alertavam os faroleiros para que não as atravessassem, sob risco de morte". Com a chegada da primavera e o início da atividade dos airos, os três outros faroleiros se viram no lado errado de uma terrível luta pelo poder. "Agora estamos no meio da temporada dos ovos", escreveu Clift em 14 de junho de 1860. "A Egg Company e os faroleiros estão *em guerra*." Essa foi a última carta do arquivo. Pouco depois, o *Daily Alta* noticiou que um grupo armado de oveiros havia tentado forçar os faroleiros a abandonar a ilha. E então, em julho, um faroleiro auxiliar foi atacado. O Serviço de Faróis dos Estados Unidos tem em seus registros a informação de que, naquele verão, Amos Clift foi removido de suas funções devido "à tentativa ... indevida de monopolizar ... o valioso privilégio da coleta de ovos".

Mesmo depois da partida de Clift, a briga continuou. A situação chegou a seu pior momento em 4 de junho de 1863, quando três embarcações que traziam um total de 27 pescadores italianos armados entraram na baía do Pescador e ancoraram. Os dois grupos de oveiros passaram a noite bebendo e gritando ameaças uns para os outros, separados pela água, e, no nascer do dia, os italianos entraram em botes a remo e avançaram rumo à costa. Quando se aproximaram da Plataforma Norte, os trabalhadores da Egg Company abriram fogo. Depois de vinte minutos de tiroteio, um homem da Egg Company chamado Edward Perkins caiu morto, vários outros foram acertados com balas de mosquete e, no mínimo, cinco dos italianos que vinham nos botes a remo foram feridos gravemente. Os italianos retrocederam. "A Guerra das Farallones – prisões por assassinatos", dizia a manchete do *Daily Alta* dois dias depois.

O governo, percebendo que era necessária uma sanção oficial para dar fim ao que já era chamado de "a controvérsia anual dos ovos", finalmente concedeu à Egg Company o monopólio que a empresa sempre buscara.

A exploração dos ovos, supostamente de forma mais pacífica, continuou até maio de 1881. Mas havia um problema mais difícil de resolver: os ovos estavam se tornando escassos. A essa altura, cerca de 10 milhões de ovos já haviam sido coletados, e, afinal, os airos, como a maioria das aves marinhas, punham apenas um ou dois ovos por ano. Ninguém jamais pensara em conservar aquele recurso, e, como consequência, a população de airos estava em queda livre. Em 1875, a coleta anual havia caído de cerca de um milhão de ovos para menos de 250 mil. O preço também caíra, chegando a 26 centavos por dúzia e descendo rápido à medida que a população de galinhas no continente aumentava.

Num típico surto de arrogância e excesso de confiança, a Egg Company diversificou suas operações nas Farallones, vendendo os direitos da exploração de focas e leões-marinhos em 1879. O processo de transformar banha em óleo era bastante nocivo: envolvia fornalhas, caldeiras gigantes e pilhas fedorentas de carcaças esfoladas. O odor era insuportável para os habitantes da ilha; a fumaça era tão negra e gordurosa que obscurecia a luz do farol. Mais uma vez, surgiram tensões entre a companhia e os faroleiros. Quando os oveiros empurraram um faroleiro chamado Henry Hess de uma encosta e exigiram que os faroleiros pagassem pelos ovos que comiam, o governo decidiu dar um basta àquela situação.

Em 23 de maio de 1881, a chalupa *Manzanita* velejou até as Farallones com um delegado federal e 21 soldados e removeu à força todos os oveiros da ilha. Apenas um homem reclamou; ele havia trabalhado como capataz na ilha durante os últimos catorze anos, e considerava aquele seu domicílio principal. Os outros adoraram. Um deles escreveu: "Deixamos para trás as rochas, o vento, as cavernas uivantes, as ondas fervilhantes, os abismos horrendos... alegremente atravessamos as ondas vítreas, que se tornavam cada vez mais belas à medida que as Farallones desapareciam na névoa; fomos amavelmente acompanhados até o cais da cidade, onde nos disseram adeus e nos deixaram para as distrações locais. Assim terminou o último suplício dos catadores de ovos de São Francisco."

Quando os oveiros foram expulsos, os faroleiros tiveram de enfrentar outro desafio, igualmente intimidante: estabelecer sua própria sociedade naquele lugar remoto. Os elementos impiedosos – o vento, a névoa, a corrosiva água do mar – conspiravam contra qualquer coisa feita pelo homem, e os seres humanos da ilha tiveram de lutar para suportar a vida ali. O trabalho de manutenção – e sobrevivência – era exercido em tempo integral. O lugar não parecia nem um pouco adequado à criação de uma família. No entanto, ao final do século XIX, o Serviço de Faróis começou a estimular os faroleiros a levar suas mulheres e filhos para lá. Talvez a situação fosse simplesmente solitária demais para aqueles homens sem suas famílias, ou talvez, pensei, depois do que ocorrera com Amos Clift, aquela fosse uma tentativa de conter a testosterona do lugar.

Para acomodar a vida familiar, foram construídas duas casas idênticas – as duas que restam até hoje – na planície marinha. Eram casas de dois andares, projetadas para receber duas famílias cada uma. E assim as mulheres e crianças vieram, aceitando uma existência muito distante da habitual – sem entretenimento, sem sociedade, sem nenhuma das conveniências e confortos da cidade, que ficava a apenas 43 quilômetros dali. O grande evento local ocorria a cada três meses, desde que o tempo permitisse, quando um barco de suprimentos chamado *Madrono* atracava na baía do Pescador para trazer correspondência, notícias, comida, óleo, suprimentos, medicamentos e um ou outro brinquedo.

Em 1887, havia dezessete crianças vivendo nas Farallones Sudeste. As quatro famílias de faroleiros reuniram o pouco dinheiro que tinham para criar uma escola. Eles equiparam a casa de pedra onde haviam vivido os primeiros faroleiros com carteiras, livros e um quadro-negro. Só faltava convencer alguma jovem professora de escola primária a abandonar São Francisco por um salário pouco competitivo e se acomodar num isolamento lunar. O jornal *San Francisco Call* chamou as Farallones de "O distrito escolar mais esquisito da América". O jornal, de forma muito atenciosa com os habitantes da ilha, publicou uma descrição do trabalho requerido: "Precisa-se de um professor nesse estranho distrito escolar – há uma oportunidade aberta para qualquer pessoa que aprecie a persistente majestade do oceano e que deseje um lugar tranquilo onde possa ler e refletir." Pelo menos quatro professores tentaram a sorte no lugar – três mulheres, um homem –, mas logo surgiu um padrão lamentável. Nos primeiros dias de folga que tivessem, os professores sempre se recusavam a voltar para a ilha, pedindo que seus pertences fossem enviados de volta a São Francisco na viagem seguinte do *Madrono*.

Para os faroleiros e suas mulheres, conseguir que seus filhos recebessem educação primária era a menor das preocupações. Num lugar onde as condições eram difíceis para os adultos, muitas vezes acabavam por ser fatais para as crianças. Em 1890, uma criança morreu depois de cair na água gelada da Plataforma Norte enquanto tentava subir num barco. Dois anos depois, um navio de suprimentos virou no mesmo lugar, quase matando a mulher do faroleiro Thomas Winther e seus dois filhos. Por fim, em 2 de outubro de 1897, um menino de seis anos de idade chamado Cecil Cain foi derrubado da plataforma pelas ondas e se afogou. Cecil foi apenas uma das três crianças Cain que não sobreviveram às Farallones: dois irmãos sucumbiriam de difteria em 1901, assim como uma terceira criança da ilha. Muitos outros escaparam por pouco do mesmo destino, permanecendo durante semanas numa enfermaria improvisada na sala da casa situada mais a leste. Embora os faroleiros emitissem diversos sinais de socorro na esperança de que um navio atracasse para oferecer auxílio médico, o clima brutal mantinha todo o tráfego marítimo afastado. E, quando o navio de suprimentos finalmente chegou, na época programada, e sua tripulação ficou sabendo da epidemia de difteria, eles se recusaram a desembarcar; voltaram a São Francisco e mandaram então um médico e uma enfermeira para a ilha.

Os primos dos irmãos Cain sofreram uma tragédia ainda mais dramática e pública. Royal Beeman, um menino de onze anos que era filho do faroleiro William Beeman, ficou gravemente doente no dia de Natal de 1898. Uma tempestade vinda do sul fustigava a ilha, e simplesmente não cedia. Os dias passaram. Royal piorou. Não havia a menor esperança de que algum navio conseguisse atracar. Em 29 de dezembro, sob um tempo ainda medonho, os Beeman se deram conta de que, se não levassem o garoto imediatamente a um hospital, ele morreria.

Só lhes restava uma arriscada alternativa – havia um barco na ilha. Não era muito, um dóri de catorze pés usado para pescar e para passear nos dias mais calmos. Depois de ver como o tempo podia ser violento nas Farallones, até em dias claros, fiquei perplexa ao ler os velhos recortes de jornal que descreviam o modo como William Beeman, sua mulher, Wilhelmina (Minnie), e o faroleiro-assistente Louis Engelbrecht puseram Royal num colchão no fundo do barco, envolveram-no em oleados, improvisaram uma vela e partiram no meio da tempestade, numa tentativa desesperada de chegar ao barco-farol de São Francisco, uma baliza situada na entrada do Golden Gate. Para isso seria necessário atravessar 23 quilômetros de oceano aberto, cruzando uma passagem profundamente temida pelos marinheiros, sem nenhum equipamento náutico, nem mesmo um rádio, num barco a remo sobrecarregado, debaixo de uma tempestade. Além disso, Isabel Beeman, de dois meses de idade, também foi levada nessa jornada. Ela ainda estava sendo amamentada; por isso, Minnie sentiu que não poderia deixá-la para trás.

Milagrosamente, depois de oito horas de viagem, o prático do barco-farol levou Royal às pressas para São Francisco. A população do continente ficou comovida com aquela história dramática, e Minnie Beeman se tornou uma heroína local. Em 31 de dezembro de 1898, o jornal *San Francisco Examiner* publicou uma manchete de primeira página intitulada "Ela provou que nada supera o amor de mãe". "Existem dois tipos de mulher na América", dizia a história. "O tipo fofo, que leva uma vida frívola desde que nasce até a hora de morrer, e um segundo tipo, e a senhora Beeman faz parte desse segundo tipo... Ela é forte, direta e ativa, tem a pele clara graças ao ar marinho, tem olhos calmos e um rosto honesto e doce que traz paz, tranquilidade e contentamento. Ela é tudo menos conversadeira, e contou, de forma muito calma e modesta, a história de como, com um bebê de dois meses nos braços e o garoto doente do qual tinha de cuidar, enfrentou o mar num barco a remo de catorze pés para salvar a vida do menino."

Quatro dias depois, um artigo menor, publicado num canto do *Examiner*, trazia o triste epílogo: "A morte leva Royal Beeman: o amor de mãe nada pôde contra o anjo da morte." "O pequeno coronel das ilhas Farallon está morto", narrava o jornal. "Os conhecimentos médicos fizeram tudo o que podiam pelo menino, mas o anjo da morte o levou." Mais uma vez, o jornal enfatizava os perigos da travessia. "Eu não pensei muito no perigo", dizia Minnie. "É claro que eu sabia que era perigoso – mas nós tivemos de tentar." Do ponto de vista dela e do seu marido, não tinha havido escolha: "Ele podia ter morrido dez vezes antes que um navio viesse em nosso socorro."

Em seguida, vieram os militares. Em 1905 foi construído um quartel-general de rádio naval perto da Plataforma Leste; durante a Primeira Guerra Mundial, o sinal emitido das Farallones era um dos mais potentes do Pacífico. Em 1916 foi concebido um plano para transformar as ilhas numa fortificação que se tornaria o primeiro ponto de defesa no caso de um ataque inimigo contra São Francisco. "Armamento pesado nas ilhas para cobrir um grande raio de oceano", anunciou o *Examiner*. Um relatório do governo listava as possibilidades do que poderia ser feito na Farallon Sudeste: "Terraplenada para fins militares, poderia servir como uma área útil de mais de quarenta hectares; em outras palavras, amplo espaço para um campo de aviação e para todas as necessidades e equipamentos de uma fortaleza moderna." E essa transformação não precisaria se restringir à terra: "A costa escarpada chama à construção de portos para submarinos e torpedeiros." Eu imaginei a cena: bazucas escondidas atrás do posto de observação dos biguás; veículos blindados subindo lentamente o morro do Farol. O relatório terminava com a recomendação de que todo o lugar fosse cercado por canhões de dezesseis polegadas.

Por sorte, as Farallones nunca foram aterradas, asfaltadas ou armadas (as ilhas também escaparam por pouco de outros destinos absurdos, como se tornarem o novo lar da prisão de Alcatraz ou um posto de gasolina para petroleiros que passavam por ali). Mas as Forças Armadas continuaram a se interessar por elas. Outros equipamentos de guerra foram erigidos: transmissores e *transponders*, além de uma floresta de antenas e um radar secreto instalado dentro do farol, do qual, supostamente, ninguém deveria ficar sabendo. Em 1942, havia mais de vinte edifícios naquele pequeno amontoado de rochas, com uma vila de quase cem habitantes, chamada pela população local de Farallon City. A vida era um pouco mais fácil para essas pessoas – o barco de suprimentos chegava agora todas as semanas. Elas conseguiam se divertir um pouco, com noites de cinema, bailes e festas, e até publicavam um jornal da ilha, o *Farallon Foghorn*. Depois da guerra, a população diminuiu, como era de esperar; e, quando o farol foi finalmente automatizado, a Guarda Costeira mandou o último faroleiro de volta para o continente.

Em 1969, finalmente chegou a vez da natureza. O arquipélago como um todo foi transformado em reserva natural, e o Observatório de Aves de Point Reyes foi contratado pelo governo para reparar os danos. Por onde começar? Havia muito a ser feito. Na década de 1960, apenas 6 mil airos habitavam as ilhas (no passado, haviam sido meio milhão), e outras populações de aves marinhas haviam levado golpes semelhantes. Os lobos-marinhos não passavam de uma memória distante, a população total de elefantes-marinhos havia sido reduzida a cerca de vinte animais, os leões-marinhos-de-steller haviam desaparecido por completo, e as focas só apareciam em raras ocasiões. Os tubarões sem dúvida estavam por ali, patrulhando as águas; no entanto, sem focas, não ficariam por muito tempo (ninguém sobrevive a 400 milhões de anos de evolução se não souber se adaptar).

Quanto ao ambiente em si, à ignorância do passado somara-se a estupidez do presente, e o lugar estava em maus lençóis. Os petroleiros tinham o hábito de despejar seus lastros perto das ilhas, matando aves marinhas aos milhares. Por quatro vezes, aviões militares abriram fogo contra a Farallon do Meio com foguetes, supostamente para a prática de tiro ao alvo. Redes de emalhar matavam indiscriminadamente, apanhando aves marinhas e capturando todo animal que estivesse em seu caminho. Os pescadores usavam explosivos para apanhar peixes, e barcos passavam atirando nos animais selvagens ao longo da costa com rifles de alta potência.

A pouca infraestrutura que ainda havia na Farallon Sudeste estava obsoleta, corroída e negligenciada. Havia lixo por toda parte; gatos e coelhos aterrorizavam as aves; pilhas de geladeiras, máquinas de lavar enferrujadas e diversos tipos de encanamento bloqueavam a Plataforma Leste. Resumindo, o lugar estava um desastre. Mas, se havia alguém preparado para aquela tarefa, era o PRBO. Nem um pouco intimidados pelo trabalho a ser feito, eles enviaram uma equipe de excelentes biólogos, liderados por David Ainley. Pouco a pouco, a ilha voltou a ser tomada pela natureza selvagem. Os edifícios foram desmantelados, as áreas de concreto foram destruídas e substituídas por um terreno adequado aos ninhos de alcas e petréis. A entrada de humanos foi proibida em grandes extensões de terra, para evitar que pisoteassem os ninhos e espantassem os bandos. Por fim, os únicos sinais restantes de civilização foram as duas casas, o guindaste na Plataforma Leste, algumas caixas-d'água, umas poucas construções menores usadas como depósito e uma fundação de pedra semidestruída perto da Plataforma Norte, conhecida como a velha casa dos oveiros. Além de, naturalmente, a torre do farol.

Elefantes-marinhos, lobos-marinhos, focas e leões-marinhos-de-steller começaram a ressurgir nas costas, primeiro individualmente e depois, ao longo dos anos, em colônias. Airos, biguás, petréis, alcas, papagaios-do-mar, pardelas, pombas-do-mar, mergulhões, patos-caretos, pelicanos, andorinhas-do-mar, mobelhas e até um ou outro albatroz – todos eles voltaram aos poucos. No início do século XXI, 100 mil airos habitavam a ilha. As gaivotas, como era de se esperar, voltaram com uma força particularmente notável.

O Station House era um restaurante simpático, com jeitão de faroeste, pintado de vermelho-escuro e com uma placa estilosa na porta, escrita em cursiva. Estacionei numa vaga em frente, ao lado de dois cães de caça de pelo sedoso na caçamba de uma picape. Eram seis da tarde e já estava escuro. Desci do carro alugado e respirei fundo – o ar tinha o cheiro fresco e intenso do oceano. A rua estava deserta. Logo ao lado do restaurante, o Toby's Feed Barn tinha as portas fechadas, assim como o Point Reyes Whale of a Deli na esquina, e não havia uma alma viva caminhando pela rua. Olhando pelas janelas do Station House, descobri por quê: ao que parecia, todo o povoado estava amontoado no salão de jantar. Quando abri a porta, me senti quase esmagada pelo barulho, e uma garçonete passou por mim com uma dúzia de cervejas Anchor Steam equilibradas precariamente numa bandeja. Só havia uma mesa vazia num canto do bar, e eu a ocupei.

Peter apareceu em sua caminhonete Toyota alguns minutos depois, seguido quase imediatamente por Scot em sua Kombi. Haviam se passado catorze meses desde a última vez que eu os vira, mas pouco havia mudado em sua aparência: Peter tinha mais algumas mechas de cabelo grisalho, e Scot fizera a barba, mas o efeito geral ainda era o de dois homens que viviam na natureza, inadvertidamente estilosos com suas roupas perfeitamente desgastadas, com uma confiança relaxada que atraía a atenção de quem passasse.

Depois que a garçonete nos entregou os menus, perguntei-lhes sobre uma história que eu acabara de ler no jornal local, na qual não acreditara de todo. Ao que parecia, no último mês de outubro, um grupo de pessoas bem-intencionadas que haviam cuidado de dois leões-marinhos feridos, batizando-os de Swissy e eDog, tinha decidido que as Farallones seriam o lugar ideal para libertá-los. Assim, eles partiram de São Francisco e seguiram até a boia da Plataforma Leste. Depois de semanas de reabilitação e tratamento, os leões-marinhos foram acariciados pela última vez e entregues delicadamente ao seu novo lar. Nadaram brincalhões enquanto seus salvadores tiravam fotos durante, hmm... trinta segundos.

Swissy estava dando sua segunda volta no barco quando um tubarão o apanhou, partindo-o literalmente ao meio com uma mordida. Todos a bordo gritaram; uma mulher caiu em prantos. Houve uma agitação na água e o tubarão mergulhou, levando a parte traseira de Swissy. A cabecinha do animal boiou por um instante e depois desapareceu. Eu precisava de uma confirmação: era verdade? Peter fez que sim, devagar. Scot franziu a cara.

– Foi *horrível*.

– O que eles estavam pensando? – perguntei. Era como receber uma pessoa com a perna quebrada, tratar da perna com todo o cuidado até que voltasse a ficar saudável e então empurrar o paciente da beira de um precipício.

Uma semana depois, de volta ao continente, um dos aspirantes a bom-samaritano enviou a Peter algumas fotos do perecimento do leão-marinho. Por pura sorte, uma das fotos havia sido tirada no exato momento da emboscada, e, no que diz respeito a fotos de ataques, eram as melhores que Peter já havia visto.

(Mais tarde vi as fotos com meus próprios olhos, e é verdade: são espetaculares. Um tubarão macho de duas toneladas e quase cinco metros chamado Carniça se ergue da água a poucos metros da câmera. Carniça ganhara esse nome porque, na primeira vez que surgiu nas Farallones, tinha três feridas de hélices de motor na cabeça, profundas e tão vermelhas que pareciam carne de hambúrguer crua. Numa das imagens, é possível ver uma pequena nadadeira pendurada no lado esquerdo de sua boca.)

Sob a animação do restaurante, eles recapitularam o último ano. Scot havia retomado seu trabalho como guarda ambiental, cuidando de trilhas de caminhada na reserva costeira, e Peter estava totalmente focado num novo livro sobre aves que estava escrevendo, um tratado detalhado sobre plumagens. No entanto, os tubarões nunca lhe saíam da cabeça: naquele momento, ele estava preparando dezessete artigos científicos.

A temporada de tubarões de 2002 havia sido medíocre; 56 ataques tinham sido observados entre setembro e novembro, aproximadamente o mesmo número que no ano anterior, mas bastante menos que na temporada de 2000, quando havia sido registrado um recorde de 77. Na superfície, porém, a situação estava agitada. O *Patriot* tinha sido uma presença constante, com as vagas de seus *tours* de mergulho em gaiola praticamente esgotadas. Ao longo de três meses, tinha usado chamarizes durante mais de duzentas horas. Seis outros barcos haviam aparecido, tentando atrair os tubarões com pranchas de surfe e, em dois casos, iscas jogadas na água. Pelo visto, o turismo de tubarões só iria se acentuar, portanto Peter e Scot estavam fazendo um esforço pela implementação de restrições novas e mais fortes, que proibissem o uso de chamarizes e a aproximação de qualquer barco a menos de cinquenta metros de um tubarão que estivesse se alimentando. Previsivelmente, os mergulhadores em gaiolas se opunham a isso, e haveria uma batalha feia naquele inverno. A intensidade do conflito deixava todos nervosos. Peter passava boa parte do tempo lidando com esse problema, participando de reuniões de comitês, mexendo pauzinhos burocráticos, fazendo tudo o que pudesse para assegurar que o Projeto Tubarão não se tornasse uma vítima da política. Enquanto Peter e Scot descreviam aquela atmosfera tensa, notei fadiga em suas vozes. Via-se que estavam cansados daquilo e que esperavam voltar aos dias em que a ilha e os tubarões eram sua única preocupação.

Sim, e quanto aos tubarões?

– Bem, vamos ver – disse Scot. – A Betty voltou, a Emma também. O Barbatana Rasgada voltou. Nosso velho Cabeça Mordida também; ele tem umas mordidas novas na cabeça. O Pintado voltou, apareceu junto do Rabo Cortado, outra vez atrasado – virou-se para Peter. – Tem uma coisa que a gente precisa checar. À medida que eles envelhecem, será que começam a chegar mais tarde? Pode ser.

Peter fez que sim.

– Ou então aprendem a chegar durante o pico de elefantes-marinhos.

– Ou talvez passem mais tempo acasalando.

Eu estava começando a perceber que o estudo dos tubarões-brancos não estava realmente focado na emoção de vê-los. A gratificação instantânea não era o principal. Passavam-se décadas até que certos padrões se tornassem visíveis, até que certos palpites pudessem ser provados, até que o quebra-cabeça ficasse montado, se é que ficaria um dia. A ciência, por definição, era altruísta. Uma pessoa poderia ser a beneficiária das informações que coletara durante anos, mas talvez não fosse. Poderia até morrer nesse meio-tempo. E uma outra pessoa talvez usasse seus dados para ganhar o Prêmio Nobel.

Mas houvera um grande avanço naquela temporada: os marcadores por satélite tinham começado a dar frutos, enviando muitas novas informações. Os tubarões das Farallones, ao que parecia, passavam a maior parte de suas vidas cruzando o oceano aberto em vez de se manterem perto da costa, como se acreditava anteriormente. Quando se afastavam das ilhas e deixavam para trás a plataforma continental, começavam a mergulhar a profundezas de mais de setecentos metros. Esse também era um comportamento completamente desconhecido de um animal que caçava suas presas na superfície. E os tubarões estavam nadando com tudo, percorrendo até noventa quilômetros por dia com determinação e eficiência. Era como se estivessem atrasados para um encontro em algum lugar e tivessem de se apressar. Foi descoberto que um membro do Rat Pack chamado Barbatana Pontuda, marcado por Peter em outubro de 2000 (e outra vez em outubro de 2001), atravessara 3.700 quilômetros até o Havaí em 37 dias. O animal permaneceu perto da ilha de Maui por pelo menos quatro meses, quando deu meia-volta e retornou às Farallones em outubro. Ninguém fazia a menor ideia de que os tubarões-brancos fossem viajantes tão determinados e velozes.

– Foi como ver corujas deixando as florestas e avançando sobre campos abertos – disse Scot.

Entretanto, Barbatana Pontuda foi o único tubarão marcado que chegou tão longe na direção oeste. Quando outros tubarões rastreados por satélite deixaram as Farallones, todos nadaram na direção sudoeste, até uma zona de oceano situada a aproximadamente 2.500 quilômetros da costa de Ensenada, no México. Ficaram ali por até oito meses, o que indica que esse local remoto é onde eles passam boa parte de suas vidas. Embora não possua montanhas submarinas, ilhas nem qualquer outra característica notável, certamente esse não é um ponto de reunião aleatório, e não é exclusivo dos tubarões das Farallones. Tubarões-brancos marcados na ilha de Guadalupe e em outras partes da Califórnia seguiram direto para a mesma área. Scot há muito suspeitava que algo estranho acontecia quando eles não estavam nas Farallones; os pesquisadores notaram que, quando os tubarões desapareciam, em dezembro, tinham conseguido engordar, mas quando voltavam no outono seguinte estavam muito mais magros, às vezes até irreconhecíveis. Muitas vezes vinham acompanhados de rêmoras, pequenos peixes-piloto encontrados em águas mais ao sul. A viagem épica descrita pelos marcadores explicava o *onde*, mas não esclarecia o grande mistério: *por quê*?

– Portanto, a questão é: – disse Scot, aproximando-se e erguendo as sobrancelhas de modo dramático – que diabos eles estão fazendo lá?

Os tubarões claramente não estavam gastando energia para nadar rumo ao azul profundo sem uma boa razão. Alimentação? Cuidar dos filhotes? Talvez, mas essas duas hipóteses tinham seus problemas. Caçar focas no oceano aberto não fazia sentido em termos de gasto energético; e a probabilidade de que a região servisse como uma espécie de creche para tubarões-brancos bebês era baixa, devido à presença de tantos machos. Scot e Peter tinham começado a nutrir uma ideia, que não podia ser provada ainda, mas interessante de qualquer forma: aquele local de reunião talvez fosse a zona de acasalamento dos tubarões-brancos, um destino com um significado ancestral inscrito no DNA dos tubarões.

Independentemente da razão para aquele ponto de encontro, os marcadores tinham feito um bom trabalho. Identificar a região era o primeiro passo para protegê-la. As descobertas obtidas com os tubarões marcados tinham sido publicadas recentemente na famosa revista *Nature*, com Peter e Scot entre os autores. Uma pessoa cujo trabalho fora fundamental para as descobertas era uma cientista marinha chamada Barbara Block. Block era uma pesquisadora da Fundação MacArthur e, pelo que se dizia, era ela própria uma força da natureza. Fora pioneira no uso de marcadores rastreados por satélite e planejava afixar 4 mil aparelhos como aqueles não só em tubarões, como também em tartarugas-marinhas, lulas, albatrozes, elefantes-marinhos e baleias, além de atuns e outros peixes predatórios. Ela era uma das líderes de um projeto chamado Topp (*Tagging of Pacific Pelagics*, ou "Marcação de Pelágicos do Pacífico"), um estudo de 20 milhões de dólares destinado a descobrir como os animais marinhos viajavam pelo Pacífico, aonde se deslocavam para comer, acasalar e parir. Essas criaturas passavam a vida cruzando os mares, seguindo por caminhos, atalhos e planícies submarinas que só eles conheciam, e na maior parte das vezes só eram vistas quando se aventuravam perto da costa.

O Topp, por sua vez, fazia parte de um estudo que custara bilhões de dólares conhecido como o Censo da Vida Marinha, cujo objetivo era passar a próxima década determinando o que realmente habitava os mares do mundo, e que tipos de animais possivelmente viveriam ali no futuro, dado o andar das coisas. O censo era muito ambicioso e dificílimo, e já havia sido prorrogado por tempo demais. "Nós não dedicamos tempo suficiente a explorar nosso próprio planeta", comentou Block em seu site.

Block e sua equipe, pessoas com muito poder, bom financiamento, conexões políticas e fama mundial, eram os colaboradores dos sonhos do Projeto Tubarão. A pesquisadora ficara entusiasmada com o grande número de tubarões marcados nas Farallones – 22 tubarões-brancos em apenas quatro temporadas – e com o fato de que, na maior parte dos casos, a história (e o sexo) do animal era conhecida. No mês de setembro seguinte, ela pretendia instalar no mínimo mais duas dúzias de marcadores. Um dos grandes objetivos da temporada de 2003 seria marcar algumas Irmãs. Até então, todos os tubarões que usavam a bijuteria trazida pelos pesquisadores, à exceção de dois, eram membros do Rat Pack.

Notei que Scot e Peter estavam entusiasmados com a perspectiva de marcar tantos tubarões, mas um pouco preocupados com a maneira de fazê-lo. Especialmente agora. Ao que parecia, todos queriam um pedaço das Farallones; a mídia estava enviando uma avalanche de pedidos para ter acesso às ilhas. O último propunha que Brad Pitt, que, segundo os boatos, era fascinado por tubarões-brancos, viesse apresentar um especial sobre animais selvagens (as autoridades do Serviço de Peixes e Animais Selvagens vetaram a ideia imediatamente).

Quando nossos pratos ficaram limpos, o bartender saiu de trás do bar e veio até a nossa mesa. Era um homem grande, de cabelo escuro, que vestia um avental e segurava uma garrafa de *pinot noir*; ele devia ter visto o documentário da BBC que me enfeitiçara. Apontando para Scot, disse:

– Você é o cara com a Cotoco!

Scot fez que sim. Estava acostumado com aquilo.

– É, sou eu mesmo. – Apontou para Peter: – Ele é o outro cara.

– Como é que a Cotoco *está*? – perguntou o bartender, servindo-nos uma rodada por conta da casa.

– Ah, faz tempo que não a vemos – disse Scot. – É triste.

Perguntei-me o que ele detestaria mais: a ausência não explicada de seu tubarão preferido ou ter que confessar seu desaparecimento a pessoas como aquele bartender, para quem Cotoco era apenas um mito, uma heroína popular disfarçada de peixe.

O bartender, por sinal, tinha sua própria história de tubarão. Ele era surfista, explicou, e tivera recentemente um encontro com "o homem de roupa cinza" perto do canal de Bolinas.

– Eu estava lá, na minha, de manhã. De repente, todos os pássaros desapareceram. Ficou uma calmaria sepulcral. Comecei a olhar ao redor, e de repente um *submarino* passou por mim.

Scot abriu um sorriso de quem entendia da coisa.

– Daí você saiu...

– Eu saí de lá muito rápido. Encalhei na areia e *ainda* estava batendo os braços.

Peter tinha uma perspectiva diferente:

– Na verdade, eu até *quero* ver um tubarão quando estiver surfando. Mas queria saber quem ele era.

Vislumbrei-o sentado na prancha tentando distinguir o desenho das cicatrizes do tubarão – seria o ZZ Top? Ou o Dois Rasgos? – enquanto outros surfistas em volta dele fugiam do lugar.

Scot sacudiu a cabeça e riu. Inclinou-se na minha direção e disse num alto sussurro:

– O Peter é *maluco* – fez uma pausa. Numa das mesas do salão, um coro bêbado de "Parabéns pra você" se pôs a cantar a plenos pulmões. – É, seria bem legal ver aquela moça de barbatana amputada outra vez – acrescentou, fitando o fundo do copo.

Esse sentimento de saudade – de uma pessoa, um lugar ou, neste caso, um tubarão – era algo que eu entendia bem. Era um sentimento capaz de nos acertar como uma onda, provocando um dor real, física. Podia nos invadir como um pequeno nó no meio da garganta. Ou podia nos arrastar com a força da gravidade, como uma atração magnética da qual seria impossível nos desvencilharmos. Naquele exato momento, depois de umas poucas horas ouvindo histórias sobre as Farallones, notícias de tubarões e grandes planos para a nova temporada, depois de ouvir tudo sobre as atividades mas sem fazer parte delas, eu quis ver tudo aquilo mais de perto. Sem dúvida era um desejo ambicioso; eu já estivera nas ilhas duas vezes, ou seja, duas vezes mais que qualquer outra pessoa. Por que não poderia simplesmente me satisfazer com aquilo?

A resposta talvez fosse muito simples: nas Farallones, os encontros com o que é raro e incomum – e às vezes até milagroso – eram frequentes. Ali, tínhamos a sensação de que todas as possibilidades estavam abertas, até aquelas pelas quais não seria razoável nutrir esperanças. Qualquer coisa poderia acontecer. Era um local de pernas para o ar, onde todos os pressupostos normais eram questionados, um universo paralelo onde Peter, Scot e Cotoco viravam celebridades e Brad Pitt era mandado de volta para casa.

Em algum ponto do caminho, meu desejo de voltar se transformara numa necessidade, e, ainda que eu não a compreendesse por inteiro, fiquei surpresa com a força daquela ânsia. Eu ainda não estava pronta para pedir, mas, sentada no bar do Station House, tendo no colo um álbum de fotografias de tubarões tiradas por Scot, jurei para mim mesma: *Eu vou voltar.*

Capítulo 4

"Esteja certo de que esta gaivota só se pergunta duas coisas diante de qualquer coisa viva. Primeiro: 'Estou com fome?' (resposta: sim). Segundo: 'Será que consigo me safar?' (resposta: vou tentar)." William Leon Dawson, *Birds of California*, 1923

3 A 7 DE AGOSTO DE 2003

O *Kingfish* era um belo barco, pelo qual me apaixonei à primeira vista. Flutuava de madrugada na água espelhada do porto de Sausalito, com uma pintura verde recente, convés reluzente e metais brilhantes, tudo muito lustroso – 37 pés de sistemas imaculados boiando em perfeita paz. Tony Badger, o comandante, um homem alto e elegante, de cabelo grisalho e boina preta, estava parado no convés ao lado de sua esposa, Margaret, morena e baixa, dando-me boas-vindas enquanto eu caminhava pelo cais, empurrando um carrinho de mão cheio de mantimentos. Eu sabia que existia um termo náutico preciso para um barco como o *Kingfish*, mas não conseguia me lembrar dele. Enfim. Em cerca de cinco horas eu estaria de volta às Farallones.

Desta vez era oficial. Eu havia sugerido escrever uma série de artigos mais longos sobre as ilhas e tivera longas conversas com Joelle Buffa, que trabalhava no Serviço de Peixes e Animais Selvagens dos Estados Unidos como administradora da reserva. Buffa tem um intelecto aguçado e é uma guardiã dedicada do lugar, além de bióloga especializada em aves. Quando o gerador explodiu, as ilhas ficaram sem energia, o encanamento precisou ser inteiramente substituído e a Guarda Costeira decidiu que, depois de quarenta anos, já não iria fazer a entrega de água, Buffa foi a pessoa que recebeu o telefonema e teve que encontrar uma maneira de resolver o problema. Entreter visitantes não estava em sua lista de prioridades. Além disso, tendo em vista tudo o que a mão humana roubara do mundo selvagem durante tanto tempo, era compreensível que ela recusasse os pedidos sem pensar duas vezes. Mas não me respondeu com um não definitivo na primeira vez que entrei em contato, por isso viajei para encontrá-la em seu escritório em Palo Alto. Era uma mulher baixa, de uma beleza singela e inteiramente profissional; vestia um uniforme do Serviço de Peixes e Animais Selvagens dos Estados Unidos e tinha olhos incríveis: cor de jade, com reflexos castanho-esverdeados na íris. Apresentei meu caso enquanto Buffa me observava com o olhar de raios X de um oficial da alfândega. Eu a bajulei e lisonjeei. Praticamente implorei. E, no final, ela me concedeu a única licença com duração de uma semana já concedida até então; é claro, a licença vinha com muitas condições. Condição número um: eu tinha que escolher uma semana fora da temporada de tubarões.

Eu já esperava por isso. Em virtude das guerras pelo poder e das discórdias jurídicas dos últimos dois anos, o Projeto Tubarão atraíra muita atenção na imprensa, nem sempre positiva. Nos jornais e na TV, Groth acusara Peter e Scot de tratarem as águas das ilhas como um "parque de diversões privado", tentando impedir o acesso público. É claro que isso não era verdade – qualquer pessoa podia visitar as Farallones, bastando para isso acertar uma viagem a bordo do *Superfish*. As pessoas apenas não iriam pisotear a ilha toda, e certamente não havia nenhuma garantia de que iriam avistar um tubarão durante o passeio de uma hora. Mas aquilo *soava* escandaloso: quem aqueles cientistas arrogantes achavam que eram para enxotar o contribuinte americano daquela forma, para pensar que podiam ficar com os tubarões-brancos todos para si? Enquanto a briga esquentava, a mídia fez mais e mais pedidos. A única resposta possível de Buffa era uma rejeição imediata: desculpe. As poucas licenças diárias concedidas durante a temporada de tubarões já haviam se esgotado; não havia exceções.

Peter tinha as mãos atadas. Visitas informais estavam fora de cogitação. A pesquisa sobre os tubarões-brancos nas Farallones estava em período probatório. Minha escolha era a seguinte: eu poderia escrever sobre os hábitos de acasalamento das alcas de Cassin ou ficar em Nova York.

Optei pelas aves.

Com seu otimismo característico, Peter explicou que eu iria conhecer um outro lado da Farallon Sudeste: habitada por tantas aves marinhas em período de acasalamento, algumas centenas de milhares num espaço de uns poucos quarteirões, a ilha seria um lugar completamente diferente. Ele estaria lá durante parte da minha visita; havia um trabalho preparatório a ser feito para o inverno, e ele também estava com saudade dos tubarões. Na noite anterior à minha partida, Peter e eu nos encontramos para tomar alguns drinques em Bolinas.

– Vamos fazer algumas saídas – disse Peter. – Dar umas voltas. Já houve ataques enormes e sangrentos em agosto – bebeu um grande gole da cerveja e me lançou um olhar maroto. – Vamos acabar encontrando alguém.

Tony e Margaret Badger eram membros da Patrulha das Farallones, uma flotilha de trinta embarcações que transportava pessoas e mantimentos entre o continente e a ilha desde 1972. Dessa frota de apoio participavam lanchas e veleiros de vários estilos e épocas, todos eles com espaço suficiente para receber passageiros que fossem passar a noite embarcados. A cada duas semanas, um dos barcos fazia a viagem – seu papel era fundamental, como fora o do *Madrono* na era dos faróis. Mesmo assim, não recebiam nenhum pagamento. Os comandantes da flotilha participavam da patrulha por mero desejo de aventura e pelo prestígio da associação (como só marinheiros cascudos aguentavam a viagem, era um grupo de elite). Todos os capitães sentiam uma afinidade com as ilhas.

Quando a mulher de Ed Kelly, um dos capitães, morreu de câncer em 2001, ele espalhou as cinzas da esposa nas águas em torno do arquipélago, numa das viagens que fez para levar mantimentos. Pouco depois disso, Peter avistou um ataque de tubarão perto da ponta Shubrick e convenceu

Kelly a entrar com ele no baleeiro para dar uma olhada mais de perto. O tubarão era uma Irmã descomunal, com uma cicatriz em formato de lua na cabeça, e passou exatamente por baixo do barco, fazendo-o parecer minúsculo; foi como uma aparição, uma criatura inacreditável, que dava um novo sentido à palavra *graça*. Peter soube que reconheceria aquela fêmea se a visse de novo. Chamou-a Jane, em homenagem à mulher de Ed Kelly.

Peter havia coordenado minha viagem com os Badger, que iriam levar um suprimento de comida, correspondência e propano para a ilha. A logística de transportar pessoas e mantimentos para as Farallones era terrivelmente complicada, e a viagem era sempre uma aposta contra os deuses do tempo. Descobrir quem iria aonde, e quando, e com quem, e quem iria comprar os mantimentos e quem iria trazer o lixo de volta da ilha e quem iria levar a peça do novo gerador para a Marina de Emeryville às cinco da manhã e centenas de outros detalhes era como desembaraçar um emaranhado de nós apertados. Peter parecia ter facilidade em lidar com aquilo. E aquele trabalho era essencial: era preciso evitar que uma pessoa que tivesse estado presa numa ilha por treze semanas tivesse que esperar no estacionamento da marina com cinco peças de bagagem, necessitando urgentemente de um banho e sem nenhum meio de transporte. E ninguém queria esquecer de enviar mantimentos a um grupo de pessoas que estava sobrevivendo à base de arroz e alface havia vários dias.

Cumprimentei Tony e Margaret e fui apresentada ao colega de navegação de Tony, John Boyes, que surgiu no convés. John era um homem em boa forma e enérgico, barbeado, de queixo quadrado e perfeitamente arrumado. Ele também usava uma boina preta inclinada num lado da cabeça. Deve ser um lance de marinheiro, pensei. O genro dos Badge, Pelle, também iria conosco, além de uma estagiária do PRBO chamada Parvenah, que faria a viagem para ver as ilhas pela primeira vez. Uma das vantagens de ser capitão da patrulha era a permissão para desembarcar nas ilhas sempre que o tempo permitisse, mas o *Kingfish* navegava com frequência nas condições mais hostis, e, em todas as viagens para as Farallones, os Badger jamais haviam desembarcado. Naquela manhã, entretanto, o tempo estava plácido, e a possibilidade de desembarcar parecia bastante real.

Tony e John se moviam agitados pelo barco, checando os equipamentos e fazendo coisas complicadas com cordas. Quando partimos da marina, Tony nos deu um sermão sobre tudo o que jamais deveríamos fazer no *Kingfish*: onde não ficar parados, como não caminhar junto à borda, em quais botões não nos apoiarmos. Ele falava como um sargento se dirigindo ao pelotão, e John acrescentava suas outras instruções severas de tempos em tempos. Aqueles dois claramente não eram marinheiros de primeira viagem. Na verdade, contou-me Tony, ele havia criado as duas filhas num barco daquele tamanho, e haviam viajado o mundo como uma Família Robinson de marinheiros.

Ambos enfatizaram que era fundamental estar atentos ao tráfego de embarcações ao passarmos por baixo da Golden Gate.

– Esse é o ponto onde existe maior risco de colisões – disse Tony num tom sombrio, como se fosse algo que ocorresse quase todos os dias. Logo notei o porquê daquela preocupação. Uma camada de névoa marinha cobria a água, e mesmo àquela hora da manhã havia barcos de pesca de todos os tamanhos acelerando em todas as direções, a maior parte deles sem radar. Milhares de cargueiros do tamanho de três campos de futebol entravam e saíam daquele porto a cada ano, e avançavam em velocidade bastante rápida, enganadora, materializando-se da bruma quase sem aviso, avançando sobre embarcações menores feito locomotivas cegas.

– A barra de São Francisco é o trecho de água mais perigoso da Costa Oeste – anunciou John. Ele explicou que o canal só tinha quinze metros de profundidade em alguns lugares, as marés entravam e saíam da baía com força, a velocidades de seis nós, e uma série de correntezas insanas cortava o lugar, rápidas e selvagens como rios. Se somarmos a tudo isso algumas ondas de tamanho considerável, o efeito era como mergulhar uma colher numa tigela rasa e agitá-la por algum tempo. As ondas colidiam e tombavam umas sobre as outras, surgindo do fundo e criando um efeito de cama elástica na superfície, geralmente provocando efeitos desagradáveis e bastante perigosos.

– Uns três barcos afundam por ano nesta área – acrescentou Tony. Olhei para a água enquanto passávamos por baixo da ponte. O porto calmo onde estivéramos vinte minutos antes já havia desaparecido. Em seu lugar havia um oceano negro e turvo, coberto de cristas espumantes.

O que afastava as pessoas das Farallones não eram apenas os 43 quilômetros que as separavam do continente. Eram *aqueles* 43 quilômetros. Tony tinha razão em ser tão cuidadoso. Outras pessoas já haviam levado aquela travessia menos a sério, e pagaram por isso. Incontáveis acidentes tinham acontecido naquele caminho, e mais ainda no momento de chegada. Barcos virados, barcos esmagados, barcos abandonados, barcos inundados, barcos despedaçados contra as rochas – as pessoas já haviam perdido a conta do número de barcos perdidos nas Farallones. Os mares traiçoeiros conspiravam com mudanças súbitas e massacrantes do tempo, criando emergências instantâneas, e até os capitães mais experientes se viam em apuros. Durante uma corrida entre dois barcos em volta das ilhas na década de 1980, um catamarã enviou um sinal de socorro; em sua última transmissão, ouviu-se alguém gritar: "Uma onda acabou de entrar na cabine!" A tripulação nunca foi encontrada.

Ao longo dos anos, a Guarda Costeira muitas vezes fez contato pelo rádio com os pesquisadores no arquipélago, pedindo-lhes que ficassem atentos a embarcações perdidas. Mais de uma vez foi necessário fazer resgates. Numa manhã tempestuosa de novembro, em torno das seis da manhã, Peter tinha acabado de descer a escada quando ouviu uma batida na porta da frente. Como todos os outros estavam dormindo no andar de cima, devia ser algo interessante. Nos degraus da entrada havia dois vietnamitas vestindo roupas casuais e gesticulando agitados. "Barco! Barco! Barco!", era tudo o que conseguiam dizer em inglês, mas estavam claramente desesperados e levaram Peter até a baía do Pescador, onde um raivoso vento sudeste estava transformando seu veleiro de 24 pés em palitos de dentes junto à Pedra Aulon, também conhecida como a Teta, por seu bico em forma de mamilo. No alto da Teta havia outros dois homens agachados, protegendo-se do vento; um deles, um senhor mais velho, vestia um roupão de banho laranja.

Em outra ocasião, um barco leve de vinte pés apareceu no arquipélago sem ninguém a bordo; pertencera a uma família de cinco pessoas vindas de Sacramento que saíra para um dia de pesca. Jamais foi encontrada, embora os biólogos tivessem sido instruídos a caminhar em volta das ilhas durante dias à procura de corpos.

Incidentes como esses eram mais comuns no outono, quando as condições pareciam promissoras no continente e os marinheiros de fim de semana levavam seus barcos de lazer às Farallones para pescar salmões. Num dia ensolarado em São Francisco era possível ver as ilhas da costa – navegar até ali e voltar não podia ser muito difícil, não é mesmo? As pessoas não faziam ideia do lugar aonde se dirigiam, e muitas vezes sequer levavam bússolas, sinalizadores, um bom estoque de água e rádios. Quando o tempo estalava os dedos, esses marinheiros se viam em maus lençóis.

Poderíamos escrever um livro inteiro sobre as embarcações comerciais que foram de encontro àquelas pedras: veleiros oceânicos, escunas e cargueiros. Nos tempos pré-Loran, pré-GPS, pré-Epirb, houve doze grandes naufrágios nas Farallones, começando em 1858, quando o *Lucas*, uma fragata que transportava duzentas pessoas, chocou-se com a Pedra da Sela às duas da manhã; 23 passageiros morreram nas águas geladas da baía de Mirounga, a menos de cinquenta metros da costa. Daí em diante, a cena passou a se repetir a intervalos de poucos anos, com grande número de vítimas: o *Noonday*, o *Morning Light*, o *Annie Sise*, o *Champlain*, o *Franconia*, o *Bremen*, o *American Boy*, o *Louis*, o *Bardstown Victory*. Os navios se estraçalhavam contra as ilhas um após o outro, e o principal culpado era sempre o mesmo: o tempo.

Hoje em dia, os barcos continuam ali, no fundo do oceano, como um alerta. Ron Elliott me contou que muitas vezes encontrava grandes pedaços de navio espalhados no fundo do mar; uma vez, encontrou uma âncora de três metros de altura. Já havia encontrado velhos sextantes e bússolas, correntes de latão e canhões de bronze, mastros e cascos, todos eles rachados, moídos e cobertos de sedimento. As águas em volta da Farallon Sudeste eram um dos cemitérios de navios mais notórios da América do Norte.

Nesse dia, a água estava perfeitamente plana, e o *Kingfish* chegou às Farallones em menos de quatro horas. Ao avistar as ilhas, fui tomada por um surto de felicidade. Ali estavam as torres e os picos familiares, brotando da água negra. No entanto, havia algo diferente. Na última vez que eu fora à Farallon Sudeste, a ilha era marrom. Agora estava meio... branca. Quando chegamos mais perto, consegui ouvir – um eco sobrenatural de guinchos, berros e cacarejos. Cabecinhas de pássaro surgiam de trás das pedras; corpos delgados e aerodinâmicos revestiam todas as superfícies; penas perdidas flutuavam no ar. Era como se a própria ilha estivesse gritando conosco. Sem falar no cheiro: uma nuvem de amônia que desceu sobre o barco, cobrindo-o. Os Badger, que tinham estado visivelmente entusiasmados com a perspectiva de desembarcar, de repente pareceram hesitantes.

O biólogo Pete Waryzbok veio nos receber. Àquela altura, ele já estava nas ilhas havia mais de quatro meses, e cultivava uma barba castanho-dourada de dar inveja em Grizzly Adams. Estava pilotando o Prato de Comida. Essa foi a primeira vez que vi aquele barco na água – era surpreendentemente pequeno. Poderia parecer um brinquedo de criança, não fosse pela espessa cobertura de guano. Mas aquele era o único barco de que os biólogos ornitologistas dispunham – o barco de pesquisa de tubarões pertencia a Peter, e só ficava na ilha durante a temporada de tubarões.

Desta vez o barco não foi erguido pelo guindaste; em vez disso, fomos içados por uma engenhoca chamada "Billy Pugh" (pronúncia: Billy Pu). Ninguém sabia se o aparelho tinha sido criado por um homem chamado Billy Pugh, se havia alguma história de marinheiro por trás do nome ou se o inventor do instrumento tinha tomado muitos martínis uma noite e pensou: *Que se dane*. O Pugh tinha a forma de uma enorme peteca de badminton, com um pesado disco de metal no fundo (fiquei sabendo que era pesado quando o disco caiu na minha perna na primeira vez que tentei montar nele). O disco era cercado por uma rede de cordas que se uniam no alto e se ligavam ao guindaste.

Dois a dois, passamos do Prato de Comida ao Pugh, enroscamos os braços na rede e nos seguramos com força enquanto éramos içados para a costa.

Outro cientista, chamado Russ Bradley, estava comandando o guindaste. Era um homem de quase trinta anos, alto e em boa forma, com cabelo loiro cacheado e óculos de aro fino, bonito mesmo debaixo de sua capa de chuva inteiramente manchada de bosta de gaivota. Na verdade, quando meus ouvidos se adaptaram ao ruído das aves e olhei ao redor, percebi que todos os objetos da ilha estavam bastante salpicados.

Esperamos na plataforma até que todos fossem trazidos no Pugh. Russ nos alertou que as gaivotas tinham a tendência de lançar bombas do alto. Portanto, era aconselhável usarmos chapéus. E, se quiséssemos preservar alguma peça de roupa, deveríamos tirá-la ou cobri-la. Ou, melhor ainda, deixá-la em casa.

– Parte da estratégia de defesa das gaivotas é nos dar uma ideia de quanto a nossa presença é indesejada aqui – disse Russ. – E elas não economizam esforços para isso – disse, indicando as manchas que corriam por sua jaqueta.

Alguma coisa a seu lado chamou minha atenção. A um metro de nós, numa pedra plana, jazia um leão-marinho morto, uma massa amarrotada. O animal estava estranhamente murcho, com a cabeça virada para trás num ângulo estranho. Russ, seguindo o meu olhar, explicou que o número de leões-marinhos nas ilhas estava particularmente elevado, e alguns deles estavam morrendo de fome. Explicou aquilo como um fato simples, com uma voz profissional.

Suponho que eu sempre tenha sabido que a regra nas Farallones era viver ou morrer. No entanto, durante a temporada das aves, a matança, como eu logo testemunharia, ocorria num ritmo de assustar o próprio Darwin. A morte estava sempre a poucos centímetros de nós. E as gaivotas eram exímios assassinos. A população mundial de gaivotas é de 50 mil aves, e, entre os meses de abril e agosto, 25 mil se congregavam aqui, amontoadas nesta ilha de 26 hectares. As gaivotas pilhavam os airos, como sempre haviam feito, além dos biguás, das alcas e de qualquer outra ave que passasse por ali, e também matavam umas às outras com um ímpeto canibal. Os adultos – sempre agitados, sempre gritando – ficavam o tempo todo ao lado de seus filhotes, que, ao nascer, eram bolinhas de pelos pintadas que cabiam na palma da mão, mas atingiam o tamanho dos pais em apenas seis semanas. As gaivotas jovens eram reconhecidas por sua tonalidade marrom e seu pelo pintado. Mas seu estirão de crescimento acelerado era chocante, trazia à mente imagens de mutantes; era como se tivéssemos um filho um dia e uma semana depois ele estivesse usando as nossas roupas.

Enquanto Pete esperava na boia da Plataforma Leste com o *Kingfish*, Russ nos levou para dar uma volta pela ilha. Já estava claro que Tony, Margaret, John e Pelle não viam a hora de cair fora dali. Estávamos a meio caminho do farol, sendo atacados pelo alto e escorregando em carcaças de aves mortas, quando Tony se virou para mim, com a boina caída de lado e manchada de branco. Gritando para ser ouvido em meio aos guinchos, ele disse:

– Você vai ficar *quanto* tempo?

Além de Russ e Pete, havia outros três estagiários na ilha: Jen, Meghan e Melinda. As mulheres tinham vinte e poucos anos e eram bonitas; apesar da aparência encantadora, todas pareciam muito confortáveis em suas roupas de trabalho, com capacetes de obra e macacões imundos, além de tornozeleiras antipulgas para evitar que os parasitas das aves lhes subissem pelas pernas. Elas estavam ali havia mais de três meses, e a entrega de mantimentos fora um acontecimento muito bem-vindo. Mares agitados haviam frustrado diversas tentativas recentes de desembarque, e restava pouca comida na ilha. As frutas já tinham sido consumidas havia muito; os únicos vegetais que restavam eram umas poucas abobrinhas moles; o leite e o queijo haviam terminado; os ovos, também. Na noite anterior, Melinda tentara cozinhar uma quiche, mas logo desistira. O café da manhã consistira em cereal seco.

O *Kingfish* também trouxera a correspondência e alguns jornais recentes, e assim, depois de desembalarem os produtos, ficaram todos sentados na cozinha, perdidos em suas leituras. O grupo parecia uma família. Era uma mistura interessante, um experimento numa utopia insólita que parecia ter dado certo. Pete e Russ, assim como Peter e Scot, sabiam se virar naquela ilha ingovernável, e também eram cientistas experientes. Russ já rastreara aves em lugares mais remotos que as Farallones, estudando albatrozes nas ilhas do Havaí e abrindo caminho ao norte da Colúmbia Britânica em busca de *murrelets* em risco de extinção. Ele rastejara em barracas úmidas e dormira em travesseiros mofados, e, de tanto passar fome em seus estudos de campo, aprendera a apreciar o básico – nas Farallones, pelo menos havia uma casa. E, na maior parte do tempo, bastante comida. Quando Russ falava, as palavras lhe saíam da boca numa torrente de entusiasmo pontuada por inflexões emotivas – sussurros de deslumbre, gritos de falsa indignação, ênfase intensa colocada numa única palavra – e, para fazer qualquer descrição, ele precisava de uma série de superlativos:

– É um pássaro *incrivelmente deslumbrante*. Tivemos uma *sorte absurda* de conseguir vê-lo. As asas têm uma envergadura *enorme*.

Alto, de cabelo ruivo e feições fortes, Pete vinha de Nova York. Como a maior parte das pessoas que habitavam as ilhas, ele era durão, sério e cético na superfície, mas, quando passava a conhecer alguém melhor, podia abrir de repente um sorriso tímido e revelar um jeito amável e um senso de humor incrível. Tinha 28 anos e chegara à conclusão de que a cidade não era para ele; sofrera recentemente uma séria crise de claustrofobia depois de ter deixado a ilha. Ao final da temporada de aves, ele iria para o Alasca.

A química entre os dois poderia facilmente não ter funcionado – o que já ocorrera entre outros no passado. Havia ataques de nervos, namoros iniciados, namoros terminados e até, segundo Peter, quatro divórcios na conta das Farallones. As pessoas sofriam crises nervosas ao ter de aguentar oito semanas seguidas de tempo horrível, alguns cancelamentos na entrega de mantimentos, um ou dois companheiros de casa meio porcalhões e dias e mais dias vendo animais se matarem. Os temperamentos explodiam, as personalidades desmoronavam. O vento, em particular, conseguia realmente demolir o humor das pessoas, assim como a neblina. Um casal de estagiários que chegara à ilha junto terminou o namoro quando a mulher se apaixonou por outro biólogo e se mudou para o quarto no final do corredor (o próximo barco só viria dali a dez dias). Outro estagiário ameaçou processar o projeto depois de tropeçar na escada dos fundos da casa. Alguém já dera um murro na parede. Em algumas ocasiões, houve gente que entrou em pânico ao perceber que não poderia deixar a ilha quando bem entendesse; uma pessoa acabou por fretar um helicóptero para ir embora. E um visitante frustrado, ninguém sabia exatamente quem, havia feito uma pichação com spray vermelho, um emaranhado de rabiscos e garranchos no teto de uma gruta marinha.

Poucas noites antes, Russ e Pete tinham ficado sentados na casa da Guarda Costeira assistindo ao *reality show Survivor*. Um dos competidores estava resmungando. Ele tinha a barba feita e parecia animado, porém, psicologicamente, estava se desfazendo. "Já se passaram 28 dias", gemia o homem. Russ e Pete olharam um para o outro, os dois com a barba de semanas, completamente desgrenhada.

– Já se passaram *78 dias*! – gritou Russ para a tela.

Mesmo assim, os cinco estavam adorando a estada ali, apesar de terem que trabalhar catorze horas por dia para acompanhar o ritmo das aves. Para dizer de forma simples, eles estavam contentes. Ali não havia nem sinal do típico profissional jovem hipermotivado, ansioso, desesperado para subir na profissão. Eles haviam feito uma escolha profissional que não tinha nada a ver com dinheiro e tudo a ver com o fato de nunca terem perdido o encanto das crianças diante da natureza. Era como se o campo de "objetivos profissionais" de seus currículos dissesse "ficar o mais longe possível de um cubículo de escritório".

No final da tarde, sentei-me a uma mesa diante da janela da sala, folheando velhos diários da ilha. A água estava mortalmente calma. A cerca de quinze quilômetros, nos limites da visibilidade, vi jubartes cortarem a água e cargueiros seguirem em direção à Ásia, como brinquedos deslizando sobre uma plataforma de ferro.

Eu estava folheando 25 anos de anotações sobre as temporadas de tubarões, narrativas e histórias das façanhas de tubarões-brancos escritas com uma dúzia de letras diferentes. Os registros de Scot, anotados em sua característica caligrafia arquitetônica, eram sucintos e, com frequência, recheados de um humor seco. Enquanto alguns escreviam épicos repletos de pontos de exclamação que se estendiam por páginas – um escritor entusiasmado dividira um ataque de tubarão em aforismos minuto a minuto –, Scot reservava suas observações detalhadas para os relatórios do Projeto Tubarão, e suas contribuições para o diário da ilha pareciam telegramas:

> "1 na superfície, 2 agitados na água. Meia Barbatana voltou."
> "Muita ação nos chamarizes. Eles estão aqui e estão com fome."
> "2 ataques mais várias visitas. SA e PP viram Cotoco dar cabo de um e-marinho na Plataforma Leste. Tiramos fotos de perto."

Inspecionando o mês de agosto em busca de sinais de atividade dos tubarões, fiquei entusiasmada com o que encontrei; em média, parecia haver um ou dois ataques por semana (em outubro, havia sangue todos os dias). Passando as páginas de um mês de agosto ao seguinte, encontrei um registro que dizia: "Ron Elliott foi abordado agressivamente por um tubarão-fêmea de quase cinco metros." A frase estava acompanhada de um desenho de Ron lutando com um tubarão e gritando: "Sai pra lá, Branquela! Eu tenho ouriços pra pegar!" Ler os diários era viciante, e quando finalmente consegui me desvencilhar deles, já haviam se passado horas; todos os outros dormiam. Nessa viagem eu estava dividindo espaço com Jen num grande quarto ao final do corredor, depois do Jane Fonda. Para mim estava ótimo. Duas noites antes, num restaurante de Inverness, Peter e Scot tinham me informado que o quarto Jane Fonda era sabidamente mal-assombrado.

– Tem um fantasma ali – disse Peter com a maior naturalidade do mundo, depois de algumas cervejas. – É uma mulher.

– Na *casa*?

Não sei muito bem por que fiquei surpresa com isso. Se havia um lugar que merecia estar infestado de fantasmas, eram as Farallones.

– Por toda a ilha. Encontraram um corpo numa caverna.

Peter explicou então que, um século antes, o esqueleto de uma mulher, bem-preservado, fora encontrado na Gruta do Coelho, na área da Plataforma Leste, perto do local onde ficava o assentamento russo original. A maior parte das pessoas imaginava que ela fosse uma escrava aleúte. Os aleútes tinham o costume de sepultar os mortos em cavernas. Mas outros acreditavam que fosse uma mulher caucasiana, insistindo que sua conformação dentária confirmava essa hipótese. A verdade era que ninguém sabia ao certo, e não havia nenhum registro da morte. Seus ossos ainda estão na ilha, enterrados perto da entrada da caverna.

Nos anos desde então, tem havido relatos de encontros estranhos, fantasmagóricos: a sensação de falta de ar é citada com frequência, assim como calafrios, sussurros, vislumbres de silhuetas obscuras cruzando os trilhos do vagão, passos e portas batidas à noite. Pois bem, uma coisa é um grupo de pessoas à toa numa ilha se divertir falando de fantasmas. Outra coisa completamente diferente é um grupo composto inteiramente de cientistas, entre os quais a maioria preferiria comer terra a admitir qualquer tipo de crença na paranormalidade. Nas Farallones, entretanto, algumas mentes muito lógicas já se viram aturdidas e aterrorizadas por encontros inesperados.

Em meados da década de 1980, contou-me Peter, um biólogo voltava para a casa com os últimos raios de luz do dia, em meio à neblina, quando notou uma mulher de cabelo preto e longo em pé na planície marinha, usando um vestido branco esvoaçante. Imaginando que seria uma das duas biólogas da ilha, apesar da aparência um tanto estranha, ele continuou a caminhar para a casa – onde encontrou imediatamente as duas mulheres, sentadas no sofá da sala. Deu meia-volta e correu para fora, mas a mulher de vestido branco tinha desaparecido, embora não houvesse nenhum lugar onde pudesse se esconder, a não ser que pulasse no oceano.

– E ele era o Sr. Ciência! – contou Peter, rindo baixo. – Um homem capaz de coisas como reconstruir o transmissor. Ele contou que, depois daquele encontro, ficou mais crédulo.

Em outra ocasião, um botânico que estava visitando a ilha fora interceptado, sonâmbulo, saindo pela porta de entrada no meio da noite, gritando: "NÃO! Eu NÃO vou subir ali!" Quando alguém o puxou pelo braço e o acordou, ele explicou que uma mulher de cabelo preto estava tentando seduzi-lo a subir até o farol com ela.

– E vocês? – perguntei. – Já viram algum fantasma por lá?

Os dois fizeram que sim, vigorosamente.

– Ah, eu tive umas experiências medonhas – disse Scot. – É *assustador.* É a sensação de uma presença ao redor da gente. Geralmente acontece quando estamos sozinhos, à noite.

Para Peter, um incidente em particular se destacava dos demais: ele acordou ouvindo passos pesados na escada; em seguida, a porta da frente bateu, um alçapão que dava para o sótão no quarto Jane Fonda começou a vibrar rapidamente e um vento gelado soprou pela casa, sacudindo as janelas *pelo lado de dentro*, depois que a porta já se fechara. Naquele momento só havia quatro pessoas na ilha, todas tremendo juntas no quarto, mortas de medo. Não havia um outro par de pés humanos que pudesse estar subindo e descendo as escadas naquela noite – todos eles sabiam disso, e todos eles ouviram os passos. Isso ocorrera havia mais de uma década, e notei que, ao contar a história, ele ainda ficava arrepiado.

– Alguns quartos são mais medonhos que outros – disse Scot, correndo o dedo pelo copo. – Esse quarto Jane Fonda... aquele onde você dormiu...

– É, esse é o quarto onde acontecem as coisas mais estranhas – concordou Peter. – Eu também nunca gostei de lá.

– Eu fiquei ali por algum tempo. Cara, eu não via a hora de sair daquele quarto.

Durante a temporada de aves, era proibido caminhar por certas áreas e, mesmo assim, era preciso tomar um cuidado especial para que ninguém acabasse esmagando alguma coisa fofa com as botas. Havia filhotes em todas as fendas, bolas felpudas escondidas nos lugares mais inesperados. Estavam até enfiados nos degraus de entrada da casa. O território era tudo para aqueles animais; era a diferença entre a sobrevivência ou a morte, por isso cada centímetro quadrado da ilha estava tomado.

Acompanhando as 25 mil gaivotas, havia naquele momento 100 mil airos na ilha, apinhados feito pinos de boliche nos penhascos marítimos. Também havia em torno de 40 mil alcas de Cassin, 20 mil biguás, 4 mil mergulhões e outros colonos diversos em números menores, incluindo

120 papagaios-do-mar-de-penachos. Cada ave precisava de seu espacinho próprio; elas chegavam ao final do outono e ficavam acocoradas por ali durante meses antes de botarem os ovos, só para guardar o lugar. As aves marinhas menores, especialmente os petréis e as alcas, tinham desenvolvido estratégias antigaivota para suas crias. Eram animais noturnos: só voavam à noite, escondendo-se em tocas subterrâneas durante o dia (ainda assim, as gaivotas conseguiam comer muitos deles).

Nas ilhas, o objetivo de todo animal com asas era não apenas cuidar dos ovos até que eclodissem, mas também conseguir que os filhotes amadurecessem, ensinando-os a voar, mergulhar e cuidar de si mesmos. Esse processo era especialmente dramático para os airos. Antes de aprenderem a voar, os filhotes caminhavam até a beira do penhasco com os pais, e então tombavam no mar, sendo arrastados pelas correntezas feito bolas de algodão. Se tivessem sorte, descobriam o que fazer depois de acertarem a água.

Em agosto, muitos dos filhotes já haviam se emplumado; os que ainda não o tinham feito já estavam pensando no assunto. Caminhei ao lado de Russ e Jen enquanto eles checavam suas áreas de estudo de alcas unicórneas, enfiando as mãos em tocas para determinar se havia alguém em casa ou se os ocupantes haviam abandonado o lugar até a próxima temporada. Depois de meses observando aves específicas lutando para sobreviver, os biólogos sentiam como se estivessem assistindo a uma novela na televisão. A história muitas vezes não tinha final feliz. Dezenas de milhares de filhotes, e até alguns adultos, sucumbiam ao que era chamado na área de "BNC", ou "Bicada na Cabeça". Esse era o modo característico das gaivotas de matar suas presas: elas avançavam sobre outra ave e, como a sigla indica, enfiavam o bico no crânio da presa. Qualquer ave poderia acabar BNC; as gaivotas matavam umas às outras com o mesmo ânimo com que atacavam outras espécies. Quando as tentativas de aprender a voar começavam de fato, ocorria uma espécie de epidemia de BNCs, pois os filhotes cambaleavam para lá e para cá testando suas asas e acabavam caindo no ninho de uma gaivota madura. Naquele momento, havia vítimas de BNC por toda parte.

Fiquei parada na trilha que levava ao farol, cutucando uma das vítimas com a ponta do pé. O bico da ave estava aberto, congelado em meio a um guincho, como se estivesse gritando um xingamento no exato momento em que a luz se apagou. Em cima de mim, mergulhões espiavam cautelosos de suas tocas nas fendas da encosta. Eram aves delgadas, negras, com pescoço de bailarina, cabeça de pombo e alguns detalhes mais sensuais: cada asa tinha uma mancha branca em forma de lua crescente, como um adereço cuidadosamente desenhado por Coco Chanel, e os pés e o interior da boca eram coloridos de um vermelho-batom quente. Infelizmente, os mergulhões eram menos agradáveis ao nariz que aos olhos – cheiravam a peixe podre.

Vários metros abaixo, Russ puxou com habilidade uma alca unicórnea de um buraco no chão. O animal era uma ave majestosa, de olhos pálidos e pensativos, com uma saliência em forma de chifre no alto do bico afiado. Russ segurou a ave para que eu a visse. O bicho parecia enfurecido.

– Estes pássaros são ao mesmo tempo bonitos e mal-encarados – disse ele, quando a ave o bicou com força no polegar. – São papagaios-do-mar, basicamente. E são durões.

Eu tinha visto um papagaio-do-mar-de-penacho naquele mesmo dia, em pé numa rocha na Plataforma Norte, fitando o mar filosoficamente com os olhos manchados de vermelho. Seu bico laranja tinha o formato de um alicate, e poderia arrancar um dedo humano com a mesma facilidade.

Subimos a trilha. Russ se abaixou para apanhar uma ave morta. Era um pássaro pequeno e todo preto, sem marcas. Tinha perdido os olhos. Russ quebrou parte de uma asa e a levou ao nariz.

– Petrel – disse, passando-a para mim. As penas cheiravam almiscaradas, pesadas e um tanto defumadas, como se o pássaro tivesse passado a noite inteira num jogo de pôquer. Seu corpo pequeno estava coberto de regurgitação de gaivota, o que não deixava dúvida quanto à causa de sua morte.

Alguns passos mais adiante, subindo o morro, jazia outra vítima, uma alca de Cassin, um amontoado de penas cinzentas esmagadas, de tamanho um pouco maior que uma laranja. Esta era uma vítima recente; tinha os olhos fixos no céu e parecia imaculada, até o momento em que Jen a virou. A alca tinha perdido a parte de trás da cabeça.

Enquanto caminhávamos, as gaivotas davam voos rasantes perto de nós. Às vezes eram blefes, mas às vezes elas estavam falando sério.

– Elas sabem quando não estamos olhando, e é aí que nos acertam – disse Russ.

Os biólogos usavam capacetes de obra durante boa parte do tempo. Mas isso só parecia deixar algumas das aves ainda mais determinadas: certa vez, uma gaivota camicase acertou um biólogo com tanta força que morreu com o impacto.

Já tínhamos terminado de checar as alcas unicórneas, e eu queria ver os airos, a ave maltratada que estava tão ligada à história deste lugar. Para isso, explicou Russ, teríamos de escalar um paredão de rocha quase vertical até o posto de observação, um casebre instável onde só cabiam duas cadeiras dobráveis. Era ali que os biólogos ficavam parados durante horas, estudando a colônia abaixo. Era proibido caminhar entre os airos, pois isso poderia fazê-los abandonar suas tocas. Pouco tempo antes, um leão-marinho faminto avançara sobre a colônia, espantando os airos aterrorizados e engolindo filhotes. As gaivotas aproveitaram o momento e atacaram alegremente os ovos não protegidos. Pete, que estava no posto de observação naquele momento, ficou olhando horrorizado, mas não pôde fazer nada. O trabalho do biólogo não é intervir na natureza, apenas observá-la.

Do posto de observação, a colônia de airos parecia uma enorme passeata vista de um helicóptero – era difícil saber onde terminava uma cabeça e onde começava a seguinte. Para facilitar a compreensão daquela massa de aves, a área fora dividida em lotes menores. Russ, que era canadense, apontou orgulhoso para os lotes que tinham recebido nomes de províncias do Canadá.

– Ali está Alberta. Ah, e a Colúmbia Britânica fica logo ali.

Tudo o que eles descobriam sobre aquelas aves era registrado cuidadosamente e incluído num conjunto de dados compilados ao longo de 33 anos. Só depois de catalogar a população durante três décadas os cientistas passaram a enxergar o surgimento de certos padrões. Nos anos de El Niño, as águas mais cálidas do Pacífico produziam menos alimentos, e os animais marinhos sofriam, reproduzindo-se em números muito menores. Em outros anos, a população explodia. Descobriu-se que as aves marinhas eram um reflexo perfeito do estado geral do oceano, sinalizando alterações no ecossistema. Tal tipo de investigação de longo prazo sobre um único hábitat marinho jamais fora realizado. Era mais uma pesquisa pioneira de história natural realizada naquelas rochas desoladas.

O ar estivera úmido o dia inteiro, mas não frio, e o céu estava cinza-claro. Era um tempo suave, agradável, como um lenço de papel apoiado sobre a ilha. Estávamos aparentemente numa depressão tropical, e não havia o menor sinal de vento. Essa calmaria, combinada à lua minguante, criava a oportunidade ideal para apanhar aves no escuro. Foi o que planejamos fazer depois do jantar.

A missão daquela noite seria atrair as aves mais sorrateiras da ilha, os petréis-das-tormentas, para uma rede fina, de modo a contá-los e marcá-los com as anilhas. Durante o dia, os petréis se escondiam em locais inacessíveis; assim, ainda que o arquipélago contivesse a maior colônia desses animais no planeta, eles quase nunca eram vistos. Às 22h30, fomos os seis até a rede que Pete e Russ tinham esticado entre dois postes na encosta do morro do Farol.

Enquanto caminhávamos, iluminando o poço sem fundo da noite com as lanternas que tínhamos na cabeça, perguntei a Pete sua opinião sobre as histórias de fantasmas. Ele disse que jamais vira nada pessoalmente, mas a maior parte dos biólogos acreditava que a ilha era assombrada, e muitos deles tinham ouvido passos nas escadas, assim como Peter. Um deles, um amigo de Pete, acordara ouvindo uma voz de mulher sussurrando insistentemente em sua orelha e falando numa língua que ele não entendia. Apagando as lanternas, espalhamo-nos no chão ao redor da rede, mais ou menos no mesmo ponto em que, durante o dia, eu observara a carnificina.

– Estou sentindo cheiro de alguma coisa morta – disse Melinda num tom alegre. – Provavelmente estou sentada em cima.

Era difícil encontrar um lugar para nos sentarmos onde não houvesse nada morto. Eu estava começando a me acostumar à ideia de estar cercada de aves mortas, habituava-me lentamente às ondas de vítimas de BNC, mas realmente não tinha vontade de tocar em larvas, algo que todos os outros pareciam aceitar como parte da rotina. (Eu também preferia não contrair piolhos, outro risco do trabalho com aves marinhas.) Entretanto, ninguém parecia se incomodar com a ideia de se deitar no chão, e eu resisti à tentação de acender minha lanterna.

Uma gravação ruidosa, em fita cassete, dos ruídos de acasalamento dos petréis cortou a escuridão. Todas as aves noturnas possuíam chamados assustadores que pareciam surgir de algum lugar muito profundo dentro delas; esta, em particular, lembrava uma caixa de isopor muito pesada sendo arrastada por um piso de lajota. Quase imediatamente, os petréis começaram a aparecer. Tinham o tamanho aproximado de uma mariposa que usasse anabolizantes, e vinham revoando na nossa direção em movimentos erráticos, como morcegos, mergulhando e dando meia-volta ao chegarem perto o suficiente para enxergar a rede. Muitas vezes era tarde demais. Quando um dos pássaros maiores ficava preso, quem quer que estivesse mais perto dava um salto, acendia sua lanterna durante um segundo e o extraía cuidadosamente da rede. Jen estava ocupada nisso e, depois de colocar a ave num saquinho para pesá-la, entregou-a a Pete. Este puxou um alicate e afixou uma anilha de metal laranja no tornozelo do animal, depois assoprou as penas da barriga. Se a ave estivesse chocando, teria uma área de pele quase calva onde se apoiava diretamente nos ovos para aquecê-los. Era o caso desta. Pete me passou o pássaro. Era macio como uma chinchila, e seu coração batia muito acelerado. O petrel me encarou com olhos alertas, vítreos. O animal não tinha nada de ameaçador – não tinha bico afiado nem garras pontiagudas. O nariz era como um tubo: um apêndice brilhante com dois orifícios que servia como uma espécie de usina de dessalinização portátil e lhe permitia viver no mar, bebendo água salgada e expelindo o sal pelo nariz.

– Eu gosto *tanto* de petréis – disse Russ. – Eles são pássaros *absolutamente incríveis*. São os *verdadeiros* peregrinos do oceano.

O anilhamento de petréis continuaria até as duas da manhã. No entanto, depois de algumas horas deitada naquele cemitério de aves, fiquei com frio e decidi voltar para a casa. As únicas luzes eram a da minha lanterna e a do farol que cruzava o Pacífico. Na escuridão profunda, todos os sons pareciam amplificados: os gritos das gaivotas, os guinchos das aves noturnas, os sons de BNC, o bater das ondas. Figuras vagas em forma de gaivota revoavam na minha direção, tentando rachar minha cabeça. Comecei a andar mais rápido, ansiosa para entrar na casa e agradecer a Alfred Hitchcock pelo meu estado mental. Ao passar pela casa da Guarda Costeira, solene e muda ao lado de sua edificação gêmea, uma grande forma branca voou bem na direção do meu rosto. Era grande demais para uma gaivota. Dei um passo atrás e fiquei imóvel por um momento. Minha lanterna iluminou um único ponto na parede, onde não havia nada; porém, além das margens do foco de luz, formas de origem incerta se moviam com velocidade.

"Este lugar simplesmente não precisa de fantasmas", pensei, retomando minha caminhada. "Fantasmas aqui seriam um completo exagero." Agora o vento estava aumentando, agitando tudo ao redor, e o ar estava úmido, engordurado. Tentáculos de névoa cruzavam o caminho, roçando meus pés. Avançavam rápido junto ao chão, borrando os contornos, rastejando sobre a ilha como um animal.

Mergulhando para dentro da casa, acendi imediatamente todas as luzes antes de lembrar que não deveria fazer aquilo; a luz impedia as alcas de se esconder. Quando a luz vazava pela janela, elas podiam ser vistas com facilidade pelas gaivotas, o que era garantia de um massacre. Relutante, apaguei todas as luzes, exceto a da cozinha, onde fiquei sentada com um copo plástico e o que sobrara do vinho do jantar, tentando me convencer de que não estava com medo. Era raro eu ficar sozinha na casa à noite. Na verdade, isso quase nunca acontecia. O que, a julgar pelo que eu estava sentindo naquele momento, era uma sorte.

Subi a escada até o meu quarto. Já passara de uma da manhã, mas ninguém ainda voltara. Era necessária alguma prática para conseguirmos dormir ao som de 250 mil aves histéricas – mais ou menos como nos acostumarmos aos alarmes de carro e às sirenes quando nos mudamos para Manhattan. Dei voltas durante algum tempo no meu saco de dormir, ouvi os outros retornarem e então caí no sono. Uma ou duas horas depois, não sei exatamente a que horas da noite, alguma coisa acertou a lateral da casa com um baque pesado. Acordei assustada. As aves estavam caladas. Jen dormia em seu catre do outro lado do quarto. De repente, no ar imóvel, senti-me sem fôlego. Havia uma pressão forte e incessante no meu peito, uma sensação nem um pouco sutil. Senti dificuldade em respirar; tornou-se algo que eu precisava fazer conscientemente. Em pânico, sentei na cama e olhei para Jen, que estava de costas. Naquele momento ela ergueu a cabeça, virou-se na cama e me encarou, de olhos bem abertos.

– Estou com frio – disse Jen, numa voz bem aguda. – Estou com *tanto* frio.

Percebi que ela não estava realmente acordada, não estava me vendo. Jen deitou-se outra vez e ficou em silêncio. Senti um alívio no peito, como se algo pesado tivesse sido erguido, e consegui respirar outra vez sem ter que pensar no assunto. Fiquei deitada com o coração agitado, tentando encontrar uma explicação lógica. Todo mundo sabia que Jen falava durante o sono, portanto aquilo era apenas uma coincidência estranha, não era? Eu nunca descartara por completo a possibilidade da existência de fantasmas, mas também não era profundamente crédula. *O que* eu havia sentido? Era algo palpável e estranho, mas não totalmente assustador. Era uma onda fraca e triste. Como uma criança tentando respirar. Como o filho de um faroleiro que houvesse se deitado ali, talvez, nos últimos estágios de uma difteria fatal.

Capítulo 5

“Pelicano atacado perto da ponta Shubrick; a ave morreu.”

Diário das ilhas Farallon, 27 de novembro de 1987

8 A 10 DE AGOSTO DE 2003

– Em que ano estamos? Ei, é um ano ímpar. A Cotoco talvez esteja aqui! Peter estava de pé no trincaniz do baleeiro, com as mãos nos bolsos do colete, olhando esperançoso para a prancha de surfe amarela que boiava perto da popa. Ao fundo, via-se a ponta Shubrick.

– Ou a Cauda Longa, que costumava andar com a Cotoco. Ela era uma fêmea incrivelmente grande. A primeira vez que a vi foi como se um ônibus passasse por nós. O Scot a marcou. Acho que ela nem percebeu.

Peter deu alguns passos descuidados perto da borda do baleeiro com suas botas de borracha até o joelho. Fiquei nervosa ao vê-lo caminhar pela borda do barco sem segurar o corrimão.

Peter tinha chegado aquela manhã, no barco de pesquisa de tubarões, com dois enormes salmões que pescara no caminho. Na direção de Bolinas, a luz dourada da manhã brilhava sobre águas relativamente calmas, e o mar estava animado. Peixes saltitavam em volta do barco feito pipoca, pardelas davam voos rasantes na popa e jubartes cruzavam o canal. Algumas horas antes, Peter tinha feito contato com a ilha pelo rádio, para que Russ viesse erguê-lo no guindaste. Todos se reuniram na plataforma para recebê-lo; para os jovens ornitologistas, a visita de Peter era como se John Coltrane aparecesse de repente entre os alunos numa aula de saxofone. Todos eles tinham uma cópia bastante gasta do *Guia de identificação de aves norte-americanas*, escrito por Peter, também conhecido como a bíblia do anilhamento de aves. Peter, é claro, jamais falava nisso, a não ser quando pressionado, porém, no curso da minha pesquisa, descobri que ele recebera elogios efusivos e muitos prêmios por aquele volume.

Não tardamos muito em relançar o baleeiro e voltar para a água. Depois de alguns dias saturada de aves e fantasmas, eu estava me coçando para sair da ilha, e Peter achava que a água estava "tubarônica". Para mim, parecia como sempre: negro-azulada e sinistra. É claro que havia tubarões ali.

Seria muito improvável avistarmos a Cotoco, que não era apenas uma Irmã nadando por baixo do barco, e sim a rainha em pessoa. No entanto, apesar de sua lamentável ausência, ela era tão invencível que ninguém perdera inteiramente a esperança. Enquanto boiávamos sobre sua zona de caça, Peter relembrou que, durante a filmagem do documentário da BBC, ele tinha ficado sentado no Prato de Comida, naquele mesmo lugar, numa água igualmente calma, com um estagiário da ilha e o diretor do filme, Paul Atkins. Os três esperavam na lateral do barco enquanto a equipe fazia preparativos para filmar de outro barco. De repente, o barquinho cruzou uma crista de menos de meio metro e ali estava Cotoco, olhando diretamente para eles com seus olhos negros. Depois de examiná-los por um momento, ela submergiu, circundou o barco e desapareceu. Quando a fuselagem da Cotoco surgiu das profundezas, o estagiário imaginou que ela estivesse olhando diretamente para ele e entrou em pânico, gritou e ficou sem ar. Mais tarde, o rapaz declarou que jamais entraria no barco outra vez.

"Ela só estava nos dizendo que sabia da nossa presença", disse Peter ao rapaz, como se isso fosse tranquilizá-lo.

Hoje, não havia nenhuma atividade na toca da Irmandade. Nenhuma agitação na água, nenhuma barbatana caudal desproporcional, nenhum tubarão curioso dando uma olhada. Contornamos a ilha devagar, em sentido anti-horário: passamos ao sul da ponta da Torre, do Sugarloaf, e entramos nas águas traiçoeiras da baía de Maintop, e então, nos aproximando da ponta ocidental da ilha, chegamos à Cabeça do Índio, também conhecida como o quartel-general do Rat Pack. A prancha de surfe seguiu atrás de nós, estoica, sem sofrer nenhum assédio.

– Muito bem. Agora estamos na zona quente – disse Peter, parando a cem metros da parede de rocha íngreme.

Aquele era o lugar onde Rabo Cortado saltara dois metros para fora d'água, ficando em pé sobre a cauda e caçando a câmera de Peter, cuja cobertura à prova d'água calhava de ter um tom vermelho da cor de carne de foca. Onde Scot trombara tão forte com o Prato de Comida que a popa se erguera para fora da água. Onde Ron vira um tubarão perseguir um elefante-marinho em disparada até a superfície, a vinte centímetros de seu pé de pato. Onde um mergulhador chamado Mark Tisserand, que coletava abalones, fora sacudido pelo tornozelo esquerdo durante quinze segundos até o tubarão o soltar, nadando então por vinte metros até a superfície com o pé pendurado por um único fiapo de pele. Era o lugar onde uma carcaça de elefante-marinho de 270 quilos atraíra um dia, na estimativa de Peter, uma dúzia de tubarões, e as águas foram cobertas pela "maior mancha de sangue que eu já vi e um dia verei".

Dando a volta pela Cabeça do Índio, Peter ficou esperançoso.

– Eu ficaria muito, muito surpreso se não encontrássemos nada aqui – disse ele.

Observei a prancha com grande concentração, na esperança de ver uma agitação na água ao lado dela. Arrastamos a prancha de surfe várias vezes ao longo do Beco do Tubarão e depois circundamos a Pedra da Sela, esperando em frente à Plataforma Leste por mais algum tempo. Não havia ninguém por perto.

Como os tubarões estavam famintos ao chegarem ao arquipélago no início da temporada, investigavam logo qualquer coisa que fosse largada na água. Às vezes, no início, Peter e Scot não reconheciam alguns tubarões já identificados, por estarem tão emagrecidos. Meia Barbatana, em particular, chegava completamente esquelético e mais louco do que o habitual, até conseguir abocanhar uma carcaça. Ao longo da temporada, à medida que os tubarões engordavam, às vezes a ponto de parecerem baleias, deixavam de atacar o engodo de fibra de vidro. Mas naquele dia, no início de agosto, se algum dos membros do Rat Pack estivesse nadando em torno da Cabeça do Índio, jamais conseguiria resistir ao chamariz.

Peter se virou para mim com um olhar triste.

– Eles ainda não estão aqui.

A ausência de tubarões deixava uma sensação de vazio, uma frustração profunda. Era como entrar numa sala vazia quando esperávamos encontrar uma festa. Ou descobrir que nosso amor nos deixou, e ainda levou o cachorro. As Farallones sem os tubarões-brancos eram como um filme sem herói, uma campanha militar com exércitos e sem generais. Era como o boxe sem uma categoria de pesos pesados. Não era a mesma coisa.

Por que eu gostava tanto daqueles peixes? Por que todos nós gostávamos? Eles estavam no meu pensamento o tempo todo, até durante o sono, e, como confessei a Peter, nos dois anos desde meu encontro com os tubarões, não passara um dia em que eu não houvesse pensado neles. Depois daquela experiência, tive a certeza de uma coisa: os tubarões-brancos são algo completamente diferente de tudo o que conhecemos. Qualquer descrição desses animais requer que deixemos de lado o vocabulário habitual e entremos no campo da hipérbole – a criatura mais misteriosa da Terra, a última fera indomada, o predador supremo, o mais temível monstro que podemos imaginar, extraordinariamente adaptado a seu lugar no mundo. Eles são simplesmente *diferentes*. Como disse uma vez o lendário mergulhador australiano e cinegrafista subaquático Ron Taylor: "Minha sensação particular é de que havia uma personalidade extremamente inteligente por trás daqueles olhos negros. Não má, porém mais alienígena e sinistra do que isso."

Até mesmo a palavra em inglês para tubarão, *shark*, é sublime, elegante, aguçada e direta, feito uma faca de ponta afiada. Sua origem não é inteiramente conhecida, mas uma teoria afirma que ela é derivada da palavra maia *Xoc*, o nome de um deus-demônio que parecia um peixe. Outra teoria popular diz que *shark* está relacionado à palavra alemã *schurke*, que significa "criminoso astuto". A palavra não foi usada até 1570, portanto os gregos e os romanos não dispunham dela quando conheceram o conceito de um peixe capaz de nos rasgar ao meio. Havia referências a marinheiros que tiveram os tornozelos mastigados e estranhos desenhos de pessoas na água mordidas ao meio. Mas esses povos não sabiam muito mais do que isso. Por isso, inventavam coisas.

No tratado de história natural de 37 volumes escrito por Plínio o Velho, lançado em 78 d.C., o estudioso romano especulou que os dentes fossilizados de tubarão, frequentemente encontrados no solo naquela época (e ainda hoje), choviam do céu durante eclipses lunares. Mais tarde, surgiu uma teoria mais sofisticada: os dentes eram línguas de serpentes transformadas em pedra por são Paulo na ilha de Malta. Ficaram conhecidos como *glossopetrae* (pedras de língua), e pensava-se que tivessem propriedades mágicas, sobretudo a capacidade de combater venenos e outras toxinas. Dado que envenenar pessoas era um passatempo bastante popular na época, os dentes passaram a ser muito utilizados como joias e talismãs, sendo muitas vezes guardados em bolsos especiais nas roupas das pessoas. Somente em meados do século XVII um cientista dinamarquês chamado Steno deduziu sua verdadeira origem: ele tivera a rara oportunidade de dissecar a cabeça de um tubarão-branco capturado na costa da Itália e levado à corte florentina, sendo provavelmente a primeira pessoa que teve a chance de examinar os dentes do animal.

Cerca de um século depois, o grande naturalista sueco Lineu criou o sistema de nomenclatura científica, uma linguagem universal para classificar todas as criaturas vivas. O tubarão-branco finalmente recebeu um título oficial: *Squalus carcharias*. Mais tarde, quando novas espécies de tubarão foram identificadas, o nome do tubarão-branco foi refinado para *Carcharodon carcharias*, que significa "dente serrilhado".

Certamente, ninguém imaginaria que os ancestrais desses animais de dentes serrilhados haviam sobrevivido a quatro extinções globais em massa e patrulhavam os mares desde o período Devoniano, há 400 milhões de anos. Essa período, ocorrido 200 milhões de anos antes do surgimento dos primeiros dinossauros e 395 milhões de anos antes que os nossos ancestrais caminhassem pelo *rift valley*,* é conhecido atualmente como a "Idade dos Peixes", pois havia um grande número de criaturas estranhas nadando e deslizando por aí, como se a natureza estivesse experimentando vários projetos diferentes. Eram peixes parecidos com enguias, enguias parecidas com peixes, escorpiões-marinhos gigantescos e criaturas com escudos resistentes em volta da cabeça, todos eles com uma dentição extravagante. Os peixes ósseos já haviam surgido havia algum tempo (150 milhões de anos, mais ou menos) quando uma nova linhagem de peixes cartilaginosos, ou tubarões, debutou no Devoniano. A chegada dos tubarões não foi uma boa notícia para os outros peixes – eram predadores perfeitos recém-chegados. Tínhamos o *Dunkleosteus* (em tradução livre: "peixe terrível"), com mais de cinco metros de comprimento, uma couraça dura e mandíbulas autoafiáveis; tínhamos o *Cladoselache*, um tubo de músculos de dois metros de comprimento com uma cortina de presas na frente. Alguns dos peixes do Devoniano sobreviveram na terra e evoluíram, transformando-se em quadrúpedes.

E a festa acabava de começar. Seguiu-se o período Carbonífero – um período áureo para os tubarões –, que continha criaturas singulares como o *Helicoprion*, um tubarão com uma roda de dentes que parecia precisamente uma serra circular, e o *Edestus giganteus*, um hiperpredador de seis metros de comprimento com dentes que sobressaíam da mandíbula feito tesouras de jardinagem. No entanto, a dentadura mais impressionante que já viveu sobre a Terra pertencia a um tubarão chamado *Carcharodon megalodon*, que viveu entre 20 milhões e 1,5 milhão de anos atrás – ontem, praticamente, se pusermos as coisas em perspectiva. É mais fácil imaginarmos o *megalodon* como um tubarão-branco aumentado para ser exposto num carro alegórico. Seus dentes, que chegavam a vinte centímetros de comprimento, são tão abundantes que são até vendidos no eBay (embora os espécimes mais bem-preservados sejam vendidos por grandes valores entre colecionadores de fósseis). Um dente grande de *megalodon* tem o tamanho e o peso de um fígado de criança; é triangular

---

* Vale de fendas que se formam entre duas placas tectônicas que estão se afastando. (N.E.)

e serrilhado, exatamente como os dentes de tubarão-branco. Mas existe uma diferença importante: dentes desse tamanho indicam mandíbulas tão grandes que poderiam abrigar em seu interior um cavalo inteiro, sem cortar a cabeça.

Já é bastante difícil imaginar a verdadeira escala de uma Irmã, um animal de seis metros de comprimento, 2,5 metros de largura e 1,8 de altura. Agora considere, por um momento, uma versão de *quinze metros* do mesmo animal. O *megalodon* é um dos animais preferidos entre os aficionados por criptozoologia, que adoram imaginar que, em algum lugar ainda não explorado da depressão Challenger, o ponto mais profundo do oceano, escondido na fossa das Marianas ou em algum outro abismo inconcebível, o animal ainda vive. Afinal, outras criaturas desconhecidas ou há muito desaparecidas já foram encontradas nas profundezas. Quando um novo animal, chamado tubarão-boca-grande, uma esquisitice de mais de quatro metros com lábios de Mick Jagger do tamanho do para-choque de uma caminhonete, foi encontrado em 1976, ninguém jamais vira algo parecido. E quando um celacanto, membro de uma espécie que acreditávamos estar extinta havia no mínimo 80 milhões de anos, foi apanhado na costa sul-africana em 1938, as pessoas começam a imaginar o que mais poderia existir por aí.

Infelizmente, porém, para os amantes de monstros, o consenso geral diz que o *megalodon* já bateu as botas. Um peixe de quinze metros teria dificuldade em se esconder, até mesmo no fundo do mar; porém, o mais importante é que o *megalodon* jamais esteve adaptado às águas profundas. Se ele ainda estivesse por aqui, provavelmente viveria perto de grupos de baleias, sua principal fonte de alimentos. De qualquer forma, eis uma boa notícia para os surfistas: não há nenhuma prova que indique a existência atual do gigante.

E assim ficamos com os tubarões-brancos, que surgiram em sua forma atual cerca de 11 milhões de anos atrás para ocupar a área do nosso córtex cerebral reservada ao medo de sermos comidos por alguma coisa – especialmente algo que vive escondido em outro elemento, pronto para invadir o nosso. Os tubarões-brancos, surgidos das profundezas escuras com seu sorriso maníaco, conseguem despertar todos os nossos medos. E, tendo em vista que eles existem há muito mais tempo que nós, parece razoável pensarmos que, de alguma maneira, esses tubarões moldaram a evolução humana, que termos um *megalodon* no nosso encalço feito um trem-bala foi uma boa razão para rastejarmos o mais rápido possível para fora do oceano.

De qualquer forma, eu não sou a única que sente alguma fascinação por esses animais. Muitas culturas veneraram os tubarões como deuses e os temeram como demônios, sem muitas opções intermediárias. Alguns povos das ilhas do Pacífico consideravam que os tubarões eram a reencarnação dos mortos e lhes ofereciam sacrifícios humanos em altares subaquáticos. Às vezes surgiam guerras religiosas entre tribos quando uma delas fazia um churrasco com uma espécie de tubarão que era o totem sagrado da outra. Os havaianos também entravam nessa; eles tinham vários deuses-tubarão, como o Kamohoali'i, que teria inventado o surfe. E quando a Marinha começou a construir sua base militar em Pearl Harbor, os trabalhadores se depararam com remanescentes submersos de arenas onde, descobriu-se, homens enfrentavam tubarões em lutas aquáticas de gladiadores. A maior delas cobria aproximadamente 1,5 hectare e era circundada por rochas de lava. Tendo em vista que o tubarão estava em seu próprio elemento, lutando com um arsenal inteiro de dentes, e que os homens tinham de prender a respiração e lutar com uma arma não muito diferente de um cabo de vassoura afiado, o tubarão tinha uma grande vantagem.

O que talvez fosse bom, pois acreditava-se que enfurecer um tubarão trazia uma grande urucubaca. Os mergulhadores coletores de pérolas no Pacífico Ocidental se cobriam de tatuagens destinadas a acalmar os deuses-tubarões e compravam a bênção de um "encantador de tubarões" antes de entrarem na água. Em Samoa, a população cultuava o tubarão-branco e pendurava suas efígies nas árvores; os pescadores vietnamitas, muito educados, se referiam ao tubarão como *Ca Ong* (Senhor Peixe). Os marinheiros europeus acreditavam que os tubarões tinham a capacidade de prever desastres; quando um deles era visto seguindo um navio, era motivo de alarme. Como sempre, os antigos astecas foram mais longe que qualquer outra cultura. Eles acreditavam que o planeta Terra *era*, de fato, um tubarão chamado Cipactli.

Existem 460 espécies conhecidas de tubarão nadando por aí hoje em dia, e são quase tão absurdas e variadas como eram no Carbonífero. Temos os cações-anjo, que são planos como um tapete de banheiro; os tubarões-lanterna-verde, do tamanho de peixinhos dourados de aquário; os tubarões da Groenlândia, muito reclusos, que vivem sob o gelo com sua estranha pele pintada e sua carne venenosa; os tubarões-duende, com o que parece ser um abridor de cartas cor-de-rosa afixado na cabeça; os peixes-serra, com narizes de serra elétrica – é um circo de exuberância evolutiva, uma riqueza selvagem de peixes. Nós tememos a maior parte deles, embora muitos pareçam bem mais assustadores do que realmente são (cação-raposa, lambaru), e seria uma tolice temermos um peixe como o minúsculo canejo, que tem dentes planos. As quatro espécies de tubarão mais temidas são conhecidas por terem ingerido humanos repetidamente: o tubarão-tigre, o cabeça-chata, o galha-branca-oceânico e, é claro, o tubarão-branco.

Agora está ficando claro que os tubarões-brancos não são caçadores malévolos e indiscriminados – na verdade, eles apresentam certos comportamentos mais parecidos com os dos mamíferos que com os dos peixes. Por exemplo, sabem discernir formas. Ao longo dos anos, Scot descobriu que os tubarões não atacam chamarizes quadrados, nem qualquer chamariz que pareça um peixe-lua; porém, quando uma prancha de surfe, o pobre Bob Cabeça de Boia ou um pedaço de tapete em forma de foca são deixados na água, os objetos são ao menos investigados, quando não atacados com toda a força. A visão de um tubarão-branco é, obviamente, muito mais desenvolvida do que se pensava – nenhum outro tubarão ergue a cabeça para fora da água como se estivesse examinando as redondezas. A capacidade de enxergar bem, associada à incrível sensibilidade para detectar os impulsos elétricos mais sutis, permite que os tubarões-brancos ajustem suas estratégias de caça momento a momento. Além disso, eles têm essa surpreendente aura de delicadeza quando não estão caçando.

Qualquer pessoa que já tenha encontrado um tubarão – exceto, é claro, quem tenha sido atacada – menciona esse fato coçando a cabeça, intrigado.

Ainda mais intrigante para os biólogos era a relação que os tubarões das Farallones pareciam ter uns com os outros. Eles não caçam em grupo de forma organizada, como as orcas, mas certamente ficam de olho em seus vizinhos e se mantêm dentro do que Scot chamou de "agregações soltas". Assim, quando ocorre um ataque, todos os tubarões da área ficam sabendo e seguem diretamente para o local. Embora ocorra um certo engarrafamento em torno da carcaça, eles não ficam frenéticos para se alimentar. Em vez disso, fazem algo mais interessante. Estabelecem uma fila para o bufê, firme e educada, segundo a hierarquia: quanto maior o tubarão, melhor sua posição na fila. Pode haver tentativas de furar a fila, quando os tubarões menores chegam às pressas e tentam abocanhar um naco rápido, mas é uma estratégia arriscada, e a prova disso é que alguns membros do Rat Pack tinham perdido pedaços de barbatana. Segundo as regras do jogo dos tubarões-brancos, as Irmãs tinham direito de passagem ao se aproximar de uma presa, enquanto os membros do Rat Pack orbitavam a uma distância respeitosa, mendigando as sobras.

Tudo bem, os tubarões não ficam resolvendo equações quadráticas ali na água, e ninguém está sugerindo que devêssemos lhes dar um abraço; no entanto, os animais das Farallones demonstravam dia a dia muito mais nuances e inteligência do que supostamente tinham. Além disso, ninguém imaginava que eles teriam personalidade. Ainda assim, uma das descobertas mais intrigantes do Projeto Tubarão foi que eles de fato têm. Havia agressores e palhaços; havia tubarões delicados, tubarões irritados e tubarões que estavam ali simplesmente em busca de sangue. Scot e Peter sabiam disso em primeira mão, assim como Ron; não era uma fantasia antropomórfica surgida de pessoas afetadas por terem sido acertadas muitas vezes por bosta de gaivota na cabeça. Para mim, a ideia de que os tubarões tivessem um caráter era irresistível, e eu puxava esse assunto sempre que podia.

Num programa do Animal Planet sobre os tubarões das Farallones, filmado em 1999, Scot admitiu para a equipe de filmagens que ele e Peter se envolviam emocionalmente com seu estudo: "Não era de esperar que fôssemos ter uma relação pessoal com os tubarões", disse Scot, um tanto envergonhado. "No fim das contas, isto acabou sendo mais do que uma mera pesquisa. Nós realmente nos relacionamos com eles." Mais adiante no mesmo programa, Scot e os pesquisadores de tubarões sul-africanos Chris Fallows e Rob Lawrence discutiram esse tema por algum tempo: "Então, o que vocês acham da ideia de que os tubarões-brancos têm personalidade?", perguntou-lhes Scot. "Vocês esperavam encontrar algo assim? Porque nós dois ficamos completamente surpresos com isso." Os dois sul-africanos concordaram inteiramente; cada tubarão era diferente. Eles descreveram então um dos animais que estudavam, uma grande Irmã chamada Rasta, que era "o tipo de tubarão que nos dá vontade de mergulhar na água e abraçá-lo. É o animal mais interessante da Terra. Sempre que ela se aproxima do barco, a gente fica incrivelmente feliz, feito criancinhas."

No entanto, não espere ler um artigo acadêmico sobre isso. Os cientistas tendem a ficar desconfortáveis quando surge a questão das personalidades individuais em animais, embora qualquer pessoa que tenha um cão e um gato saiba que os animais podem ser tão diferentes quanto Calígula e Papai Noel, são criaturinhas temperamentais com longas listas de manias, hábitos e temperamentos. Mas os *tubarões-brancos*?

E quanto às gaivotas?

A questão da personalidade animal surgiu outra vez durante o jantar naquela noite, provavelmente porque eu puxei o assunto. Enquanto as *fajitas* mexicanas eram montadas e o vinho era servido, perguntei:

– E vocês acham que as gaivotas têm personalidades individuais?

Todos começaram a falar ao mesmo tempo. No fim, as histórias de gaivotas notáveis na Farallon Sudeste renderam horas de uma conversa memorável, embora esse talvez não fosse um bom assunto para ser discutido num jantar sofisticado. Assim como os tubarões, as mesmas gaivotas voltavam para o arquipélago todos os anos, e, ao longo do tempo, algumas tinham ficado famosas por seu comportamento sociopata. Peter, que observava as aves das ilhas havia mais de vinte anos, já vira de tudo.

Um dos sociopatas era o Manson, uma gaivota que comia os próprios filhotes; outro era o Troll, que punia severamente qualquer um que passasse. O Agressor Silencioso era uma das poucas gaivotas que não gritavam ameaças; ele se aproximava sorrateiro e então, sem aviso, atacava a nuca da pessoa. Cada gaivota tinha sua técnica de ataque preferida. O Mordisco gostava de dar uma mordida afiada no tendão de aquiles, enquanto o Manda-Bosta dava um voo rasante e despejava sua entrega especial. E também havia o Spike.

Numa colônia onde qualquer espaço do tamanho de uma caixa de sapatos era conquistado na base da violência, o território de Spike cobria toda a parte da frente da casa, uma área onde caberiam dez famílias de gaivotas. Spike era um *serial killer* de alcas e cometia BNCs de forma impiedosa; quando os biólogos do PRBO entravam e saíam pela porta da frente, inevitavelmente encontravam Spike gritando histérico, com a cara toda coberta de sangue, cercado por várias carcaçazinhas. As vítimas alcas supostamente seriam usadas para alimentar suas crias, mas ele as regurgitava inteiras, portanto a refeição servida aos bebês-gaivota era uma massa sólida e pegajosa aproximadamente de seu tamanho. Os filhotes de Spike geralmente não sobreviviam.

Mesmo as gaivotas mais normais apresentavam a variedade de comportamento que encontraríamos em qualquer grupo de humanos. Algumas aves eram pais atenciosos, enquanto outras não pareciam nem um pouco preocupadas se seus filhotes desaparecessem. Havia casos extraconjugais e divórcios amargos, casais homossexuais, solteironas, estupradores e *nerds*. Havia, é claro, incontáveis ladrões. As neuroses e inseguranças ficavam especialmente evidentes no heliporto de concreto perto da casa da Guarda Costeira, por onde andavam as gaivotas solteiras, tentando arrumar um parceiro. Como aquele era um péssimo lugar para acasalar – inteiramente exposto, sem materiais facilmente disponíveis para a construção de um ninho –, somente os misantropos mais baixos rondavam aquela área, na esperança de se dar bem. Peter comparava aquelas gaivotas aos pobres estudantes solitários num baile de formatura.

Notei que, embora todos os biólogos já houvessem encontrado gaivotas com personalidades particulares, resistiam a enxergar os animais como indivíduos. Em grande parte, isso parecia ser um mecanismo de defesa. Tantos animais morriam, inevitavelmente, que ter um interesse individual pelas gaivotas – em vez de simplesmente anotar os números das anilhas ou os lotes de estudo onde elas viviam – seria sofrido demais. Mas a alternativa, adotar uma atitude seca como uma carcaça de alca morta há seis meses, fazia a ciência parecer insensível demais.

Peter abordava a questão com uma filosofia conciliadora:

– Eles são animais. Nós somos animais – disse. – Nós temos polegar opositor e um cérebro; no entanto, se pensarmos na vida na Terra, uma coisa não é melhor nem pior que a outra – parou um instante para se servir de um copo de merlot orgânico. – Eu detesto a palavra *antropomorfismo*. Deveria ser ao contrário. O que interessa não é quanto os animais se parecem com os humanos, e sim quanto os humanos se parecem com os animais.

O sol da manhã inundou a Plataforma Leste. Fiquei ali, segurando meu pincel, enquanto Peter abria duas latas de uma tinta viscosa, resistente às cracas, feita especificamente para pintar cascos de embarcações. A única cor disponível era o preto, e, quando começamos a pintar o baleeiro, cobrindo o azul mais alegre que havia por baixo, o barco sofreu uma mudança de personalidade. Depois de algumas pinceladas, Peter deu um passo atrás e admirou a transformação.

– Agora parece mais um verdadeiro barco de trabalho e menos um barco de pesca *yuppie* – disse, satisfeito.

A palavra *yuppie* era o maior xingamento que Peter poderia usar, sinônimo de tudo o que era culturalmente errado, dirigido àqueles que se comportavam como mauricinhos mimados com complexo de superioridade. Pessoas que se encaixavam nessa descrição possuíam, na opinião de Peter, apenas uma fração da força de caráter de qualquer zé-ninguém trabalhador (ou biólogo desapegado); essas pessoas tinham escolhido as prioridades erradas e não durariam um único dia num lugar como as Farallones. Era uma generalização severa, e, embora eu soubesse que Peter levava uma vida simples e já penara com falta de dinheiro no passado, fiquei chocada com a força de sua repulsa. Perseguindo aves, ele já percorrera os lugares mais desolados que podemos imaginar – selvas da Nicarágua, favelas da Índia, colônias de morcegos em Samoa –, mas, quando lhe pedíamos que citasse o local mais detestável que já vira no mundo, ele mencionava instantaneamente um bairro endinheirado da Califórnia.

– Walnut Creek. Sem dúvida.

Peter estava deitado de costas debaixo do baleeiro, pincelando o centro do casco enquanto a tinta tóxica pingava em suas roupas, seu cabelo e sua pele. Meus óculos escuros estavam cheios de manchas pretas, e eu estava admirando minha inaptidão para a pintura quando, do nada, Peter comentou que pretendia surfar nas Farallones aquele ano. Durante a temporada de tubarões. Ao que parece, em algum momento a ideia passara de uma fantasia improvável a um plano concreto. Fiquei chocada com o modo direto com que ele anunciou a ideia, mas então me lembrei de uma conversa que eu tivera com uma bióloga com quem entrara em contato para verificar algumas informações, uma mulher familiarizada com o trabalho de Peter. Ela pareceu surpresa em saber que eu o conhecia de fato, e me deu a impressão de que a reputação de Peter era realmente fenomenal.

"Ele é um homem selvagem!", dissera. Eu estava começando a entender o que ela queria dizer.

– Você está falando sério? – perguntei.

Ele fez que sim. Peter chegara à conclusão de que, em certas circunstâncias, seria bastante seguro surfar na baía de Mirounga. A altura da rebentação teria de estar perfeita, assim como o vento, a visibilidade e a maré. Se as condições ideais coincidissem, ele faria uma tentativa, sendo rebocado até o lugar.

– Porque a gente não quer, tipo, ficar *batendo os braços lá na água* – disse Peter. – Eu iria saltar do barco, pegar a onda e nadar rápido para a costa.

Devo ter parecido incrédula, pois ele logo acrescentou:

– Tudo o que eu quero é descer numa onda, uma só.

– Bem – respondi, devagar. – Não estou dizendo que você *deveria* tentar, mas se fizer isso *mesmo* eu gostaria muito de assistir.

Essa foi, em grande parte, uma afirmação retórica. Eu estava bastante ciente de que o arquipélago era amplamente inacessível a qualquer visitante. E acreditava que essa era uma boa política – o acesso restrito havia salvado as Farallones. Se os visitantes fossem mais bem-vindos, já haveria condomínios e um parque temático sobre tubarões-brancos naquela ilha.

Mesmo assim, apesar de saber que essas regras eram necessárias e, nesse caso, nobres, eu sempre detestara regras. Com muita frequência eram tolas e desprezíveis, pedindo que fossem quebradas. Embora eu não fosse uma completa delinquente, ao longo da minha vida havia questionado a maior parte das regras com que me deparara, e ignorara boa parte delas. Não estou dizendo que é assim que as pessoas deveriam ser; mas, caso surgisse a oportunidade de voltar à ilha, eu estava dentro. Entretanto, suspeitei que essa oferta não viria, e não queria forçar o assunto.

Queria escrever a história daquele lugar e de seus tubarões residentes, mas isso seria muito difícil se eu não tivesse acesso à ilha. Ron me convidara a acompanhá-lo quando viesse mergulhar no arquipélago, o que era promissor, embora algumas visitas diárias não substituíssem a hospedagem ali. E, embora eu soubesse que Peter era tão avesso a regras quanto eu, seria muito arriscado, para ele, deixar-me ficar por ali na temporada de tubarões. Ele já havia comentado que as ilhas seriam supervisionadas de perto naquela temporada. Visitantes clandestinos não seriam vistos com bons olhos, e ele mencionara certa vez algo sobre uma "multa na casa de centenas de milhares" quando um grupo de barqueiros embriagados foi pego passeando pela Farallon Sudeste. O próprio Scot precisava de uma licença anual emitida pelo Serviço de Peixes e Animais Selvagens dos Estados Unidos. Ele tinha o status de um hóspede privilegiado, mas não tinha permissão para me levar para passear por lá, e sua licença poderia ser revogada. Assim, embora eu tivesse a esperança de fazer muitas coisas naquele outono, sentar no baleeiro vendo Peter surfar no Beco do Tubarão não era uma delas.

– Bem, você talvez possa.

Olhei para Peter. Ele parecia estar falando sério.

– *Como?*

Havia muitas coisas das quais ele não falara em nossos e-mails e nossas conversas recentes. A briga com os mergulhadores em gaiolas, ao que parecia, tinha feito alguns estragos. Enquanto os biólogos se atracavam com Groth e seu parceiro na tentativa de apertar o controle sobre o arquipélago, certas autoridades haviam se mostrado descontentes com o fato de as questões ligadas aos tubarões-brancos estarem dominando a agenda política. Ao mesmo tempo, nos escalões mais altos, o Serviço de Peixes e Animais Selvagens começara a se dar conta dos perigos envolvidos no Projeto Tubarão – e a potencial responsabilização jurídica que poderia recair sobre a organização. A pesquisa sobre os tubarões-brancos, um tipo de trabalho que soava arriscado, não era parte do programa desse organismo; eles eram responsáveis apenas pelas ilhas, não pelas águas ao redor delas. E assim, em julho, enquanto preparava a logística da temporada de 2003, Peter recebera uma carta oficial declarando que os tubarões "não eram uma espécie que representasse uma prioridade administrativa para a reserva". Havia preocupações quanto ao uso das instalações e da mão de obra das Farallones para realizar pesquisas sobre uma espécie que não estava entre as prioridades do Serviço. Além disso, o baleeiro já não poderia ser içado e arriado da Plataforma Leste devido a novas normas de segurança; Peter e Scot teriam que deixar o barco ancorado na água e remar até ele sempre que houvesse um ataque (o que dificilmente parecia ser uma solução mais "segura", se pensarmos no assunto). As datas nas quais a pesquisa deste ano seria permitida também haviam sido reduzidas, e durante um período em outubro – talvez o mês inteiro – todo o projeto seria suspenso. Durante esse tempo, vários amontoados de lixo, velhos tanques de óleo diesel, vigas de metal abandonadas e dois velhos edifícios da Marinha transformados em entulho seriam retirados da ilha por helicópteros Chinook da Guarda Nacional, sob a supervisão do Serviço de Peixes e Animais Selvagens e da Guarda Costeira. Embora tudo isso fizesse parte do plano de devolver as Farallones aos animais, o empreendimento seria complicado e confuso, e ficava subentendido que os tubarões seriam uma distração ainda menos bem-vinda.

E, então, o golpe de misericórdia. A carta terminava dizendo que a partir de dezembro de 2004 o Projeto Tubarão já não poderia fazer "trabalhos em embarcações" na ilha – ou seja, os ataques só poderiam ser observados da terra firme. Em outras palavras, era o fim.

Tudo isso acontecera num momento particularmente ruim. Em virtude de êxitos passados com Barbatana Pontuda e outros, os tubarões das Farallones tinham sido designados oficialmente como parte dos projetos de Barbara Block no Topp e, por extensão, do Censo da Vida Marinha. Vinte marcadores rastreados por satélite seriam implantados naquele outono. Com isso, ao menos vinte tubarões, um verdadeiro cardume, seriam rastreados; era um número quase igual ao de tubarões marcados nos últimos quatro anos, somados. A suspensão do projeto durante um mês no ápice da temporada iria, no mínimo, dificultar as coisas e, na pior das hipóteses, estragar completamente as possibilidades de sucesso do projeto.

Peter não parecia irritado, mas perplexo: como eles conseguiriam continuar o trabalho tendo que se adequar a todas aquelas novas restrições? Tinha que haver uma maneira, acreditava, e ele passara o último mês pensando em possibilidades alternativas. Conduzir o projeto da água, por exemplo, em vez de ficarem instalados na ilha; isso poderia funcionar. Eles ainda precisariam de permissão para manter o Sharkwatch funcionando. Se não tivessem alguém no farol, seria muito mais difícil identificar os ataques, ou até impossível, em certas condições. Por sorte, manter uma sentinela lá no alto não parecia ser um grande problema.

– Então eu estava pensando – continuou Peter. – A gente podia pegar um barco e ancorá-lo na baía do Pescador. Alguma coisa com espaço para três ou quatro camas onde algumas pessoas pudessem dormir. O barco seria nossa plataforma de pesquisa. Se não podemos trabalhar da costa, é o jeito. E, como não estaríamos tecnicamente *na* ilha, não haveria restrições quanto a quem poderia estar lá conosco…

Pude perceber aonde aquilo estava levando, e adorei.

O dia seguinte era meu último dia na ilha. Peter me deu uma carona até Bolinas no baleeiro, sob um céu azul e águas ligeiramente encrespadas. Tínhamos saído cedo para que eu pudesse pegar um avião ao meio-dia e, ao nos aproximarmos do porto, tudo estava sereno. Surfistas boiavam no canal. O ar estava tomado dos sons do continente, mais suaves que os do arquipélago – cantos de pássaros em vez dos guinchos penetrantes das gaivotas, e o farfalhar tranquilo das árvores. O vento trazia um aroma de eucalipto e outros cheiros da terra.

A lagoa de Bolinas era rasa, acessível somente na maré cheia, e Peter avançou devagar, passando tranquilamente com o baleeiro por casas estilosas sobre palafitas ao longo da costa. A cidade ainda estava adormecida. Peter me deixou no cais e então ancorou o baleeiro a alguns metros dali, voltando para me encontrar com suas botas de borracha parrudas. Depois de deixarmos nosso equipamento no porta-malas da sua caminhonete, caminhamos pela rua para tomar café da manhã no Coast Café, um lugar simpático, com uma boia mordida por um tubarão na parede e pranchas de surfe penduradas do teto. Enquanto examinava o menu, olhei de relance para Peter, com o canto do olho. Em algum momento, nos cinquenta metros que separavam o cais do restaurante, seu humor tinha mudado drasticamente. Peter estava mais calado, sombrio, fechado, como se um portão tivesse sido trancado, obstruindo a luz. Então era assim que ele vivia a reentrada, pensei, essa era a cortina do mundo real sendo fechada. Eu senti o mesmo, e comemos nossos ovos e torradas quase sem conversar.

Depois do café, apanhei meu carro alugado, que eu havia deixado numa rua próxima. Ele estava ali parado, sujo e abandonado, mas fiquei contente por ainda estar inteiro; Bolinas era famosa por desestimular a chegada de visitantes – as pessoas arrancavam as placas da rodovia que indicavam a saída para a cidade –, e eu supunha que carros alugados não seriam recebidos de braços muito abertos. Um mastim tigrado estava parado na frente do carro, olhando-nos com ar sisudo. Peter enxotou o cão para o lado. O animal se moveu um pouco, depois voltou ao mesmo lugar.

– Então vamos encontrar um barco – confirmei. – Vou procurar um site de aluguéis online.

Desde o dia anterior tínhamos discutido a logística da operação. Ao que parecia, o futuro do Projeto Tubarão seria na água, e o período de suspensão das atividades nas ilhas naquela temporada seria a oportunidade ideal para fazermos uma primeira experiência. Encontraríamos um capitão para pilotar a embarcação, e eu ficaria a bordo durante uma ou duas semanas. Esse, ao menos, era o plano de Peter. O meu era sair para o mar e então ficar por lá o máximo de tempo que pudesse.

– Se você não encontrar nada, posso falar com os capitães da Patrulha das Farallones – disse Peter. – Eles já me ofereceram ajuda antes. Ou então Scot pode conhecer alguém que esteja disposto a emprestar o barco. Uma lanchazinha velha seria ótima. Algo que não nos dê muita preocupação.

Ao que parecia, nós dois tínhamos vislumbrado coisas diferentes. Eu imaginava um quarto de hotel flutuante; Peter visualizava uma permanência prolongada num latão de lixo. Na verdade, não importava muito. Para visitar o arquipélago durante a temporada de tubarões, talvez uma das últimas, eu ficaria hospedada no Prato de Comida se fosse necessário.

Por fim nos separamos, e fui embora dirigindo, sentindo-me ao mesmo tempo exultante (eu iria voltar!) e desconcertada (ainda faltavam seis semanas!). Havia muito a ser feito dali até o início da temporada. Eu precisaria de alguém para cuidar do meu gato. Também teria que pedir uma licença no trabalho. Precisaria de um binóculo melhor. O mais importante, entretanto, era que eu precisava de um barco. Revirei o porta-luvas, peguei meu relógio e notei que havia calculado mal o tempo; tinha só oitenta minutos para fazer a viagem de duas horas até o aeroporto de São Francisco. Claramente, não poderia parar para tomar uma chuveirada. O tráfego do fim de semana não ajudou. Toda a Bay Area, pelo visto, estava indo à praia. Avancei devagar pela rodovia da costa no meu Taurus empoeirado, atrás de uma fila interminável de Range Rovers e BMWs carregados de caiaques e pranchas de surfe.

Quando devolvi o carro e peguei o ônibus para o terminal, estava suada e atrasadíssima. Na área de *check-in*, o funcionário me entregou às pressas um cartão de embarque e me mandou correr. Na disparada até o portão, acabei passando por baixo de algumas cordas, esquecendo que os dias em que isso era possível tinham ficado para trás. Várias sirenes dispararam, e policiais, funcionários das companhias aéreas e seguranças vieram todos na minha direção. Nenhum deles parecia particularmente amigável. Um segurança resolveu examinar minha mochila, toda manchada de guano de gaivota, enquanto uma mulher robusta com um cassetete na cintura me apalpava. Eu parecia suspeita: desgrenhada, suja, quase selvagem. Depois de uma semana nas Farallones, ao que parece, eu já não me lembrava das regras que valiam aqui na terra, esquecera minha cópia do contrato social. Quase perdi o avião.

PARTE 2

TEMPORADA DE TUBARÕES

Capítulo 6

"Eu tenho medo de tubarões. Sempre tive medo de tubarões, ainda tenho e imagino que vou continuar a ter, pois acho que qualquer pessoa que não tenha medo de um tubarão está um pouco fora de si."

Peter Gimbel, diretor de *Blue Water, White Death*

21 DE SETEMBRO DE 2003

Um dia no qual viajamos para embarcar num iate é sempre um bom dia, e era exatamente isso o que eu estava fazendo naquele momento, sentada na cabine de um pesqueiro chamado *Flying Fish* que cortava as grandes vagas da barra de São Francisco a caminho das Farallones. A manhã estava incrivelmente selvagem: estrepitosa e clara, com um borrifo salgado que jorrava violentamente da popa do barco e cintilava ao sol. À medida que a ponte Golden Gate encolhia à distância, fui tomada por uma sensação de liberdade. A semana anterior havia sido uma maratona de trabalho durante a qual eu escrevera títulos para artigos de revista de última hora, comera comida de lanchonete engordurada em todas as refeições e bebera gim com meus colegas. Durante esse período nada saudável, fiquei contando os minutos até a minha escapada. E agora, a bordo, estávamos apenas eu, Brian Guiles – o capitão do *Flying Fish* –, seu parceiro, Dave, e mil dólares em mantimentos.

Eu havia fretado o *Flying Fish* para me levar às ilhas, onde eu encontraria Peter e um biólogo marinho chamado Kevin Weng, especialista em marcação de tubarões da Estação Marinha Hopkins, em Monterey. Scot chegaria em duas semanas. Hoje, ao chegar à Farallon Sudeste, Peter, Kevin e eu receberíamos um iate de sessenta pés, com casco de aço, chamado *Just Imagine*, uma embarcação da Patrulha das Farallones cujo capitão estava voltando de uma viagem de duas semanas a Seattle. Em algum momento no início daquela tarde iríamos ancorar o *Just Imagine* na baía do Pescador, onde sua tripulação passaria ao *Flying Fish* e voltaria a Sausalito, e eu me acomodaria na minha nova casa flutuante. E então, imaginei, iríamos brindar com champanhe e ver tubarões saltitando junto à proa durante o pôr do sol. Ou algo assim.

Eu não sabia muito sobre o barco, além do fato de, como já disse, ter sessenta pés. No fim das contas, tivemos de procurar nosso barco mais perto de casa. Depois de semanas de buscas inteiramente infrutíferas na internet (durante as quais descobri que os donos de grandes embarcações do tipo "vida a bordo", preparadas para longas permanências, não estão especialmente dispostos a alugá-las), Peter comentou a situação com vários capitães da Patrulha das Farallones. Quatro deles ofereceram imediatamente seus barcos; a primeira pessoa a responder foi um homem chamado Tom Camp, capitão de um barco de nome sedutor, o *Just Imagine*. No entanto, Tom Camp não poderia pilotar seu próprio iate, por isso me ofereci alegremente para ficar responsável pelo barco, assegurando que as baterias ficariam carregadas, as escotilhas ficariam bem fechadas, o barco não viraria, e o que mais fosse preciso. Eu não sabia praticamente nada sobre grandes embarcações, mas supunha que cuidar de uma não seria muito difícil. O veleiro ficaria ancorado o tempo todo enquanto permanecesse nas Farallones, algo em torno de cinco semanas, segundo as condições. Quando as violentas tempestades vindas do noroeste invadissem as ilhas em novembro, o *Just Imagine* seria levado de volta a São Francisco. Enquanto isso, ficaria ali boiando, a dois minutos da terra. Peter e Scot estariam dividindo a casa com Brown e Nat, que tinham voltado para passar a maior parte do outono ali, acompanhados de dois estagiários. Durante o dia, o veleiro serviria como a base de operações do Projeto Tubarão, e o baleeiro ficaria amarrado a seu lado para nos dar acesso rápido aos ataques.

Eu não via a hora de começarmos. Com a chegada da temporada de tubarões, tinha ficado cada vez mais empolgada com a ideia de voltar para lá, ver os tubarões, pôr o papo em dia com Peter, Scot e Ron, e finalmente dar uma boa olhada numa das Irmãs. E, para isso, nada melhor que passar o tempo todo na água.

Foi bastante fácil conseguir uma licença no trabalho; era um bom momento e, no meu ramo de atividade, tirar algum tempo em busca de uma boa história era uma prática corriqueira. Eu não via a hora de voltar à vida selvagem outra vez, de abandonar a versão mais domesticada da minha vida. O efeito não era apenas psicológico. Todas as vezes em que eu visitara as Farallones, saíra de Nova York sufocada e cansada da vida no escritório e voltara animada, reluzente, com o cabelo empoeirado e incontrolável e terra debaixo das unhas. E mesmo quando tinha de passar uma semana na ilha sem tomar banho, eu sempre me sentia mais sexy do que quando estava caminhando toda arrumada por Manhattan, calçando sapatos Gucci de salto alto ou vestindo calcinhas La Perla.

Na semana anterior, eu havia tido uma conversa por telefone (bastante entrecortada devido ao sinal fraco) com Tom, um advogado de 55 anos nascido em Berkeley, muito jovial, que ficara entusiasmadíssimo com a ideia de emprestar seu barco ao Projeto Tubarão. Ele elogiara o *Just Imagine* efusivamente, com a voz sonora de um apresentador de televisão.

– Não quero dar uma de gerente de hotel, Susan, *mas você precisa ver a minha cabine*!

Pelo visto, tínhamos tirado a sorte grande, e, apesar do desejo de Peter de alugar uma lanchazinha velha, teríamos exatamente o oposto.

– Vou cuidar do *Just Imagine* como se fosse meu – prometi.

– Bem, só quero que ele volte no mesmo estado de antes – disse Tom.

– Tom, o barco vai voltar ainda melhor.

– Segura fiiiirme!!! – gritou Guiles da cabine. No instante seguinte, o *Flying Fish* bateu com força numa onda gigante, e fui jogada no chão. Ouvi os dois homens rindo lá na frente. Guiles, um homem magro, de cabelos grisalhos, que parecia ter em torno de cinquenta anos, era um pescador radical. Não ligava muito para as Farallones. Para ele, como para a maioria dos capitães, as ilhas não passavam de uma bela oportunidade para um naufrágio, um local por onde passavam a caminho dos cardumes de albacora que se reuniam na margem da plataforma continental.

Quando cheguei ao cais naquela manhã, ele me cumprimentou com um sorriso irônico:

– Então, já tomou o seu último banho?

Quando respondi que eu na verdade gostava de não ter que pentear o cabelo, ele riu, fazendo cara de quem entende do assunto.

– É, bem, nos primeiros dias não vai ser grande problema. – E então acrescentou: – Ah, por sinal, tem *algumas moscas* por lá.

Quando ele notou que eu estava trazendo uns quinhentos sacos de compras e vários engradados de água, cerveja, vinho e Coca-Cola diet, esbugalhou os olhos:

– Mas quanto tempo você vai ficar por lá?

– Não sei. Depende do clima. Talvez cinco semanas?

Guiles deixou escapar um som de descrença.

– Você é que pensa. Tome aqui o meu cartão. Se eu não estiver ocupado, vou lá buscá-la. Garanto que você vai me ligar.

A tarefa de comprar mantimentos para cinco semanas num barco tinha se mostrado surpreendentemente problemática. No dia anterior, eu percorrera os corredores do supermercado de Mill Valley durante horas, pensando no que levar. Não adiantaria nada jogar as compras no carrinho de qualquer jeito; essa compra em particular tinha que ser feita de forma estratégica. Ao longo dos anos, houvera chiliques memoráveis por causa de comida nas Farallones: as pessoas estocavam comida, escondiam comida, tinham fantasias com comida, ficavam fixadas em comida, brigavam por comida. Peter contou que um estagiário uma vez chegou a ameaçar fisicamente os outros quando descobriu que a maionese tinha acabado.

Percebi que eu nem sabia se poderia cozinhar no *Just Imagine*. É claro, imaginei, devia haver alguma espécie de fogão, mas me esquecera de perguntar ao Tom. Ele havia mencionado um grande refrigerador que funcionava muito bem e mantinha a comida bem fria. Sabendo disso, fiz um bom estoque de *burritos* congelados e outros perecíveis.

As Farallones Sul, chamadas "Dentes do Diabo" por marinheiros do século XIX, vistas do leste. (Susan Casey)

O único edifício habitável das Farallones, uma casa açoitada pelas intempéries construída há 120 anos. (Susan Casey)

Os trilhos do vagão, com as gaivotas residentes. (Susan Casey)

Peter Pyle, com o Grande Arco ao fundo. (Susan Casey)

Scot Anderson no *Just Imagine*. (Susan Casey)

A Cabana do Tubarão, na Plataforma Leste, onde ficam guardadas muitas pranchas de surfe e chamarizes, entre os quais o pobre Bob Cabeça de Boia. (Susan Casey)

Nada é fácil por aqui: Peter lançando o baleeiro, auxiliado pelo guindaste da Plataforma Leste. Por causa das rochas íngremes e dos penhascos que formam a costa, não há nenhum cais nas Farallones. (Susan Casey)

O Prato de Comida recebe a visita de um tubarão chamado Nariz Rombo. (Peter Pyle)

Um tubarão agita a superfície durante um ataque. As pessoas que encontram um tubarão-branco na superfície da água muitas vezes ficam perplexas com o diâmetro do animal, que pode chegar a 2,5 metros. (Peter Pyle)

O último a mergulhar: Ron Elliott, o único mergulhador comercial que tem o sangue-frio de coletar ouriços-do-mar nas ilhas, a bordo de seu barco, o *GW*, logo ao sul do Beco do Tubarão. (Susan Casey)

Um ataque de tubarão nas Farallones não costuma ser um acontecimento sutil; uma câmera na ponta de uma haste é usada para tirar uma fotografia debaixo da água. (Peter Pyle)

Visão aérea das Farallones Sul, vistas do leste. Esta fotografia foi tirada em 1949. (Biblioteca da California Academy of Sciences)

"Medonhas": uma visão aérea das Farallones Norte, aproximadamente em 1952. (Biblioteca da California Academy of Sciences)

Oveiros descarregando sua pilhagem na Plataforma Norte, com o Arco de Pedra e o Sugarloaf ao fundo. Em 1905, o guindaste foi arrancado de sua base por uma tempestade e jamais foi substituído. (Biblioteca da California Academy of Sciences)

Oveiro em 1896, usando sua camisa especial com capacidade para transportar dezoito dúzias de ovos de airo pelos penhascos das Farallones. (Coleção Bolton, Biblioteca da California Academy of Sciences)

A planície marinha da Farallon Sudeste, com as casas e o morro do Farol, vista do norte, da baía de Mirounga. (Peter Pyle)

Um ato de devoção: Scot Anderson no Sharkwatch, criado por ele em 1987. Na temporada de tubarões, um observador fica parado no farol examinando as ilhas em busca de sinais desses animais durante todas as horas do dia. (Susan Casey)

Um tubarão de 5,5 metros investiga uma prancha de surfe de seis pés. (Peter Pyle)

O destino de uma prancha de surfe nas Farallones. (Peter Pyle)

Scot Anderson (de laranja) observa um tubarão se alimentando. No barco também estão o diretor Paul Atkins e o cinegrafista Peter Scoones, da equipe de filmagem da BBC que visitou as Farallones em 1993 para filmar *The Great White Shark*. (Peter Pyle)

Talho Branco, uma fêmea de 5,5 metros descrita por Peter como "delicada e maternal", passa pelo baleeiro. (Peter Pyle)

Grande Gruta do Airo (à direita) e Pequena Gruta do Airo, esculpidas nas rochas abaixo da ponta Shubrick. (Susan Casey)

Um elefante-marinho jovem, a comida preferida dos tubarões-brancos, descansa na planície marinha. (Susan Casey)

Leões-marinhos-da-califórnia se aquecendo nos degraus de pedra da Plataforma Norte. (Susan Casey)

Vinte e cinco mil gaivotas habitam a ilha Farallon Sudeste. (Susan Casey)

Um passeio no Billy Pugh, na Plataforma Leste, com o *Kingfish* e o Prato de Comida ao fundo. (Susan Casey)

Um filhote de alca de Cassin. (Susan Casey)

Just Imagine, o veleiro de sessenta pés com casco de aço, pilotado pelo capitão Tom Camp. (Susan Casey)

Uma enseada turbulenta: o *Just Imagine* (com o *Tubby* amarrado a estibordo) em seu ponto de ancoragem na baía do Pescador, 150 metros a oeste da ponta da Torre e duzentos metros a leste do Sugarloaf. (Susan Casey)

O cientista marinho e especialista em marcação de tubarões Kevin Weng, do Laboratório Block na Estação Marinha Hopkins, de Monterey. (Susan Casey)

Parte da dieta no *Just Imagine*: um *cabezon*, um peixe capaz de assustar criancinhas. (Susan Casey)

"Siga o mais rápido que puder": Peter Pyle cruzando a baía do Pescador a remo no *Tubby*. (Susan Casey)

Scot Anderson na planície marinha, com a Pedra da Sela ao fundo. (Susan Casey)

A margem exterior da temível baía de Maintop, uma extensão de água medonha que gosta de engolir barcos e deixa todos preocupados. Não é de surpreender que os tubarões pareçam adorá-la. (Susan Casey)

Condições adversas para o lançamento de embarcações na Plataforma Leste. (Peter Pyle)

A Onda Perfeita, uma direita imaculada que quebra no Beco do Tubarão. (Peter Pyle)

Enquanto o *Flying Fish* quicava nas ondas, a grande pilha de compras balançava e tinia no convés junto à popa. Cambaleei até a cabine, onde Guiles e Dave tomavam café e falavam de trabalho. Algumas horas antes eles tinham me contado que o *Flying Fish* fora o barco que libertara Sandy, o tubarão cativo, na década de 1980. Perguntei a Guiles sobre a viagem.

– Aquilo ali – disse Guiles, sacudindo a cabeça – foi um grande circo.

O barco de Guiles estava repleto de jornalistas e de funcionários do aquário, além de muitas caixas de cerveja, e Sandy estava tão fora de si que alguns pensavam que estivesse morta. O próprio Guiles pensou assim.

– Eu a agarrei pela cabeça, e a gente lhe enfiou uma bomba de sentina na boca, para que a água corresse pelas guelras. De repente, ela tentou me morder. Estava bem viva.

Quando colocaram Sandy na água, ela tombou feito uma pedra, nadando diretamente para baixo, um tanto entorpecida, e acertando um cinegrafista que havia mergulhado para documentar a libertação. Depois ele voltou a si e fugiu nadando. No convés, as equipes de TV foram ao delírio.

– E então, às 22h30 daquela noite, depois do noticiário, recebi um telefonema da minha companhia de seguros.

O representante da empresa deixou extremamente claro que, no futuro, se o capitão Guiles decidisse levar tubarões-brancos a bordo do *Flying Fish*, ele teria mais dificuldade em conseguir uma apólice de seguro que um ônibus espacial.

Já estávamos nos aproximando das águas exteriores das Farallones, uma área onde muitas vezes havia tubarões-brancos nadando preguiçosamente pela superfície – Guiles até já atropelara um deles. Ele descreveu uma vez em que um tubarão de quase cinco metros saltou ao lado do *Flying Fish* na altura do convés, ao menos dois metros sobre a superfície, tentando arrancar os salmões da linha de pesca e encharcando os passageiros.

– O tubarão estava tão próximo que eu podia ter dado um tapa na cara dele.

Numa outra vez, pescando perto de Stinson Beach, uma zona muito popular entre banhistas no Condado de Marin, ele vira dois tubarões-brancos cortando as ondas bem perto da costa, a menos de dez metros de um grupo de bodyboarders. Mesmo assim, na opinião de Guiles, os makos eram os verdadeiros malvadões do mundo dos tubarões.

– Extremamente agressivos. São uns bichos maus. Fazem um tubarão-branco parecer bobo. – Guiles apanhou o rádio e sintonizou o canal 80, a frequência de trabalho da ilha. – Peter, ilhas Farallon, Peter, ilhas Farallon, *Flying Fish*, câmbio – disse Guiles.

Peter respondeu imediatamente:

– Entendido, *Flying Fish*, Farallon. Bom dia.

– Vocês pediram uma pizza? – perguntou Guiles, dando uma gargalhada. – Vão ter que esperar um pouco. O mar está bem agitado. A gente deve chegar em cerca de uma hora.

Guiles desligou o rádio e se virou para mim.

– Você sabe qual é a coisa mais perigosa por aqui? – perguntou. – Não são os tubarões. É o tempo.

Guiles descreveu uma vez em que ficou preso no outro lado das ilhas em meio a vagas de dez metros e quase se estilhaçou na tentativa de voltar, embora o tempo tivesse estado maravilhoso ao deixar o porto naquela manhã. E, pelo que se contava, aquela não era uma experiência incomum.

Naquele exato momento as Farallones se ergueram no horizonte, aterrorizantes e belas. Quando chegamos à boia da Plataforma Leste, Peter já nos esperava no baleeiro; um ataque de tubarão estava acontecendo perto da Pedra da Sela. Olhei naquela direção e vi o amontoado de gaivotas. Não havia tempo para a minha ansiedade habitual ao saltar entre os barcos; pulei do *Flying Fish* para o baleeiro. Enquanto acelerávamos rápido, sentei-me no local de que mais gostava, ao lado do volante, de onde era possível agarrar o corrimão dos dois lados. Peter sorriu para mim por baixo do boné de beisebol.

Flutuamos na mancha, vendo um pedaço estraçalhado de elefante-marinho subindo e descendo nas ondas, sem ninguém por perto para abocanhá-lo. Ao que parecia, os tubarões já haviam ido embora, embora Peter contasse que, muitas vezes, quando pensávamos que o ataque tinha terminado, a segunda leva vinha para limpar os restos. Certa vez, ele estava observando um pedaço solitário de foca exatamente como aquele havia vinte minutos quando notou um marcador preso ao que restava da nadadeira e se aproximou para identificar o animal. Naquele exato momento, um tubarão surgiu das profundezas e arrancou o pedaço de foca de sua mão; os dentes do tubarão passaram a menos de trinta centímetros de Peter, e ele pôde ver os olhos do animal virados para trás, completamente brancos.

Havia vários pontos de agitação em torno do elefante-marinho, mas nenhuma barbatana dorsal; vimos então o *Just Imagine* se aproximar, vindo do norte, com um aspecto majestoso. Era um barco respeitável. Tinha um longo casco azul-marinho e o convés branco; as velas estavam arriadas e presas com belas tiras de lona azul-marinho. No convés, acenando, havia um homem alto e musculoso, com óculos grossos e cabelo grisalho, a barba por fazer e uma expressão extática; vestia uma camiseta roxa já um tanto gasta, calça cáqui e chapéu de sol amassado. Decidimos abandonar a carcaça e guiar o *Just Imagine* para seu ponto de ancoragem. Peter gritou instruções com Tom e disse que iríamos encontrá-lo na baía do Pescador. Ao fundo, vi o *Flying Fish* navegando devagar, esperando para receber a tripulação do iate. Dave estava apoiado na popa, recolhendo as linhas de pesca.

Na baía do Pescador, emparelhamos com o veleiro e cumprimentamos a tripulação. Ao lado de Tom, havia agora outros dois homens no convés, Bob e Brian, também grisalhos. Tom disse que eles precisariam de uma hora para limpar a cabine e recolher suas coisas. Todos pareciam desgrenhados e contentes, e fiquei um pouco preocupada ao saber que aqueles três homens estavam vivendo no barco havia duas semanas e ainda não tinham começado a limpá-lo.

Enquanto Peter e eu nos afastávamos do *Just Imagine* com a intenção de dar uma volta na ilha para fazer hora, o *Superfish* chegou à entrada da baía com Mick ao timão e um grupo completo de observadores de baleia reunidos na popa. Todos os passageiros estavam apinhados ao longo da amurada de bombordo nos observando, o que fazia o barco ficar bastante inclinado. Kevin, o biólogo marinho, estava a bordo, e nós nos aproximamos para apanhá-lo. Ele era um doutorando na Universidade Stanford especializado em tubarões, sobretudo tubarões-brancos, e trabalhava para a dra. Block.

A multidão de turistas abriu caminho para que Kevin subisse na borda do barco. Ele passou a Peter dois caixotes com equipamentos e então saltou com leveza do *Superfish* para o baleeiro, com a tranquilidade de quem tivesse nascido num barco. Kevin era uma pessoa marcante; tinha trinta e poucos anos e um corpo atlético, cabelo preto e lustroso, olhos escuros e um sorriso tão claro que poderia iluminar uma pequena cidade. Quando se esticou para apanhar a bolsa de viagem que Mick estava lhe passando, notei que os músculos de seu antebraço eram muito definidos.

Nós nos apresentamos rapidamente, e Kevin disse a Peter que havia trazido seis marcadores, e outros seis estavam a caminho. Ele acabava de voltar do Alasca, onde tinha estado marcando tubarões-salmão, sobrinhos atarracados do tubarão-branco que viviam em águas mais frias abocanhando cardumes de salmões. Antes disso, estivera na Costa Rica tentando instalar marcadores em tartarugas-de-couro enquanto elas rastejavam pelas praias para cavar seus ninhos. E passara o mês de julho no sul da Califórnia, trabalhando com uma equipe do Monterey Bay Aquarium que tentava capturar um tubarão-branco bebê para uma possível exibição. O aquário havia gastado 1,2 milhão de dólares para esse projeto – a ideia era transformar o tubarão no "mascote" da instituição.

Segundo Kevin, o aquário tinha consciência das tristes tentativas de criar tubarões-brancos em cativeiro no passado e estava determinado a não cometer os mesmos erros. O projeto tinha sido planejado com precisão militar, recebendo a consultoria de importantes cientistas. O Monterey Bay Aquarium talvez fosse o aquário com melhor reputação no mundo, e, se havia um grupo capaz de apresentar um tubarão-branco ao público, era aquele. Ao pensar no assunto, percebi que eu gostava da ideia de que as pessoas pudessem ver um peixe como aquele de perto. Embora exista algo feroz e romântico na ideia de um último animal indomado, depois de vermos um tubarão-branco, jamais poderíamos pensar que a humanidade estaria melhor sem eles. Mas seria necessária uma combinação de habilidade e sorte para conseguir concretizar o projeto sem que o aquário acabasse com mais um tubarão morto no fundo do tanque. Durante cinco anos, Kevin e o resto da equipe haviam percorrido a área perto das ilhas Channel, onde havia uma concentração de tubarões-brancos bebês naquela época do ano. Três dias antes do encerramento do projeto, o grupo conseguira capturar uma fêmea de 1,5 metro que ficara presa numa rede para pesca de halibute. O animal foi transferido para um viveiro oceânico usado para criação de atum, com capacidade para 19 milhões de litros, onde foi marcado e observado comendo alguns salmões. Tudo parecia muito promissor, o tubarão era perfeito, mas o tempo de aluguel do viveiro se esgotou e eles decidiram libertar o tubarão em vez de transportá-lo para Monterey antes que as condições estivessem favoráveis (a ideia era reduzir progressivamente o tamanho do reservatório até que se aproximasse do tamanho do tanque do aquário, com capacidade para 4 milhões de litros).

Na verdade, os tubarões tinham estado bastante ativos na Califórnia durante todo o verão. Em 24 de agosto, Deborah Franzman, uma professora de cinquenta anos de idade que tinha como hobby nadar entre focas, sofrera um ataque fatal de um tubarão-branco de quase cinco metros em Avila Beach, trezentos quilômetros ao norte de Los Angeles. Já haviam se passado nove anos desde o último ataque fatal de tubarão-branco na Califórnia, e os fóruns e salas de bate-papo sobre tubarões na internet entraram em polvorosa. Para alguns, Franzman havia brincado com o perigo. "*Nadar entre focas?* Só faltava mergulhar com uma camiseta com a palavra: comida!", escreveu um dos membros, que em seguida foi criticado pelos demais adoradores de tubarões por sua insensibilidade.

Enquanto isso, não muito longe dali, três tubarões-brancos haviam se reunido perto da usina nuclear de San Onofre, sendo fotografados por helicópteros das agências de notícias e por pilotos da base de Camp Pendleton; os tubarões foram avistados todos os dias naquele lugar durante um mês. Depois de numerosos avistamentos, que levaram ao fechamento de praias, os tubarões se tornaram celebridades locais e ganharam os nomes de Sparky, Fluffy e Archie. A notícia da presença constante do trio se espalhou, e muitos curiosos se reuniram naquela praia exposta ao vento. "A gente podia ter ido a qualquer praia em San Clemente, mas eu achei que seria divertido ver alguém sendo mordido ou perseguido por um tubarão", explicou um visitante à imprensa local. Outros perguntaram aos guardas ambientais: "A que horas os tubarões aparecem?" Quando um quarto tubarão apareceu, pareceu razoável cancelar a competição anual de surfe no Dia do Trabalho. Ninguém conseguia descobrir por que Fluffy, Sparky e Archie estavam passeando por aquele ponto em particular, até as autoridades da cidade admitirem que, dois anos antes, haviam enterrado uma baleia-fin de doze metros naquela praia.

Mais perto das Farallones, em agosto, Peter começara a receber e-mails de um grupo de nadadores de águas abertas que planejava fazer uma travessia de revezamento da Farallon Sudeste à ponte Golden Gate no dia 20 de setembro. Como precaução, contaram, os nadadores usariam um repelente eletrônico de tubarões chamado "Shark Shield", e queriam saber o que ele pensava do assunto. "Não acho que seja uma boa ideia", respondeu Peter rapidamente. "Em setembro os tubarões acabaram de voltar do meio do oceano Pacífico e estão com fome. Não acredito que os relógios de pulso eletrônicos sejam eficazes, tendo em vista a estratégia de caça do tubarão, de caçar vindo das profundezas." Contando-me a história, Peter riu da situação:

– Imagine o tubarão pensando, "hmmm, eu não gosto desse barulho", mas a essa altura ele está subindo a toda, a mais de sessenta quilômetros por hora. O que ele vai fazer? Dar meia-volta?

A competição, que teria acontecido na véspera, acabou sendo cancelada depois que a companhia de seguros do barco que iria acompanhar os nadadores deu para trás. A empresa afirmou que não ofereceria cobertura a nenhum barco que participasse da competição nem a nenhuma parte dela, e ponto final. A ideia de que aquele evento quase ocorrera me deixou tão perturbada que telefonei para um dos organizadores, um homem de setenta anos chamado Joe Oakes que também organizava uma corrida de natação chamada "Fuga de Alcatraz". Apesar dos alertas de Peter, o homem se mantinha determinado. Comentei com ele que eu também era nadadora e que, embora certamente compreendesse aquela atração pelas águas abertas, após o que eu havia visto, não conseguia imaginar pessoas mergulhando na Plataforma Leste e nadando dali até o continente, particularmente no outono. Oakes riu.

– Sempre há tubarões – disse ele, fazendo pouco-caso. Ele tinha uma fé inabalável no aparelho repelente de tubarões, comparando seu efeito a uma rápida pancada no focinho do animal. – Eles não gostam nem um pouco. Ei, você não quer participar da corrida? Se conseguir nos arrumar um barco, pode montar a sua própria equipe.

Uma hora depois, Peter, Kevin e eu embarcamos no *Just Imagine*, atando o baleeiro ao lado. Logo percebi que era ainda mais difícil saltar entre dois barcos com grandes diferenças de tamanho quando estavam amarrados. Os cascos das duas embarcações poderiam esmagar um dedo com a facilidade de dois blocos de cimento esmagando um gafanhoto. Se eu calculasse mal o momento, poderia acabar pendurada do corrimão do *Just Imagine*, ou, pior, cair entre os barcos no momento em que estivessem batendo um contra o outro.

O veleiro era espaçoso, mas já estava bastante desgastado; tinha uma cabine dianteira e uma traseira, uma pequena cozinha, uma área de jantar semicircular e, surpreendentemente, um banheiro com chuveiro e tudo. O aspecto como um todo não lembrava nem um pouco as imagens de iates que vemos nas revistas de viagem, aqueles que transportam magnatas italianos cercados de modelos espalhadas pelo convés bebendo champanhe Cristal e usando cangas Pucci. O *Just Imagine* estava para os iates glamourosos como um avião de carga estava para um Learjet, como um cavalo *clydesdeale* estava para um árabe. O estilo da decoração pendia para os anos 1970 – móveis de pinho envernizado, garrafas empoeiradas de um conhaque sem nome, um vitral numa vigia e, no meio do chão, um baixo-relevo de uma mulher vestindo apenas seu cabelo longo.

Infelizmente, explicou Tom, na viagem desde Seattle eles tinham encontrado mau tempo e, bem, parte da amurada de bombordo fora arrancada. Fomos olhar: corda amarela e fita americana cercavam uma área um dia ocupada por um corrimão.

– É melhor não andarem por esse lado – disse Tom.

Além disso, comentou Tom de forma casual, o refrigerador tinha deixado de funcionar, e, ao que parecia, o encanamento também não estava muito bom. Olhei para ele.

– *Como assim* o encanamento não funciona? – perguntei, entrando em pânico.

– Bem, agora mesmo eu tentei dar a descarga, e pareceu estar entupido... – ele abriu uma porta e bombeou uma longa alavanca, esperançoso. – Está vendo, não tem vácuo... Ei! Quem diria! Está funcionando!

Ouvimos o ruído de um gargarejo funesto no encanamento, seguido por arrotos violentos.

– Então, temos encanamento? – perguntei, para confirmar.

– Pelo visto, temos, sim! Que bacana! – disse ele, num tom surpreso.

Olhei de relance para Peter e Kevin. Imaginei que eu poderia beber cerveja quente e que precisaria doar a maior parte das minhas compras aos biólogos da ilha, mas ficar sem encanamento seria inviável.

Esperei num canto enquanto todos tentavam bolar um modo de ancorar que mantivesse o veleiro seguro durante toda a nossa estada. O processo não era nada simples: a proa deveria estar voltada para o norte ou para o sul? O veleiro ficaria a que distância da boia no meio da baía? E quanto à âncora? Quantas cordas seriam necessárias? As dúvidas eram muitas. Peter e Kevin passaram ao baleeiro, desamarraram-no e esperaram ao nosso lado para levar as cordas até a boia, enquanto Tom e Bob discutiam sobre o local onde o *Just Imagine* deveria ficar. O ponto que escolheram ficava bastante longe da costa, já na entrada da baía. Era evidente que qualquer cobertura que a enseada pudesse nos oferecer seria praticamente inútil naquele local, especialmente no caso de ventos noroeste (que calhavam de ser os predominantes). Naquele local, o barco também ficava alinhado entre o Sugarloaf e o Arco de Pedra, de modo que as rajadas de vento que sopravam do oeste viriam com toda a força a um ângulo de noventa graus em relação ao barco, acertando-o de lado. Peter se deu conta desse fato imediatamente e perguntou se não seria possível movermos um pouco o veleiro, mas Tom queria firmar a âncora na borda de um recife que cruzava a área. Ele se agachou na proa segurando o cabrestante, um apetrecho para baixar e içar a âncora. A corrente foi arriada devagar. Tom conversava com o *Just Imagine* enquanto executava esse processo, e, depois de vários minutos de palavras de encorajamento, gritou de repente:

– Ah, não, ah, não, AH, NÃO, *DROGA*!

– O que foi?! – perguntei, alarmada.

– Ah, por um momento pensei que tivesse perdido a âncora – disse Tom, aliviado. – Mas eu a segurei bem a tempo. Não teria sido nada bom.

Tendo em visto que o *Just Imagine* estava agora a mais de duzentos metros da boia, Peter e Kevin tiveram de unir quatro barcos para alcançá-lo. Com isso, naturalmente, haveria três pontos mais frágeis na altura dos nós, e, como precaução, eles ataram um segundo conjunto de cordas ao lado do primeiro. Quando voltaram ao veleiro, vi que estavam receosos com aquele modo de prender o barco pelas duas pontas – as cordas na popa, a âncora na proa. Não é recomendável amarrar um barco dessa maneira, esticado como uma rede de dormir, pois isso o impede de se mover segundo a direção do vento; de fato, embora a ventania tivesse se acalmado e não restasse nada além de uma brisa, o *Just Imagine* começou a balançar de um lado para o outro. Peter e Kevin ficaram parados na popa de braços cruzados, com um olhar perturbado. Eles estavam convencidos de que haveria grandes problemas se o vento aumentasse, mas Tom e Bob, que tinham opiniões firmadas sobre o assunto, se mostraram irredutíveis.

Descemos a escada de madeira até a cabine para ter uma aula de como tudo funcionava. Enquanto percorríamos o interior, Tom, muito entusiasmado, passou bastante tempo nos explicando como as peças de madeira haviam sido confeccionadas, acariciando objetos guardados em cubículos e descrevendo o inventário de comida mofada que havia sobrado da viagem a Seattle. A comida deixada na geladeira quebrada já estava apodrecendo havia mais de uma semana. Eu não via a hora de jogar os embutidos estragados na água para ver quem viria investigá-los.

Tom alisou os painéis de instrumentos, que pareciam saídos de um centro de controle da Nasa. Botões, ponteiros, medidores, chaves e luzes coloridas estavam alinhados na parede ao lado da escotilha. Ele nos mostrou quais botões deveríamos girar e em quais não deveríamos tocar em nenhuma hipótese, quais ponteiros deveriam ser monitorados e quais luzes de alerta poderíamos ignorar. Explicou, em cerca de vinte palavras, o funcionamento do velho sistema elétrico de doze volts, mencionando de passagem que se um alarme ensurdecedor tocasse, como às vezes ocorria, deveríamos desligar tudo imediatamente, chamá-lo e talvez ir para a costa. Peter fazia anotações. Senti-me de repente muito cansada e distraída, captando apenas algumas instruções salpicadas.

Avançando para a proa, Tom abriu uma gaveta de madeira cheia de documentos e mapas, explicando que ali estavam guardados os documentos importantes do *Just Imagine*. Brincando, comentei que era daquilo que precisaríamos quando levássemos o iate para a América do Sul. Tom se virou para mim com uma expressão severa; seu jeito tranquilo havia desaparecido completamente.

– *Eu iria colocar a polícia no seu encalço num piscar de olhos* – disse ele com a voz grave e medida de quem não achou graça nenhuma.

Seguiu-se um silêncio desconfortável, e então, sentindo a tensão, todos rimos, um tanto constrangidos. Tom claramente não tinha achado minha piada engraçada. De qualquer forma, é claro que ele não poderia pensar que eu estava falando sério. Naquele breve momento, notei algo próximo ao pânico nos olhos de Tom. Ali estava ele, explicando os pormenores de seu barco precioso a um grupo de estranhos: como ligar o motor, o que fazer e não fazer com a válvula de propano, como abrir a estante especial, feita a mão, que continha as frutas secas. Depois disso, ele velejaria na direção oposta, deixando-os no comando, tendo ancorado seu bebê numa das regiões marítimas mais perigosas do planeta.

Peter e Kevin levaram Tom, Bob e Brian até o *Flying Fish*, que ainda tinha linhas de pesca esticadas. Fiquei parada no convés do *Just Imagine* e olhei ao redor. A baía do Pescador era uma clássica enseada em forma de U, ladeada em todas as direções por paredes de rochas verticais. A baía era traiçoeira. Parecia protegida do vento, mas, na verdade, era bastante exposta; no passado, embarcações que buscaram abrigo em seu interior jamais conseguiram sair. Na ponta sul do U, num canal estreito, ficava a Plataforma Norte. A boca do canal tinha apenas cinco metros de largura, estreitando-se cada vez mais a partir dali. Para desembarcar, era necessário que o marinheiro entrasse às pressas entre duas ondas, manobrasse até se aproximar da única rocha plana do canal, na esperança de que os passageiros tivessem habilidade para saltar rápido, e então acelerar de volta antes que a próxima série de ondas surgisse. Chegara a haver um guindaste ali também, mas todo o mecanismo fora arrancado da plataforma de concreto por uma tempestade em 1905, e jamais foi reposto. A Plataforma Norte era assim: à primeira vista, parecia benigna, muito mais manejável do que a Plataforma Leste. Não era.

O ponto de ancoragem do *Just Imagine* colocava o veleiro entre o Sugarloaf, a enorme rocha que ficava duzentos metros a oeste, e a ponta da Torre, 150 metros a leste. Ao lado da ponta da Torre estava a ponta Shubrick, ainda maior. Essa região nordeste da ilha era toda dominada pela Irmandade. Eu iria literalmente dormir sobre elas. Antes, ao embarcarmos no veleiro, Peter contou que havia visto Mamãe Copépode – uma fêmea de pelo menos 5,5 metros – se alimentando bem ali onde estávamos ancorados. E Scot observara uma vez o mesmo tubarão arrastar uma carcaça bem em frente à boia da baía do Pescador. Naquele ponto, os elefantes-marinhos eram atacados perto da costa, e a força das águas na boca da baía os arrastava por ali, sem cabeça – eram vítimas enormes, que só uma Irmã poderia fazer. Ron também vivera uma experiência marcante naquela vizinhança. Sua vida estivera por um fio bem ali, onde agora estava a proa do *Just Imagine*.

Na véspera do Natal de 1998, ele estava mergulhando naquele local quando, a alguma distância, viu uma Irmã que "fazia a Cotoco parecer um bebê". Estranhamente, o tubarão não tinha nenhuma cicatriz, era imaculado. Aquela ausência de ferimentos, como os que tatuavam os outros animais, era bastante estranha, e a primeira indicação de que aquela fêmea não era um tubarão normal. Quando ela se aproximou, Ron fez um movimento que, visto em retrospecto, não foi o mais inteligente: nadou na direção dela, rápido, vindo de trás. Essa era uma de suas típicas táticas ofensivas – Ron pensou que iria afugentar o animal. Em vez disso, o tubarão deu meia-volta imediatamente e nadou na direção dele. Era o tubarão "mais rápido, mais louco" que ele já vira. Por sorte, havia algumas rochas ali perto, sob as quais Ron se escondeu por um bom tempo.

Lembrando-me da admiração com que Ron e Scot haviam falado daquele tubarão, que tinham chamado de Sra. Intocada, eu estava ansiosa para ver um desses monstros. "Os tubarões que conseguem ficar tão grandes, esses são *diferentes*", dissera Ron numa voz sussurrada e humilde, e Scot concordara, sóbrio. Aquela aura mística era algo que eu esperava testemunhar pessoalmente, talvez ali mesmo daquele convés. Tendo em vista a localização do veleiro, parecia uma possibilidade razoável.

Peter conduziu o baleeiro de volta até o *Just Imagine*; Kevin partiu no *Tubby*, um bote a remo branco, de oito pés, que transportaria as pessoas da ilha para nossa base flutuante de pesquisa de tubarões. Ele atravessou os quatrocentos metros que separavam o veleiro da Plataforma Norte com umas poucas remadas fortes. *Tubby* era o terceiro integrante da flotilha do Projeto Tubarão e, apesar do tamanho, era uma embarcação importante. Como era feito de plástico, e um plástico não muito robusto, podia ser erguido para as rochas por uma única pessoa e não exigia todo o processo de ser içado e arriado da ilha pelo guindaste. Tendo em vista as restrições ao lançamento de barcos naquela temporada, seria um elemento essencial do projeto. Quando não estivéssemos caçando tubarões nele, o baleeiro ficaria amarrado ao *Just Imagine*.

Peter e Scot haviam escolhido *Tubby* com cuidado, folheando catálogos marítimos em busca do barco a remo mais quadrado que conseguissem encontrar.

– Oito pés estão certamente dentro do alcance deles – admitira Scot. Porém, depois de anos fazendo pesquisas com chamarizes, ele acreditava que um objeto quadrado não seria atacado. No entanto, isso não queria dizer que o barco não seria sequer investigado, o que era suficiente para nos deixar um pouco preocupados com a perspectiva de remar por aquelas águas.

O baleeiro estava amarrado a bombordo do *Just Imagine*, enquanto *Tubby* boiava a estibordo. Era um arranjo desajeitado, e, para evitar que esses barcos tão diferentes se chocassem um com o outro, era necessária uma série de pneus, pendurados como uma obra de arte-reciclagem na lateral do veleiro. O mais assustador era saltar do *Just Imagine* para o *Tubby*, que tinha a estabilidade de um prato descartável e não tinha nenhum corrimão onde nos agarrarmos para amortecer o impacto. Eu temia profundamente a ideia de dar aquele salto, e esperava não ter que fazê-lo. Afinal, a função de *Tubby* seria levar pessoas para a ilha, e eu não iria para lá.

Àquela altura, já passava das quatro da tarde. O sol brilhava no céu vespertino; a água tinha uma cor safira-escura, estava um pouco encrespada e reluzia como diamantes; estávamos na maré alta. Não fazia sentido desembalarmos as compras, já que não poderiam ser refrigeradas, por isso os três decidimos dar uma volta no baleeiro.

Na Cabeça do Índio, jogamos a prancha de surfe na água. Haviam se passado menos de dez segundos quando Peter e Kevin viram, ao mesmo tempo, uma agitação na água perto da prancha, onde surgiu uma barbatana dorsal que a circundou, descrevendo um belo arco. O tubarão fez uma rápida passagem de investigação por baixo do baleeiro e então foi embora. Sequer vi seu corpo.

– Era pequeno – disse Kevin, descartando a possibilidade de marcarem aquele tubarão. Os tubarões maiores e mais velhos tinham prioridade, e as Irmãs estavam no topo da lista.

– É, só um tubarãozinho de 3,5 metros – disse Peter, rindo. – Bom, pelo menos sabemos que eles estão aqui. É um alívio.

O céu ganhou aquele belo brilho do final da tarde. Uma névoa começou a surgir enquanto o sol ainda brilhava, e seus tentáculos envolveram lentamente as ilhas, rodopiando como um líquido. A luz brincava entre os fiapos de neblina, que se moviam e acomodavam em várias camadas segundo a densidade, para depois avançarem e se entrelaçarem de outra forma. E então, em meio à luz do sol coberta pelas nuvens, vimos um arco-íris branco que parecia ter surgido diretamente da sala de efeitos especiais do paraíso. Eu nunca tinha visto nada parecido; Peter explicou que aquela imagem sobrenatural era um efeito luminoso chamado espectro de Brocken. O arco subia como uma miragem etérea sobre a baía de Maintop, formando um forte contraste com as rochas escuras e a água negra abaixo. Conduzindo o baleeiro por baixo do arco, nós o atravessamos, enquanto as aves acima de nós se transformavam em metal na luz prateada. Segundo uma lenda, monges franciscanos acreditavam que qualquer pessoa que tivesse a sorte de ver o espectro de Brocken deveria se atirar imediatamente de um penhasco, pois sua beleza era tão rara e singular que a vida só poderia piorar a partir dali. Olhando para Kevin e Peter, para a névoa que chegava, para os pássaros reluzentes acima de nós e para um par de jubartes que dançavam no horizonte, e sabendo que havia tubarões-brancos abaixo de nós, eu própria quase acreditei no mito.

Capítulo 7

“Bote inflável atacado hoje durante a tarde. O flutuador de estibordo sofreu duas mordidas na posição da popa, que rasgaram a parede, esvaziaram o bote e submergiram o motor. O bote foi visto afundar às 16h.”

Diário das ilhas Farallon, 4 de novembro de 1985

22 A 24 DE SETEMBRO DE 2003

A Corcunda era uma Irmã descomunal com uma corcunda de Quasímodo; Peter a encontrara numa tarde de mar agitado na baía de Mirounga. Ele estava sozinho no baleeiro, filmando um ataque que atraíra uma trupe de membros do Rat Pack. Havia pelo menos três tubarões no local, nadando perto do barco de Peter e se revezando junto à carcaça, mas, de repente, todos desapareceram. Uma grande sombra se formou debaixo do barco, escurecendo a água como se o sol tivesse se escondido atrás de uma grande nuvem. Peter olhou para baixo, intrigado. Havia uma baleia embaixo dele? Por vezes, baleias jubarte e baleias-azuis emergiam à superfície sob barcos de pesca, uma situação da qual ninguém gostava muito. Ele estava pensando se deveria acelerar o barco quando a cabeça do tubarão apareceu, seguindo na direção da carcaça. O tamanho do animal fez o leão-marinho parecer um brinquedinho de banheira. Aquela fêmea tinha uma barbatana dorsal caracteristicamente entalhada, que parecia delicada em comparação com seu corpo desproporcional, e era no mínimo um metro maior que o baleeiro: devia ter algo em torno de 6,5 metros. Peter se sentiu estranhamente amedrontado ao vislumbrar aquele tubarão, embora tenha se forçado a ficar ali e continuar a filmar, percebendo que não teria muitas oportunidades de documentar uma criatura tão extraordinária. No fim das contas, descobriu que "ela era bastante dócil".

Um tubarão-branco tão grande que bloqueava a passagem da luz: eu não conseguia apreender mentalmente essa ideia, e havia sonhado com aquela fêmea na noite anterior. Enquanto o veleiro ondulava na baía do Pescador, eu era transportada ao convés de um navio cargueiro de cor ferruginosa, avançando por águas turbulentas e geladas em algum ponto da costa do Alasca. A superfície estava pontilhada por cristas espumantes, e a cada poucos metros um tubarão-branco erguia a cabeça para fora da água. Havia tubarões por toda parte, o oceano estava repleto deles. Quando a Corcunda passou por mim, todos os sons foram instantaneamente silenciados: o vento parou; os guinchos das aves marinhas e a água agitada se acalmaram. Peter e Scot também estavam no cargueiro, mas eu era a única com um roupão salva-vidas impermeável, como se esperasse me lançar ao mar em algum momento. As águas desse sonho eram ainda mais assustadoras que as das Farallones. Junto aos tubarões havia uma enorme quantidade de habitantes desconhecidos do oceano profundo, tipicamente invisíveis. Ao lado do cargueiro, consegui distinguir um peixe-bruxa, uma criatura primitiva com cinco corações e sem olhos, que penetra o interior dos peixes e os devora por dentro, e um cardume de pais-velhos, com dentes semelhantes a furadores de gelo. Havia um esturjão albino com olhos rubi, além de um peixe-víbora bioluminescente que brilhava como fogo. Enormes águas-vivas flutuavam entre eles, arrastando tentáculos tóxicos. Enquanto observávamos tudo aquilo do convés do cargueiro, a Corcunda passou por nós como um fantasma, orbitando-nos como uma lua desgarrada.

Quando acordei, precisei de um ou dois segundos para entender onde eu estava. Não estava acostumada a dormir num colchonete verde-lima de 45 centímetros de largura. O *Just Imagine* tinha uma cabine de capitão bastante impressionante, com uma cama de casal e um colchão de verdade, mas o ar sob a proa estava rançoso e a claraboia estava fechada com vários parafusos e porcas, e Tom nos avisara que ela tendia a cair sobre os dedos de qualquer pessoa que tentasse forçar a abertura. Por isso, escolhi a cabine mais próxima à escotilha, onde a brisa do oceano soprava durante toda a noite. Na verdade, o lugar onde eu estava dormindo não passava de uma prateleira, situada no mesmo compartimento em que ficava o relevo da mulher nua. A cama tinha uma treliça de correias grossas na lateral, para me segurar se fosse preciso. Provavelmente seria. Eu já percebera que uma cama como aquela não iria me ninar suavemente até que eu caísse no sono – em vez disso, eu era sacudida com força. E isso porque a água estivera bastante calma na última noite.

A baía do Pescador cintilava sob a luz do sol, e a superfície estava imóvel, sem vento nenhum. Os ruídos dos animais ecoavam das rochas. Havia elefantes-marinhos, leões-marinhos-da-califórnia, focas e leões-marinhos-de-steller brincando nas sombras e pigarreando, acompanhados de um coro de gritos de aves. Biguás e airos dividiam espaço no Sugarloaf com esquadrões de pelicanos-pardos, que patrulhavam a baía em busca de peixes. Eu morria de rir com os pelicanos. Com aquele corpo desajeitado e o bico longo, de aparência pré-histórica, pareciam ter saído de um desenho dos *Flintstones*. Quando em terra, davam a impressão de que iriam voar com a graça de uma bigorna. Porém, ao decolarem, sua enorme envergadura os lançava para o ar sem esforço, e, ao detectarem uma possível refeição, eles dobravam as asas e se transformavam em torpedos, furando a água e depois se lançando outra vez para o céu.

Passei uma hora observando a cena com meu binóculo. Os leões-marinhos pareciam constituir a maior parte da população da baía. Eles perambulavam pela Plataforma Norte e por vezes se arrastavam pela velha escada de pedra, uma relíquia do tempo dos oveiros, que levava diretamente para o mar. Eram incrivelmente ágeis. Conseguiam escalar uma ladeira íngreme com velocidade surpreendente, dando então meia-volta e saltando como mergulhadores. Eles viajavam em grupo, cortando a água como golfinhos e realizando manobras evasivas nas águas mais próximas à ilha, uma área chamada por aqui de "zona de perigo". Os elefantes-marinhos tinham mais talento para ficar esparramados nas rochas do que para qualquer tipo de acrobacia, e chegavam à ilha sozinhos, por isso eram abocanhados com tanta frequência pelos tubarões. Eles lembravam grandes lesmas de jardim, a não ser pelos belos olhos redondos. As focas, esbeltas e pintadas, pareciam brinquedos de piscina infláveis, e a baía do Pescador era seu principal ponto de concentração na ilha. Os leões-marinhos-de-steller, que estavam presentes em pequena quantidade nesse local, eram animais grandalhões e carnudos com os quais não era aconselhável mexer, embora os tubarões o fizessem de vez em quando. Um enorme leão-marinho-de-steller perambulava orgulhoso perto da Teta; seu tamanho, pensei, amedrontaria até mesmo uma Irmã.

Voltei para a cabine para preparar um café, mas desisti depois de três tentativas frustradas de acender o fogão, lembrando-me do aviso de Tom sobre o uso excessivo de propano num espaço fechado. Minhas coisas estavam todas espalhadas pelo barco; decidi tentar organizá-las. Eu havia pensado muito bem sobre os equipamentos e as roupas que levaria. No passado, sempre que eu visitara as Farallones havia esquecido no mínimo um item fundamental, geralmente alguma coisa óbvia como um saco de dormir, uma jaqueta impermeável ou óculos escuros polarizados. Dessa vez, eu passara horas ao computador navegando no site REI.com, tentando prever qualquer eventualidade que pudesse ocorrer durante a temporada de tubarões. Eu precisaria de algum tipo de repelente? Não. Um fogareiro para camping? Esperava que não, pois eu sempre tivera medo desses fogareiros, achava que poderiam me mutilar; era uma explosão prestes a ser libertada da lata. Meias antimicrobianas? Luvas sem pontas nos dedos? Fio dental de Gore-Tex?

Uma das coisas mais inúteis da minha bagagem era um Therm-a-Rest ultraluxo. Como qualquer campista deve saber, o Therm-a-Rest é um retângulo de náilon inflável que serve como isolante entre o corpo e o chão duro e úmido. Em sua forma genérica, esses colchonetes são simples e baratos, custando entre trinta e quarenta dólares. Entretanto, como era de esperar, a empresa decidiu inventar alguns modelos mais caros porque... por que não? Fiquei fascinada com o modelo DreamTime, de 199 dólares. Era idêntico a todos os outros Therm-a-Rest, mas era tão grosso que podia ser praticamente considerado um colchão, e trazia a promessa de um "conforto hedonista". Portanto, quem ligava se o DreamTime era tão grande que precisava ser embarcado como bagagem de grandes dimensões? Imaginei que aquele colchão seria ideal para as noites em que eu decidisse dormir sob as estrelas no convés do *Just Imagine*. Mas isso foi antes de me dar conta de que Guiles não estava brincando quando falara das moscas de kelp.

As moscas estavam com tudo nessa época do ano, eram uma verdadeira praga, rastejavam pelas pernas das calças e desciam pela gola da camisa, irritando-nos incessantemente sempre que estávamos ao ar livre. E elas não são o mais limpo dos insetos – seu hábitat preferencial é o interior do ânus das focas. As moscas de ânus passam o tempo de uma dessas três maneiras: atormentando-nos, atormentando as pobres focas, que tem de abrigá-las num lugar tão pouco hospitaleiro, ou copulando despreocupadas em enormes orgias de moscas. Esta manhã, eu contara uma pilha vertical de treze moscas. Os enxames certamente desencorajavam a ideia de dormir ao ar livre. Com dificuldade, enfiei o DreamTime num armário.

Da mesma forma, eu estava começando a ter dúvidas sobre outra das minhas compras.

Depois da minha estranha experiência com a presença que comprimira meu peito na casa, imaginei que um tabuleiro Ouija talvez apresentasse bastante atividade nas Farallones. Na pior das hipóteses, serviria como um passatempo durante a noite. Saí para comprar um. Infelizmente, o modelo contemporâneo não passa de uma imitação plástica do original, e não parecia certo trazer um tabuleiro Ouija fajuto a um lugar que tem tanto orgulho de suas histórias de fantasma. Os espíritos certamente se relacionariam melhor com algo mais autêntico, não é mesmo? Abri o Google e procurei "tabuleiros Ouija antigos", e fui encaminhada a vários sites de bruxaria enfeitados com imagens de demônios, pentagramas e runas gotejando sangue. Um deles trazia uma música sombria tocada ao piano, bastante perturbadora. Apesar de tudo, decidi gastar 160 dólares num tabuleiro de madeira feito a mão.

Quando o tabuleiro chegou, fiquei surpresa ao ver que tinha o tamanho e o peso de uma lajota. Trazia um aviso: "SE, A QUALQUER MOMENTO

DURANTE O USO, você se sentir com frio ou ameaçado, é recomendável parar imediatamente. Esses são os sinais de um espírito maligno! De modo geral, este jogo NÃO é completamente seguro. NÃO seja louco de usar este tabuleiro num cemitério!"

Depois do trabalho de arrastar o tabuleiro até aqui, já não queria usá-lo. Enfiei-o na bolsa de viagem.

Meu rádio tocou com um som especial que indicava que Peter estava me chamando. Todos na ilha usávamos walkie-talkies Motorola o tempo inteiro; uma das primeiras coisas que Peter fez quando cheguei foi separar um rádio para mim. Os aparelhos serviam como um sistema de comunicação e de segurança (numa emergência, gritar por socorro seria inútil em meio a tanto vento). Ele e Kevin tinham terminado de programar os marcadores e estavam a caminho do veleiro. Eu havia visto os marcadores na noite anterior. Pareciam pequenos microfones de caraoquê, só que mais finos. Numa das pontas havia um gancho de metal que ficaria preso ao tubarão, de preferência abaixo da barbatana dorsal. Na outra ponta havia uma boia preta e redonda. O efeito geral lembrava um brinco-candelabro, e o marcador ondulava suavemente ao lado do animal enquanto este nadava. Kevin prendera os marcadores a longos arpões usando fitas elásticas grossas.

No meio da tarde, durante a maré alta, estávamos todos na água, com Brown a postos no Sharkwatch. Um pouco antes, quando estávamos no convés do *Just Imagine* transferindo equipamentos para o baleeiro, Ron passara por lá. Ele pretendia fazer seu primeiro mergulho da temporada naquela mesma semana, e passara para checar as condições. Ficara parado ao nosso lado no *GW* e erguera uma sobrancelha, desconfiado, ao ver nossa ancoragem.

– Que tipo de âncora vocês têm aí? – perguntara.

Eu era a única que havia visto a âncora de perto; não tinha a menor ideia de que tipo de âncora era aquela, mas a descrevi como um objeto com formato entrelaçado.

– Pelo visto é uma Danforth – dissera Ron, insatisfeito. – Totalmente errada para este lugar aqui. – Ron nos contara que a ilha era um cemitério de âncoras. – Eu vejo âncoras o tempo todo no fundo. Elas ficam completamente entortadas.

Voltamos à Cabeça do Índio, onde havíamos tido um êxito imediato no dia anterior. A água estava muito viva, avermelhada devido à presença de krill e repleta de peixes e aves. Os krills são minúsculos crustáceos cor-de-rosa – parecem um coquetel de camarões liliputianos.

– Estes aqui são grandes – disse Kevin, olhando pela lateral. – São bem maiores que o habitual.

E onde há krill, há baleias. Um pouco mais a oeste, jubartes emergiram na superfície e jorraram água.

Peter abriu o porta-luvas do barco e tirou um radinho de pilha, que prendeu ao corrimão. O San Francisco Giants estava jogando contra o Houston Astros nas finais da Liga de Beisebol, um evento que ficava um pouco acima do surfe na hierarquia de lazeres de Peter. E ele não era o único fã de beisebol na ilha; todos os ornitologistas eram fanáticos pelo esporte. Ontem, Peter e Brown (que é torcedor roxo do Red Sox) tinham passado bastante tempo ouvindo rádio e discutindo as qualidades de Barry Bonds em comparação com Pedro Martinez, com o mesmo detalhamento que usavam para identificar um papa-figo ou uma carreirola. Talvez tudo se resumisse a um amor por observar objetos pequenos voando pelo céu.

Peter girou o botão do rádio até que os sons de um comentarista esportivo e de uma multidão ensandecida rugissem a todo o volume. Ele apanhou uma vara de pescar e se pôs a desemaranhar a linha que estava presa à prancha de surfe.

– Escutar um jogo de beisebol e observar tubarões. Existe algo melhor do que isso?

Enquanto esperávamos pelo aviso de algum ataque, passeamos sob o sol, arrastando o chamariz. A prancha atraiu alguma curiosidade, alguns tubarões passaram por ela, mas nada sério: nenhum deles a mordeu, nem sequer se chocou contra ela. O movimento mais extremo foi um leve golpe com a cauda. O mero fato de que eles *estavam* por ali, ainda que invisíveis, porém como uma possibilidade, já me deixava entusiasmada. No entanto, essa nova atitude de "tudo ou nada" dos tubarões estava incomodando Peter. Aquilo corroborava a teoria de Scot de que o uso constante de chamarizes pelos mergulhadores em gaiolas estava dessensibilizando os animais e que, no futuro, os chamarizes talvez simplesmente já não funcionariam. A falta de interesse dos tubarões era ainda mais incomum por estarmos no início da temporada, quando poucos deles já haviam conseguido matar uma foca ou um elefante-marinho. A maré alta veio e se foi sem nenhum ataque.

Com o passar das horas, mais de uma dúzia de barcos de pesca começou a se reunir na Plataforma Leste; parecia uma pequena cidade itinerante. Era a frota de pesca de lulas de Monterey. Já havíamos visto aqueles barcos no dia anterior. Eles trabalhavam a noite inteira, acendendo lâmpadas potentes que atraíam as lulas para os barcos, capturando-as então com redes de cerco. Infelizmente, as luzes também atraíam aves marinhas noturnas, que voavam na direção delas e acabavam sendo capturadas pelas gaivotas.

Por estranho que pareça, a pesca comercial de lulas era legal dentro do Santuário Marinho, mas traumatizar a população de aves na reserva natural não era. As duas jurisdições se sobrepunham nesse local. Peter já recebera um e-mail do Serviço de Peixes e Animais Selvagens pedindo-lhe que ficasse de olho na frota de pesca de lulas.

Peter pilotou o baleeiro em meio à gangue de embarcações. A maior parte dos barcos tinha mais de sessenta pés, o mesmo tamanho do *Just Imagine*, mas eram mais pesados. Alguns já haviam pescado lulas e estavam recolhendo suas redes. Essas águas eram habitadas pela espécie *Loligo opalescens*, um invertebrado de vinte centímetros de comprimento com a forma de um foguete de brinquedo, cor leitosa e olhos do tamanho de moedas de cinco centavos que enxergam duas vezes melhor que os olhos humanos. Ao contrário do que se acredita, explicou-me Kevin, as lulas são ardilosas e inteligentes – estão entre as criaturas mais espertas do oceano. Além disso, estão entre os animais mais atléticos – viajam pela água por propulsão a jato, deixando os peixes para trás. Para acasalar, gostam de orgias. Acredita-se que elas se comuniquem umas com as outras usando uma linguagem própria de cores, formas e luminescência; conseguem ficar instantaneamente pintadas, listradas, escuras como tinta ou assumir uma cor perolada brilhante, atraindo assim outras criaturas em sua direção ou iludindo predadores. Os cientistas descobriram que as lulas tomam decisões rápidas e complexas, reagindo a diferentes situações no momento em que surgem. Por exemplo, quando percebem que estão aprisionadas, entram em pânico e nadam para longe da rede.

Fomos costurando por entre aquela manada de barcos na esperança de trocar uma caixa de cervejas por algumas lulas frescas. Ao nos aproximarmos do primeiro barco, vimos que havia um leão-marinho preso na rede, vítima de captura acidental. O animal lutava freneticamente ao ser erguido para fora da água. Uma equipe de pescadores vestidos em macacões fluorescentes se alinhou na lateral do barco; pareciam constrangidos. Suas únicas opções seriam cortar as redes para que o leão-marinho pudesse escapar ou atirar no animal, e eles certamente não iriam cortar as redes. Nossa presença os deixou visivelmente nervosos – numa reserva natural, quem está prestes a matar um animal marinho como quem executa um prisioneiro não quer ter muitos espectadores por perto. Eles puxaram as redes para longe de nós, para que não víssemos o que estavam fazendo. Em vez de ficar olhando feito bobos, fomos embora dali.

Um barco preto e encardido que ocupava o território da Cotoco concordou em nos dar algumas lulas, mas o capitão pareceu surpreso com nosso pedido. Eles adotavam a lei seca naquele barco, explicou ele, por isso não queriam a cerveja. Kevin se esticou para lhe passar um balde e, ao fazê-lo, deparou-se com uma cabeça recém-cortada de mako. Apanhamos o balde de lulas e saímos dali, voltando ao *Just Imagine* com o pôr do sol.

Na cozinha do veleiro, Peter fritou a lula com um pouco de alho. A pesca de hoje não tinha o mesmo gosto dos calamares leves e macios que comemos em bons restaurantes de frutos do mar. A nossa lula, quando cozida, ganhou uma cor roxa nada apetitosa, nadando numa piscina viscosa de sua própria gordura. Era repulsivo, como comer um pedaço de capacho de borracha.

– Talvez a gente não tenha preparado direito – disse Peter.

Senti uma dor de barriga se aproximar, e lavei a louça me dobrando de dor.

De repente, senti um cheiro realmente fétido vindo do banheiro. Abri a porta. Litros de um líquido vermelho turvo borbulhavam no chuveiro, brotando pelo ralo. O odor era uma mistura de esgoto e gasolina, mas tinha o aspecto de sangue aguado, com pedaços de alguma coisa boiando na superfície.

– Acho que a parte vermelha talvez seja o óleo diesel – disse Peter, franzindo a cara. – Os outros pedaços, não sei.

Para nos livrarmos do líquido alienígena foi preciso abrir o "baú do mar", um armário que continha o encanamento. Deixando de lado a razão que fizera o óleo diesel brotar pelo chuveiro, Peter apanhou uma chave-inglesa, girou um par de roscas e bombeou várias alavancas, seguindo as instruções de Tom. A gororoba vermelha escoou devagar pelo ralo, seguindo dali para o inferno, ou para onde quer que fosse. Eu não estava nem aí, desde que desaparecesse.

No dia seguinte, quando estava sentada no convés na popa do *Just Imagine* catando moscas esmagadas no meu cabelo, Peter anunciou que queria me ensinar a pilotar o barco de pesquisa de tubarões. Parei de catar os insetos e olhei para ele. Peter explicou então que, durante a semana entre a partida de Kevin e a chegada de Scot, haveria momentos em que eu precisaria pilotar o baleeiro sozinha, possivelmente até debaixo de tempestades. Eu talvez tivesse que trazê-lo para junto do *Just Imagine* depois de, por exemplo, deixar Peter na Plataforma Norte. Talvez tivesse que manobrar o barco durante um ataque de tubarão para que Peter pudesse instalar um marcador ou filmar o tubarão para identificá-lo. Talvez tivesse que resgatar alguém que se visse em apuros no *Tubby*. Talvez, quando não houvesse mais ninguém por perto, tivesse que lidar com alguma emergência marítima inesperada.

Até aquele momento, confesso, eu havia me esquivado de qualquer questão técnica, com a certeza de que, independentemente da tarefa, eu seria a pessoa menos qualificada a fazê-la. Mas agora Peter estava essencialmente me dizendo que eu não poderia pensar daquela forma. Por vezes, estaríamos só os dois trabalhando em nossa flotilha de pesquisa de tubarões, e eu precisava ser habilidosa e confiável nas questões náuticas.

É claro que a ideia fazia sentido, mas fiquei aterrorizada. Ainda que, na verdade, eu soubesse pilotar um barco. Mais ou menos. Na minha infância, minha família tinha uma cabana de verão junto a um lago canadense, e, antes da construção de uma estrada na região, a única maneira de chegar à cabana era pela água. Meu pai sempre tivera lancha; hoje em dia, era uma Sea Ray de vinte pés. Ao longo dos anos, aprendi técnicas básicas de pilotagem, mas nunca tive muita facilidade para o assunto: nunca conseguia me lembrar, por exemplo, de que lado do canal as boias vermelhas deveriam ficar. E não conseguia pilotar um barco em marcha a ré, mesmo depois de uma década de tentativas. Na minha conturbada história de pilotagem havia hélices estraçalhadas, contrapinos partidos, motores enguiçados e encontros nada sutis com atracadouros, além de, numa ocasião, ter até havido uma explosão.

Tentei me imaginar atracando o baleeiro junto ao *Just Imagine* sozinha – colocá-lo na posição certa, calcular o vento e as ondas, passar o barco à marcha a ré por um instante e depois ao ponto morto e então desligar o motor, em movimentos precisos como um tango. Depois disso, saltar os dois metros que separavam o baleeiro do *Just Imagine* com as cordas de proa e popa na mão, atando um belo lais de guia seguido por um nó simples nas duas extremidades do baleeiro com a tensão exata (eu já vira Peter e Kevin fazerem isso muitas vezes). Mas a única imagem que me vinha à cabeça era a de ser esmagada entre os dois barcos em movimento, sem ter como escapar pelo alto e com a Irmandade abaixo de mim. Lembrei-me de Tony Badger me dizendo com ar severo, "se você cair pela lateral, mesmo em boas condições, a sua probabilidade de sair é igual a zero. ZERO". Ele fez um círculo juntando o polegar e o indicador, caso eu não tivesse entendido. "Eu sei que parece doido, mas as pessoas morrem ao lado de barcos o tempo todo", explicou.

Enquanto Peter descrevia o programa do meu curso de pilotagem – "Você vai começar agora mesmo!" –, vi Kevin cruzar a baía do Pescador a remo. Quando chegou, saltou despreocupado do bote oscilante, atravessou em passos largos o lado danificado do *Just Imagine* e prendeu *Tubby* com um par de nós, sem nenhum esforço. Ele entendia de barcos. Mas não só de barcos; sempre que alguém precisava de uma ferramenta para qualquer coisa – cortar um pedaço de corda, pescar com arpão, desentortar um anzol, fazer uma cirurgia cardíaca –, Kevin simplesmente a puxava de um bolso e resolvia o problema na hora. Ele trazia uma loja de ferragens consigo.

Notei que a possibilidade de estar ao lado de pessoas com essas elegantes técnicas de sobrevivência era uma das coisas que tinham me levado às Farallones. Estávamos num oásis de competência em meio a um mundo precário; um refúgio limpo e ordenado num lugar onde as coisas geralmente estavam comprometidas e tortas. Scot, Peter, Ron e agora Kevin – eu olhava para eles e via que funcionavam de uma forma diferente. Ditada pela necessidade: bastava um vacilo por aqui para que o lugar nos cuspisse feito uma semente de melancia esmagada entre dedos escorregadios. As Farallones eram especialistas na expulsão impiedosa de qualquer pessoa que não tivesse o equilíbrio perfeito entre dois ingredientes essenciais: humildade e competência. Eu esperava ainda ter tempo para conseguir acertar essa mistura.

Mais tarde naquele dia, tive a chance de observar outro caso de competência extrema muito de perto quando encontrei Ron na baía de Mirounga. Desde nosso primeiro encontro, dois anos antes, tínhamos conversado demoradamente várias vezes, e a cada conversa eu ficava ainda mais intrigada com Ron; nunca tinha conhecido ninguém como ele. Ron possuía uma clareza mental rara de se ver. Não adicionava nem subtraía emoções que não precisassem estar ali, não se irritava nem exagerava, não fazia suposições. E esse equilíbrio se mostrou ainda mais impressionante quando eu soube que ele já escapara de muitos apertos por um triz – na água, com os tubarões, e na vida.

– Eu testei todos os limites – confessara Ron. Quando mais novo, no sul da Califórnia, ele experimentara drogas, passara maus bocados e tivera problemas com a lei. Um programa de doze passos o ajudara a retomar o rumo na vida, e o mergulho foi sua salvação.

E agora que as coisas estavam em ordem, ele se mantinha assim. Só restava um problema, que não tinha uma solução simples. Em algum momento durante o tempo em que usara drogas, Ron contraíra hepatite C. Embora não exista atualmente cura para a doença, ele a encarou de frente – bem no seu estilo – e fez tudo o que pôde para controlar seus efeitos debilitantes. Inesperadamente, acabou por se converter a uma vida holística, buscando tratamentos alternativos que iam da homeopatia ao *biofeedback* ou à ingestão de células de fígado bovino obtidas na França. Havia muito pouca comida processada, pesticidas, *lixo* na dieta de Ron. Até sua cadela Alice, um labrador cor de chocolate, comia comida orgânica; sua ração especial, uma mistura de casca de ovo, vitaminas e hambúrguer orgânico fresco, era preparada a mão por duas mulheres de Petaluma e ocupava a maior parte do congelador de Ron.

Em termos de saúde, a situação de Ron ia bastante bem, dentro do que se poderia esperar; alguns dias eram melhores que outros, mas às vezes ele sentia os sintomas o invadirem. Sua perspectiva de continuar mergulhando não se estendia indefinidamente, mas ele era otimista:

– Tipo, eu faço o melhor que posso para seguir em frente. Nada mais.

Quando Ron passara pela ilha alguns dias antes, eu perguntara se poderia ficar algumas horas no *GW* enquanto ele mergulhava.

– Sempre que quiser – respondera ele.

A coleta de ouriços dependia inteiramente do tempo, e ele só fazia a viagem quando o mercado a justificasse. O preço do ouriço tinha caído nos últimos tempos, e ele reduzira o número de visitas às Farallones. Hoje, porém, estava ancorado no meio do Beco do Tubarão com sua boia de sinalização laranja-neon, e, quando Peter me levou até lá, subi a bordo com facilidade. Ron havia customizado seu barco de modo que a popa ficasse mais próxima à água, facilitando a entrada e a saída, uma preocupação válida para quem trabalha sozinho no meio do oceano. Ele estava no convés limpando partes de sua roupa de neoprene num balde plástico. Peter comentou que não havia muitos ataques, e especulou que a captura incidental de leões-marinhos pelos pesqueiros de lulas talvez servisse como uma refeição grátis para os tubarões.

– Quer dizer que eles estão embrulhando leões-marinhos? – perguntou Ron num tom seco. – Que surpresa.

Fiquei sentada no convés de alumínio do *GW* enquanto Ron se equipava. Aquele era um barco de mergulho minimalista: não havia coisas jogadas, não havia cordas emaranhadas, não havia nada batendo ou rolando pelos nossos pés. Ron vestiu joelheiras e cotoveleiras, botas pesadas de neoprene, luvas longas de tamanho industrial e um capuz que só não lhe cobria o centro do rosto. Era tão apertado que suas bochechas ficavam amassadas.

– Melhor que usar terno e gravata – disse Ron, sorrindo. Mas então ficou sério. – Vamos ver se a coisa esquenta hoje.

– Na superfície? – perguntei, pensando que ele falava da frota de pesqueiros.

– Não, no fundo. Às vezes, quando os tubarões não estão na superfície, estão bastante ocupados lá embaixo.

Perdi Ron de vista assim que ele mergulhou pela lateral; no instante em que entrou na água, encolheu-se debaixo do barco. Fazia aquilo sempre que subia ou descia, de modo a não se apresentar como uma silhueta tentadora na superfície. Era uma inovação inteligente que ele mesmo bolara. Ron descrevera os velhos tempos, selvagens, quando havia muitos coletores de ouriços por ali, uma época em que ninguém, nem mesmo Ron, tinha muito respeito pelos tubarões:

– A gente nadava pela superfície o tempo todo. Era uma atitude do tipo "manda ver".

O resultado desse comportamento era bastante evidente: agora Ron estava sozinho por ali, e tinha criado suas próprias regras, feitas sob medida para mantê-lo vivo.

– Pensei que, se fizesse as coisas de um jeito diferente, talvez pudesse diminuir a chance de algo acontecer.

O compressor de ar rosnou e o tubo de ar amarelo ligado a ele serpenteou por vinte metros, desaparecendo na escuridão. Ron mergulhava com um cordão umbilical em vez de usar cilindros de oxigênio, mantendo-se ligado ao barco pelo tubo. Observei o engenho, lembrando-me da história que ele me contara de um tubarão que ficara enroscado no tubo. Ron estava no fundo coletando ouriços quando sentiu um puxão, que podia ser a correnteza. De repente, foi arrastado cerca de um metro para cima. Erguendo a cabeça, viu um tubarão bem acima dele, com o tubo de ar preso entre a barbatana dorsal e a caudal. O animal estava se debatendo para se libertar, sacudindo Ron feito um ioiô. Por fim, depois do que deve ter parecido muito tempo, o animal se desenroscou e foi embora.

Apoiei-me na lateral do *GW* até quase encostar o nariz na água, mas a superfície estava plana e inescrutável, escondendo o universo paralelo que havia abaixo com a mesma eficácia de um espelho semitransparente. Tudo parecia tranquilo por ora. O rádio emitia sons de interferência e o sonar apitava. Antes, Ron explicara que os peixes menores não apareciam naquele sonar, mas os tubarões eram grandes o suficiente para serem registrados como traços vermelhos de aparência feroz. Observei a tela por algum tempo e não vi nada. O tubo estava pendurado da popa e não fazia nenhum movimento súbito, apenas se movia devagar em diferentes direções enquanto Ron se mexia pelo fundo.

No entanto, quem passar bastante tempo perto de tubarões-brancos logo vai aprender que uma situação calma pode sair do controle num instante. De fato, Scot vivera sua pior experiência com um tubarão em condições exatamente iguais àquelas. Ele descrevera o incidente durante a minha primeira visita, e fiquei impressionada ao ver como, muitos anos depois, ele ainda falava do assunto com um tom humilde.

Naquela ocasião, a água estava escura, "plana como um espelho e num silêncio mortal". Ele rebocava a prancha de surfe por ali, mas não encontrou nada. Nenhum tubarão, nem sequer uma agitação na água. Depois de uma hora, Scot decidiu recolher a prancha. Estava inclinado na borda, abaixando-se para apanhá-la, quando o tubarão a acertou, surgindo num ângulo de cinquenta graus por baixo do barco. Ouviu-se um estalido assustador, e a prancha voou pelo ar enquanto 1.300 quilos de tubarão brotavam na superfície a quinze centímetros da mão de Scot. O som foi o que mais o abalou, como uma pistola disparando em seu ouvido. Scot ficou imóvel por alguns instantes. Precisou de um tempo para se recompor.

Depois disso, foi adotado um novo protocolo para o recolhimento de pranchas: nenhuma parte do corpo poderia ser projetada acima da água. Relembrando o incidente, afastei-me da lateral do *GW*.

Uma hora depois, vi uma agitação de bolhas, e, de repente, Ron surgiu de novo no convés. Tirou a máscara e soltou o cinto de lastro de quinze quilos.

– Ahhh, tem tanto krill lá embaixo – disse Ron, tirando a água do corpo. – Tanta coisa nadando na nossa cara. – Ron fez gestos de quem está afastando bichos.

– Viu algum tubarão? – tive de perguntar.

– Não, não vi nada. Com tanto krill, parece que estamos dentro de um armário fechado. Mas isso não quer dizer que eles não estejam por aí.

Ron começou a puxar suas bolsas de ouriços para o barco, três enormes sacos de tela de náilon contendo cada um mais de trezentos quilos daqueles animais.

Peter e Kevin voltaram, amarraram o baleeiro e embarcaram no *GW*. Kevin perguntou como estavam os ouriços. Fantásticos, ao que parecia. As ovas estavam gordas, com uma cor laranja-amarelada vívida. Ron perguntou se queríamos provar um. Parecia uma boa hora para lanchar um ouriço; os de Ron tinham uma qualidade tão boa que os chefs de sushi de Tóquio iriam brigar por eles na manhã seguinte, quando o mercado de peixes abrisse.

Assim como as ostras, os ouriços são cobiçados segundo uma combinação de tamanho, sabor e estética. Ron explicou que os japoneses, que compravam a maior parte da pesca da Califórnia, gostavam dos ouriços bem daquele jeito: simetricamente circulares e com menos de dez centímetros de diâmetro, o menor tamanho legalmente permitido. Ron era muito seletivo com o que apanhava, e, tendo em vista que era o único mergulhador por ali, seus ouriços eram únicos – eram o equivalente a trufas. Mesmo assim, a concorrência era forte.

– A China e a Rússia começaram a vender ouriços para o Japão – disse Ron. – É difícil concorrer com esses caras. Ainda que o produto deles seja de qualidade inferior.

Ron depositou um ouriço no convés. Tinha uma cor intensa, vermelho-sangue, e ondulava suas dezenas de patas como um inseto colocado de costas no chão. As patas, que talvez fossem braços, tinham a forma de espetinhos de churrasco. Usando uma ferramenta que parecia um abridor de latas, Ron o rachou ao meio. Poderíamos pensar que o animal morreria com isso, mas os espinhos continuaram a se mexer sem nenhuma alteração. Dentro da casca havia uma geleia marrom e grãozinhos amarelos com a consistência de pudim. Aquelas eram as gônadas, que recebiam o nome mais palatável de "ovas". Tanto os machos como as fêmeas têm ovas; os ouriços são hermafroditas. Ron segurou um pedaço na ponta da faca. As gônadas tinham um sabor fresco e salgado como o mar.

Fiquei surpresa em saber que os ouriços caminhavam pelo fundo do oceano. Eu presumira que eles se mantinham fixos, como as cracas. Na verdade, a atividade lá embaixo é muito mais intensa do que imaginamos. Até as anêmonas, que parecem flores coloridas ou corais ondulantes, possuem inteligência; Ron disse que elas muitas vezes se esticavam e tocavam na parte do seu rosto que não estava coberta pela máscara, discernindo, de alguma forma, que a pele era mais vulnerável que a borracha. Geralmente não pensamos que a paisagem possa ter livre-arbítrio, intenção carnívora e um plano, mas Ron vira uma vez uma anêmona-do-mar ingerir um airo vivo inteiro, uma ave do tamanho de um pequeno pato-do-mato. Esse não pode ter sido um acontecimento acidental.

O rádio apitou.

– Peter, está na escuta? – era Nat.

– Prossiga.

– Tem um ataque na Cabeça do Índio. Uma carcaça boiando.

Passamos às pressas ao baleeiro, enquanto Ron começava a se livrar do equipamento e a se preparar para a viagem de duas horas à baía de Bodega, onde teria uma lucrativa reunião com seu processador de ouriços.

O elefante-marinho, que devia ter cerca de um ano de idade, flutuava sem cabeça na ponta oeste da ilha, quase no mesmo lugar onde tínhamos deixado a prancha de surfe na primeira noite. Uma mancha de sangue escura ondulava em volta do corpo. Passaram-se alguns segundos, e então o tubarão surgiu; uma barbatana dorsal passou ao lado da nossa popa. A cabeça se ergueu da água e, com bastante serenidade, começou a arrancar pedaços de carne do elefante-marinho. Peter filmou a cena com a câmera submersa, virando-se de tempos em tempos para posicionar melhor o baleeiro; Kevin ficou a postos com um marcador, e eu me ocupei de filmar o vídeo ali do convés, minha mais nova responsabilidade. Tive dificuldade com a tampa da lente e com o botão para ligar a câmera, até que, por fim, consegui apontar a câmera para o animal. O ataque foi perfeitamente calmo, e nenhum outro tubarão apareceu, o que era incomum nas águas do Rat Pack.

– Você não vai ver ataques mais tranquilos que este – disse Peter, com um ar quase entediado. Estávamos bem ao lado do tubarão, poderíamos afagá-lo se quiséssemos, embora não fosse uma boa ideia. Vi três arranhões brancos na cabeça do animal, um furo preto de quase cinco centímetros de diâmetro e a linha onde sua barriga branca encontrava a capa negra de cima; também vi o sangue do elefante-marinho correr entre os dentes do tubarão. Pude olhar diretamente nos olhos do animal, embora não saiba dizer ao certo o que encontrei ali. Um foco absoluto, talvez. O tubarão não se incomodou com a nossa presença até depois da refeição, quando começou a circundar o baleeiro, dando uma mordida investigativa na hélice. Kevin se esticou com o arpão e o marcou com facilidade. A inserção fez um ruído forte, mas o tubarão mal reagiu. Era um animal de 4,5 metros, provavelmente macho, e novo. Peter não o conhecia.

Não era fácil observar o tamanho, o sexo, as marcas características e o comportamento individual do tubarão enquanto ele nadava em volta do barco naquela água escura, mas era importante ter certeza de que o animal que estava prestes a ser marcado *já* não estava usando um marcador rastreado por satélite, a menos que quiséssemos ver 3.500 dólares escorrerem pelo ralo. Isso quase ocorrera um par de vezes no passado. Havia outros programas de pesquisa marcando tubarões-brancos em outros lugares, como na ilha de Guadalupe, no sul da Califórnia, ou na ilha Año Nuevo, perto da ponta sul do Triângulo Vermelho, e era possível que um daqueles marcadores aparecesse por aqui. Alguns tubarões tinham velhos transmissores instalados em estudos anteriores ainda presos ao corpo, acompanhados de parafernálias diversas. Um membro pequeno e inexperiente do Rat Pack que adorava vir investigar o barco carregava tanto equipamento nas costas que passou a ser conhecido como Radio-Shack, em referência à loja de eletro-eletrônicos.

O tubarão solitário desapareceu trinta minutos depois, ninguém veio aproveitar as sobras, e nós aceleramos o baleeiro de volta à nave-mãe. Eu estava pilotando. E estava começando a pegar a mão, ainda que, algumas vezes, pensasse ter engatado o ponto morto quando na verdade estava na marcha a ré. Era o final de um dia com um único ataque, e o pôr do sol se aproximava como um decidido cartão-postal. Comecei a relaxar, mas então Peter me cutucou, conspiratório:

– O que acha de atravessarmos a Fenda?

A Fenda era um canal pequenino entre o Sugarloaf e o Arco de Pedra, pelo qual só era possível passar quando a maré cheia coincidisse com águas muito calmas. Em outras palavras, quase nunca. Passar por ali no baleeiro era um jogo de alta adrenalina, feito puramente por esporte. Mesmo em seus momentos mais benignos, a Fenda tinha bastante espuma branca, e o barco tinha um espaço mínimo para passar. Uma onda inesperada poderia nos jogar contra o granito em qualquer um dos lados.

– Claro – respondi, tentando soar despreocupada. Eu não podia dar para trás: os dois tinham acabado de marcar um tubarão-branco, afinal! E Ron passara a maior parte do dia debaixo d'água no Beco do Tubarão. É claro que eu seria capaz de manter o barco em linha reta por dez segundos.

Segurei o volante com força ao acelerar para dentro daquela passagem de águas turbulentas, tentando não me distrair com as paredes de trinta metros em ambos os lados. Senti o mar rugir debaixo dos meus pés e nos erguer na crista de uma montanha-russa, e então uma onda agarrou o baleeiro e nos carregou para a baía do Pescador como se estivéssemos surfando. Os pelicanos deram voltas sobre nós, os leões-marinhos mergulharam e urraram nos penhascos. O *Just Imagine* surgiu bem à nossa frente, banhado numa luz dourada e violeta. Minhas mãos relaxaram. Olhei para

Kevin, que tinha um sorriso de orelha a orelha, e abri um também. Rodopiamos numa pequena correnteza. Peter me cumprimentou.

– Parabéns! Você é a quinta pessoa do planeta a atravessar a Fenda.

A noite estava tão encantadora que Peter e Kevin decidiram ficar no veleiro. Depois de menos de uma semana, já não me restava nada além de salgadinhos e coisas assim, tudo o que não precisasse de refrigeração para continuar comestível. Mas Peter trouxe filés de uma albacora que havia pescado, e Kevin os cozinhou, marinando-os em gengibre depois de afiar todas as facas da cozinha. Peter e eu ficamos à mesa, bebendo vinho *sangiovese* e oferecendo apoio moral.

Depois de ver Ron mergulhar o dia inteiro no lugar onde se formava a onda perfeita, Peter voltou a falar na ideia de tentar surfá-la mais cedo ou mais tarde. Ele havia mencionado o assunto a Ron aquela tarde, que assentira e dissera: "Já pensei nisso." Até aquele momento eu não tinha percebido que Ron também surfava, mas é claro que fazia todo o sentido.

Kevin não falou muito, mas pareceu intrigado. Ele também era surfista e sabia exatamente a que onda Peter estava se referindo. Os dois usavam amuletos maori em torno do pescoço, símbolos havaianos que significam que a pessoa assume o tubarão como seu *amakua*, ou espírito animal. Peter se inclinou para trás no banquinho com o copo de vinho.

– Tenho pensado nisso há tanto tempo – disse. – Não quero que outra pessoa venha aqui e faça isso. Mas também não quero apressar a coisa. Se a gente estiver na frequência errada, pode acontecer algo ruim. Eu quero estar no espaço certo. O lance tem que ser feito do jeito correto.

Depois do jantar, subimos para o convés e olhamos para a frota de pesqueiros de lulas, a trezentos metros de nós. Era desconcertante ver o céu negro em torno das ilhas se iluminar feito um painel eletrônico. Suspensas do alto, as luzes que os barcos acendiam para atrair as lulas emitiam um clarão artificial e frio. Pontinhos pretos entravam e saíam do clarão; Peter sabia dizer quais dos pontos eram gaivotas e quais eram alcas de Cassin. Havia uma longa noite de pesca pela frente; os leões-marinhos, curiosos e vorazes, sem dúvida iriam investigar o evento, enfurecendo os pescadores. Os animais muitas vezes nadavam diretamente para as redes quando a pesca era retirada da água, comendo as lulas apressadamente, para então tentar uma fuga no último segundo, no melhor estilo Houdini. Às vezes não conseguiam e ficavam presos, como o animal que tínhamos visto na noite anterior. Quando isso acontecia, o leão-marinho já era. Um dia antes, pela manhã, um dos estagiários descobrira um animal que fora carregado pelas ondas até a costa: sua cabeça tinha sido despedaçada com um tiro. Observando a frota, perguntei-me o que mais, além das lulas, estaria surgindo naquelas redes. Já tínhamos visto um tubarão morto no convés – quantos mais haveria? As moscas rastejavam sobre nós, até mesmo no escuro, por isso voltamos para dentro da cabine. Enquanto entrávamos, ouvimos o estampido de três tiros ressoarem sobre a água.

Era o aniversário de 31 anos de Brown. Depois de um período de indecisão, Peter decidiu que eu poderia participar do jantar comemorativo. Seria uma breve festinha, e eu deixaria a ilha em questão de horas. Que mal poderia haver? Imaginei que ele estaria se sentindo mal por mim nos últimos dias, vendo-me subsistir à base de barrinhas de cereais enquanto todos os outros cozinhavam comida orgânica em terra. Eu ainda não tinha visto Brown ou Nat, mas ouvira suas vozes no rádio. Eles não haviam visitado o veleiro, e eu não os culpava. O *Just Imagine* estava começando a cheirar mal, e isso me afetava. O banheiro do veleiro era bem problemático; o encanamento muitas vezes explodia aos meus pés, e, quando eu abria o baú para tentar bombear a água cinza, ele explodia na minha camisa. Enquanto isso, o lodo vermelho aparecera muitas outras vezes. Eu estava começando a entender: o *Just Imagine* não gostava de estar ali. Feito um animal de estimação que começa a destruir os móveis quando o dono está ausente, o iate expressava sua insatisfação.

A bordo do *Tubby*, cruzamos a baía do Pescador em direção à ilha; Peter remava, e eu fiquei agachada na proa, um tanto instável, resistindo à ânsia de olhar pelos lados em busca de sinais da Irmandade – sombras ou agitação na água do tamanho de caminhões. A única vez em que não desejei ver uma aparição de seis metros foi ali, sentada no *Tubby*. Fitei as rochas, pensando nas histórias que havia lido sobre dentes de tubarões-brancos incrustados nos cascos de pequenas embarcações. Não conversamos muito. Peter estava inclinado para a frente, concentrado, puxando os remos. As moscas se amontoavam em suas pernas.

Ao nos aproximarmos da ilha, lembrei-me mais uma vez de que, ao permitir que eu pisasse em terra, Peter estava correndo um grande risco. Tecnicamente, desde que eu permanecesse no *Just Imagine*, não havia nada de ilegal, mas ele preferia não atrair muita atenção para minha presença. Afinal, tanto as autoridades do Serviço de Peixes e Animais Selvagens como os diretores do PRBO me conheciam. Eu já falara com todos eles; ainda no mês anterior, eles haviam me concedido uma de suas cobiçadas licenças para passar a noite na ilha, e a essa altura eu já deveria ter voltado para casa, já deveria estar debruçada sobre meu computador escrevendo matérias sobre a população de biguás. Eu tinha sido expressamente proibida de permanecer em qualquer lugar próximo às ilhas durante a temporada de tubarões. Essa história de me tornar parte da *tripulação* não estava nos planos.

Para Peter, entretanto, como eu já havia recebido uma licença no passado, ninguém poderia questionar aquele pequeno acréscimo. Eu não tinha tanta certeza daquilo e estava nervosa. O regulamento estava muito mais estrito agora do que na minha primeira visita. Não queria causar problemas. Mas suponho que também não tinha tanta vontade assim de permanecer no veleiro.

Ao nos aproximarmos do canal estreito que marcava a Plataforma Norte, preparei-me para saltar para as rochas com uma corda na mão. Embora a água não estivesse excessivamente agitada e as ondas não saíssem do controle, ainda era fundamental calcular corretamente o momento do salto. Se eu saltasse cedo demais, acabaria na água. Se saltasse tarde demais, acabaria na água, e *Tubby* e Peter seriam arremessados contra as rochas. Sem muita experiência em movimentos precisos sobre rochas escorregadias cobertas de algas, patinhei e enfiei a perna numa saliência pontiaguda. Mas consegui desembarcar, e, enquanto eu amarrava uma corda, Peter arrastou o *Tubby* para a costa.

A partir da plataforma, tivemos que escalar um aclive íngreme. Estávamos na parte de trás do morro do Farol; ali não havia um conveniente caminho em zigue-zague. Tínhamos que inclinar o pescoço bem para trás para conseguir observar o paredão de pedra que levava da Plataforma Norte ao farol, uma imagem vertiginosa. O único caminho possível era seguir diretamente para cima; só uma cabra se arriscaria a subir por ali, ou um oveiro que tivesse se dado mal no sorteio das áreas de coleta. As gaivotas nos encaravam das saliências na rocha, mal-humoradas.

Depois de vencermos o morro, descemos até a casa seguindo um caminho muito estreito, marcado entre as rochas. Fiquei contente por estar em terra firme, e o cheiro de guano, terra cálida e umidade intensa foi quase um alívio. Agora que a temporada de acasalamento estava terminada, havia menos aves marinhas por ali, mas isso é como dizer que havia menos carros na rodovia de San Diego fora da hora do *rush*. Sem filhotes, as gaivotas estavam perceptivelmente mais calmas, menos dispostas a atacar, e os capacetes de obra haviam sido guardados até a primavera seguinte. Ainda assim, mantive minha visão periférica atenta a quaisquer movimentos suspeitos dirigidos à minha cabeça. A duzentos metros de nós, um bando de aves passou em disparada junto ao penhasco. Peter, que estivera me explicando os pontos fortes e fracos do San Francisco Giants, parou no meio de uma frase e disse:

– Papagaio-do-mar com um alcaboz na boca – disse, apontando para um objeto borrado, do tamanho de uma lata de Coca-Cola, que avançava rápido sobre as rochas. Mal consegui distinguir o papagaio-do-mar, muito menos identificar a espécie de peixe que carregava. Os avistamentos de papagaios-do-mar eram raros. Na ilha inteira havia uma população de apenas 120 papagaios-do-mar-de-penacho, muito menos que os 2 mil presentes ali no início da década de 1990.

Por mais desgastada que estivesse, a casa ainda brilhava na luz incandescente do crepúsculo. Kevin estava sentado na sala de trabalho, cercado de marcadores, digitando num computador. Sua escrivaninha estava de frente para uma janela com vista panorâmica da baía de Mirounga e para um oceano infindável onde baleias-cinza, baleias-azuis e jubartes se alimentavam, jorrando gêiseres impressionantes. Na cozinha, Mark, um estagiário alto e amável vindo da Louisiana, preparava o jantar. Uma panela de molho para o espaguete fervilhava no fogão.

Brown e Nat tinham saído, e Peter aproveitou sua ausência como oportunidade para arranjar um presente de aniversário. Não havia muito o que escolher. O presente de Brown talvez fosse um banho de três minutos, que ele poderia tomar no estilo da Marinha, fechando a água enquanto se ensaboava; ou talvez uma caveira de elefante-marinho que alguém encontrara, ou uma cerveja a mais. Mas Peter tinha uma coleção privada de suvenires que havia reunido ao longo das décadas, e era nesse amontoado de coisas que ele esperava encontrar um presente valioso e significativo. Caminhamos até a casa da Guarda Costeira, onde Peter apanhou um caixote cheio de fotografias, penas, restos de naufrágios e outros objetos diversos, uma pilha de recordações como a que encontraríamos num velho porão. Pôs-se a remexer as coisas.

– Uma isca? Não, ele não gosta de pescar.

Peter tinha um carinho especial por Brown e fora uma espécie de mentor para ele. Estavam separados por uma geração, mas as coisas que partilhavam – os tubarões, o beisebol, o surfe, as aves e, é claro, aquele lugar – pesavam muito mais que as diferenças. As principais desavenças entre os dois eram tecnológicas: por exemplo, a insistência de Peter em usar programas de computador da era do DOS e sua relutância em adotar o vídeo digital para filmar os tubarões. Por causa disso, Brown muitas vezes tinha que se debruçar sobre manuais de programas das décadas de 1970 e 1980, tentando desaprender todos os avanços feitos nas interfaces durante os últimos dez anos, ou então precisava reunir imagens de tubarões de várias fontes diferentes nos computadores ancestrais das Farallones. Ele levava a coisa com bastante bom humor, mas dava para ver que preferiria não ter que trabalhar assim.

Peter folheou depressa uma grossa pilha de fotografias.

– Muitas e muitas imagens de ataques de tubarão – disse, fazendo pouco-caso.

As fotos de seu casamento também estavam misturadas ali, ao lado de incontáveis imagens de aves e de focas e leões-marinhos que haviam perdido pedaços de carne e pareciam atordoados.

– Ah, olhe aqui um leão-marinho-de-steller com uma grande mordida no peito.

Para mim, as fotos eram fascinantes, mas Peter achava que nenhuma delas era suficientemente especial para marcar aquele momento.

– Eu tinha mais coisas que encontrava nas poças de maré – disse Peter. – Se você quiser, podemos ir a um dos meus lugares secretos para procurar dentes de elefante-marinho.

Olhei para Peter, debruçado ali com seu onipresente boné do Giants, investigando a caixa de suvenires naturais feito uma criança mostrando a outra alguma coisa muito legal em sua casa na árvore. Percebi que aquelas ilhas eram seu refúgio sagrado – no sentido espiritual e literal.

Uma vez, perguntei a Peter se havia algo nas Farallones de que ele *não* gostava. Imaginei que ele usaria aquela oportunidade para reclamar do tempo, da falta de água quente ou de alguma outra chateação. Em vez disso, ele fechou a cara e olhou para mim como se eu fosse meio tapada.

– Não – respondeu sem hesitar. – Por que haveria?

Percebi que Peter levava qualquer crítica ao lugar para o lado pessoal. Uma vez, ouvi-o dizer a Brown que amava a ilha – que muitas vezes chamava de "A Pedra" – mais que a própria vida. E fez aquela declaração como um juramento, sem nenhum dramatismo exagerado. Dez anos antes, durante a temporada de acasalamento das aves, o operador marítimo tinha entrado em contato com as Farallones com uma mensagem urgente para Peter; a chamada fora transferida para a mãe dele, Leilane, em Honolulu. O irmão mais novo de Peter, Lew, que lutava contra uma leucemia, havia "feito a passagem", disse ela. A notícia não era inteiramente inesperada, mas isso não a tornava menos dolorosa. Na semana anterior, ao conversar com Lew, Peter se despedira dizendo "aguente firme". De repente, aquelas palavras pareceriam impróprias, inadequadas. Peter subira para o posto de observação dos airos e ficara sentado ali o resto do dia. A Guarda Costeira se oferecera para retirá-lo de helicóptero da ilha, mas Peter rejeitara a oferta; ele só conseguiria encarar o continente vários dias depois.

Depois de mais quinze minutos vasculhando o caixote, Peter se decidiu por uma fotografia emoldurada de Cabeça Mordida nadando de forma majestosa, de perfil. Embalamos o presente numa velha folha de jornal e voltamos para o jantar.

Nat estava na cozinha, fazendo os últimos ajustes no bolo de aniversário de Brown. Estavam também os outros dois estagiários, Kristie e Elias. Kristie, uma moça atenta e de traços delicados, falava numa voz melodiosa que lembrava o canto de um pássaro. Elias era baixo e tinha feições fortes, com uma barba bem cheia. Parecia uma pessoa tranquila, exceto quando falava de aves. Um pouco mais cedo, eu o ouvira perguntar, numa voz firme e urgente:

– Com licença, Peter? Posso perturbar você com uma pergunta sobre as estratégias de troca de penas dos mergulhões?

Brown, bem bronzeado, sentou-se à cabeceira da mesa. Ele já não usava seu rabo de cavalo, mas ainda não parecia ter nem perto de 31 anos. Kristie e Kevin estavam servindo a mesa, enquanto Peter abria o vinho; os outros estavam prestes a se sentar quando Nat disse:

– Ah, é melhor eu soltar os morcegos.

Durante o dia, morcegos-grisalhos dormiam nas três árvores próximas às casas, e os biólogos os apanhavam como frutas. Os morcegos-grisalhos são quase tão difíceis de estudar quanto os tubarões-brancos; são igualmente evasivos, embora se distribuam amplamente pelas florestas boreais da América do Norte. Porém, diferentemente de muitas espécies de morcegos que se amontoam aos milhões numa única caverna, esses são alegres peregrinos que viajam sozinhos, param para descansar sempre que têm vontade e nem se preocupam em construir um ninho. Para encontrá-los é necessário ser um caçador persistente, exceto naquelas ilhas, onde havia um fluxo constante de morcegos que se desviavam do curso durante suas migrações, da mesma forma que as aves. Por isso, os biólogos dedicados à quiropterologia – o estudo dos morcegos – viviam loucos para ir às ilhas passar algum tempo junto dos morcegos-grisalhos, o que não podiam fazer em nenhum outro lugar. Como isso não era possível, Nat e Brown começaram a monitorar os morcegos, retirar amostras de seu pelo, observar seu comportamento, contando-os e pesando-os. As informações seriam então transmitidas à comunidade de estudiosos.

Acompanhei Nat até a casa da Guarda Costeira, entrando na cozinha pela porta dos fundos. Dois engradados de madeira, cada um do tamanho de uma mala de viagem, estavam apoiados no chão. Ela os apanhou e os carregou para fora. As caixas estavam divididas em oito compartimentos menores, como cabines privadas num trem. Cada compartimento continha um morcego-grisalho. Os morcegos tinham uma cor acastanhada, com asas complexas e cheias de veias que lhes davam a aparência de asas-deltas góticas. Tinham orelhas gigantes. Quando Nat retirou um por um da caixa, eles se abriram e voaram, soltando guinchos irritados.

Estiquei um dedo para acariciar um daqueles morceguinhos fofos e nervosos. Ele esticou a cabeça para me morder; não estava a fim de afagos. Nat, usando grossas luvas de couro, libertou todos, quase esquecendo um que estava enfiado bem fundo em seu compartimento, enroscado atrás de um galho. O morcego nos mostrou sua boca cheia de dentes pontiagudos, emitiu um guincho e bateu as asas, desaparecendo na noite.

De volta ao jantar de aniversário, as pessoas estavam virando copinhos de Jack Daniel's como aperitivos.

– Acho que este vai ser um grande ano para os morcegos – disse Peter. – Já contamos setenta. – De fato, Peter fora a primeira pessoa a testemunhar o sexo entre morcegos-grisalhos. – Parecia um só morcego, um morcego gordo – explicou. – Mas aí eu percebi, "ei, eles estão mandando ver!".

Peter tirara fotografias e as enviara a especialistas em morcegos, que ficaram empolgadíssimos. Durante tantos anos, dispondo de toda a tecnologia moderna, ninguém jamais conseguira observar tal evento. Além disso, poucas pessoas já haviam observado o sexo das baleias jubarte, até um dia, em 1986, quando três delas nadaram até a Pedra da Sela e acasalaram bem ali, diante de Peter, que observava pelo telescópio. Assim, ele foi o primeiro a saber que as jubartes fazem sexo a três – a terceira baleia serve como uma espécie de assistente.

Esse foi apenas mais um item a ser acrescentado à impressionante lista de avistamentos de Peter, ao lado de diversos comportamentos inéditos dos tubarões-brancos, das incontáveis aves raríssimas que ele já observara, da vez em que 61 baleias-azuis passaram pela ilha e da manhã no ano de 1996 em que ele se deparara com o primeiro filhote de otária nascido nas Farallones – uma espécie de leão-marinho quase dizimada 160 anos antes.

No entanto, a coisa mais bizarra já observada por Peter no arquipélago, ao menos na história recente, diz respeito a um tubarão chamado Jerry Garcia.

Jerry ganhara esse nome num dia frio e tempestuoso do outono de 1995, quando Peter vira uma lancha luxuosa chegar às Farallones, circundar a costa durante cerca de quinze minutos, dar meia-volta e partir. Era estranho ver um barco fazer aquela peregrinação num clima tão ruim. "O vento estava soprando a trinta nós", relembrou Peter. Mas ele tinha uma suspeita sobre as intenções do barco. Jerry Garcia (o líder da banda Grateful Dead, não o tubarão) morrera em agosto daquele ano, e uma fonte segura contara a Peter que, em algum momento durante aquela semana, amigos e parentes de Jerry viriam lançar suas cinzas na área. Peter, acompanhado de Ed Ueber, o administrador do Santuário Marinho Nacional do Golfo das Farallones, que estava visitando a ilha, observara a lancha ser agitada pelas ondas enquanto Garcia era jogado de volta aos elementos. "Na verdade, eles deveriam ter uma licença para lançar iscas no mar", observara Ueber. "Mas... eu não vi nada."

No dia seguinte, Peter encontrara um novo tubarão, um macho de 3,5 metros com a cauda torta, parcialmente arrancada, e, em homenagem aos eventos do dia anterior, o batizara de Jerry Garcia. A partir daí, Peter e Scot avistaram Jerry regularmente na baía de Maintop, onde o animal foi visto acompanhado de outros membros do Rat Pack (eles até pensaram em mudar o nome do Rat Pack para The Deadheads, como são chamados os fãs do Grateful Dead, mas o novo nome nunca pegou).

Então, em 4 de outubro de 1997, duas orcas invasoras atacaram um tubarão-branco em Maintop; as baleias seguraram o tubarão de cabeça para baixo e, trabalhando juntas de forma muito eficiente, mantiveram-no ali até que ele sufocasse. A menor das duas orcas nadara pela área durante algum tempo com o tubarão na boca feito um palito de dentes, e então decidira comê-lo na frente do *Superfish*, que estava cheio de turistas de olhos esbugalhados. No início do show, Mick chamara Peter pelo rádio e lhe dissera que fosse para lá, e rápido.

Peter e os dois estagiários chegaram a tempo de ver as duas orcas segurando o tubarão pelo focinho. Era Jerry Garcia. O ataque fora perfeito. "As orcas sabem exatamente o que estão fazendo", contou Peter.

Ninguém jamais vira os dois maiores predadores do oceano se enfrentarem como gladiadores. As agências de notícias de todo o mundo transmitiram o vídeo subaquático feito por Peter nos instantes seguintes ao ataque, durante os quais a orca passara pela câmera com um pedaço do fígado de Jerry Garcia pendendo da boca. A transmissão preferida de Scot e Peter fora feita pelo programa *CBS Evening News*, que apresentara a história com a manchete pomposa: "Batalha do século na costa da Califórnia." O apresentador Dan Rather fizera uma introdução às imagens, informando aos telespectadores que o vídeo que veriam a seguir era a primeira filmagem já feita de "um embate entre os dois titãs do mar". Porém, acrescentara Rather, "na hora da verdade, a briga foi desigual. O cérebro e a banha venceram a impiedosa máquina de dentes."

De uma perspectiva científica, a parte mais fascinante fora a seguinte: imediatamente após a morte de Jerry Garcia, *todos* os tubarões das Farallones desapareceram. Simplesmente se escafederam do lugar, não restara nenhum. Scot e Peter esperaram seis semanas pela volta dos tubarões, mas nenhum deles apareceu. "Foi como se a polícia tivesse chegado e acabado com a festa", disse Peter. Ron concordou; não havia nenhum tubarão. Porém, para fazerem a afirmação científica de que os tubarões haviam fugido, aquela mera impressão após um único evento não era suficiente.

E então aconteceu de novo, em 19 de novembro de 2000. E, mais uma vez, Peter estava lá. A ilha estava infestada de tubarões naquela época; no dia anterior, seis tubarões haviam visitado a prancha-chamariz em sequência, e também ocorrera um ataque do qual participaram vários tubarões. Porém, quando um grupo de orcas atacou um tubarão um pouco ao norte da ponta Shubrick, espalhando pedaços de carne e criando uma enorme mancha na água, os outros tubarões desapareceram. Dessa vez, entretanto, vários deles estavam usando marcadores rastreados por satélite; quando os dados foram recolhidos, os marcadores mostraram que, poucas horas após o ataque, Barbatana Pontuda, por exemplo, havia ultrapassado a margem da plataforma continental e viajara a todo vapor de volta para o Havaí. De uma hora para outra pararam de ocorrer ataques, e Ron confirmara mais uma vez que as águas abaixo da superfície pareciam uma cidade fantasma. "É meio assustador quando não há tubarões por aqui", lembrou Peter.

Aquele novo incidente trouxera ainda mais mistérios: como era possível que os tubarões dessem o fora todos juntos? Por que as orcas não vinham sempre para esse excelente local de caça, já que obviamente podiam fazê-lo? Durante a minha pesquisa, encontrei uma referência a um grupo de orcas que irrompeu na baía do Pescador em 1937, capturando leões-marinhos nas rochas e aterrorizando todo um grupo de pessoas que estava desembarcando na Plataforma Norte. Aquilo já não acontecia; as orcas raramente eram vistas a menos de 1,5 quilômetro das ilhas. Mas por quê? A comida estava lá. Que espécie de regra territorial subaquática permitia que os tubarões utilizassem aquele *drive-thru* mais ou menos sozinhos?

Já era quase meia-noite quando as anotações no diário terminaram de ser feitas, o bolo de aniversário foi reduzido a migalhas e a louça foi lavada. Peter planejara passar as horas seguintes no farol, espiando os pesqueiros de lulas e documentando o caos entre as aves marinhas; por isso, em vez de me levar de volta ao *Just Imagine*, sugeriu que eu ficasse na ilha. Adorei a ideia; a perspectiva de voltar a remo no *Tubby*, no escuro, não era muito agradável. Especialmente porque, durante o jantar, Peter confessara que morria de medo de passar por uma parte da baía do Pescador, comentando que aquele era "claramente um território dos tubarões". Brown fez que sim, concordando.

– Você sabe tanto quanto eu que eles poderiam simplesmente *aniquilar* o *Tubby*. Quando entrar no bote, siga direto até o veleiro o mais rápido que puder.

A casa principal estava cheia, por isso carreguei uns tantos cobertores para a casa da Guarda Costeira. Usei minha lanterna de cabeça ao subir a escada, que rangeu com um som funesto, como as escadas dos filmes de terror. O foco de luz iluminou manchas no teto. Deixei meus cobertores no único quarto que tinha um colchão, uma coisa velha e horrorosa jogada no chão de lajotas rachadas. A parede tinha manchas negras com a forma de mãos no nível dos joelhos. O ar estava pesado, espesso e estagnado, mas o quarto fora pintado de um tom leve, cor de pêssego.

Normalmente, se alguém me desse uma pilha de cobertores cheios de pulgas e me mandasse dormir num colchão imundo numa casa assombrada e infestada de roedores sem eletricidade nem água, eu não ficaria muito entusiasmada. Mas ali estava eu e, para falar a verdade, sentia-me contente. Deitada no escuro, ouvindo os sons agudos dos camundongos, perguntei-me por quê.

Cheguei à conclusão de que estar naquela ilha nos dava o privilégio de esquecer. Esquecer as notícias, o caos, o *jihad*, todo o fanatismo ensandecido e o ódio destruidor. Esquecer as dores dos relacionamentos de Britney Spears, esquecer as gorduras trans e esquecer completamente o crescimento econômico no quarto trimestre. Isso não fazia o mundo parecer menor. Em vez disso, era libertador, era como nos livrarmos de uma mochila cheia de chumbo. E a sensação de liberdade era tão grande que fazia todo o resto – a ausência de novos filmes no cinema, ou nunca ter calças limpas – parecer trivial. O lugar era inóspito, mas, quando estávamos ali, sabíamos como lidar com o nosso mundo. Nunca havia mais de sete pessoas com quem nos relacionar, e todas as fronteiras estavam bem-definidas: onde terminava a terra e onde começava o oceano, quanta comida restava na despensa. Talvez não pudéssemos controlar aquele mundo, mas sabíamos como defendê-lo.

Apesar do isolamento geográfico, ninguém estava realmente sozinho naquela ilha. Essa foi uma mudança drástica em relação à minha vida em Nova York, onde eu muitas vezes me sentia isolada tanto do mundo natural como de qualquer grupo de pessoas próximas, e onde eu passava o tempo vivendo dias bastante previsíveis. Aqui, nada corria conforme o planejado, pois não havia planos. Nós só sabíamos o que estava na agenda do dia. Os tubarões-brancos nadariam até nós, os morcegos-grisalhos se acomodariam nas árvores, os leões-marinhos-de-steller formariam haréns, as baleias-azuis praticamente roçariam a costa, e os pássaros-azuis, as mariquitas e as sombrias iriam revoar pelos céus como confetes. O denominador comum era este: somente coisas selvagens vinham para cá.

Capítulo 8

"As duas mordidas foram muito próximas, o que sugere que o tubarão mordeu duas vezes em rápida sucessão, em vez de atacar, soltar e atacar outra vez. O ângulo oblíquo das mordidas sugere que o tubarão veio por baixo, acertando o barco com muita força a um ângulo de 45 graus." Diário das ilhas Farallon, 5 de novembro de 1985

25 A 29 DE SETEMBRO DE 2003

O tempo estava mudando. Sobre as águas escuras, cor de zinco, em frente à Cabeça do Índio, o céu nos pressionava como um tecido úmido; Peter e eu ficamos sentados no baleeiro, pescando. Como o Giants não jogava hoje, o radinho ficou guardado no porta-luvas, e ali onde estávamos, longe da galeria de aves da ilha, havia silêncio. Lancei uma linha da proa e, na superfície vítrea, vi exatamente onde o anzol caiu. Era um daqueles momentos em que conseguíamos praticamente sentir o barômetro cair e o oceano dar um passo atrás, preparando-se para algo violento. O céu estava metálico, e o ar ficara tão frio que os dois estávamos usando capas de chuva. Peter sintonizou a previsão do tempo marítima no rádio. Ouvimos uma voz gerada por computador, com um tom bastante oficial: "De ponta Arena a ponta Pinos, ventos noroeste de dez a vinte nós, mares de um metro a 1,5 metro a onze segundos...", zuniu a voz, que parecia inteiramente confiante em si mesma, como só um software é capaz de fazer. Durante todo o dia e toda a noite, a onisciente Voz do Tempo transmitia as informações coletadas por boias ao longo da costa. Essas boias automatizadas ficavam ancoradas no mar e faziam, minuto a minuto, medições da velocidade e da direção do vento, da pressão, da altura das ondas e do período (o número de segundos passado entre duas ondas). Períodos curtos significavam um mar mexido, com cristas quebrando rápida e incessantemente. Períodos iguais – ou menores – que a altura da onda indicavam problema. Ondas de dez pés (três metros) vindo a cada dez segundos era uma equação que os marinheiros temiam, o equivalente marítimo de um touro mecânico. Ondas de dez pés chegando a cada oito segundos eram ainda piores. As condições, é claro, podiam ficar muito mais cruéis que isso, e ficavam.

A voz era hipnótica, repetia-se incessantemente com uma cadência metronômica. No passado, pessoas de verdade transmitiam o tempo marítimo, mas, quando sotaques carregados e até mesmo erros gramaticais começaram a invadir os relatórios, causando confusões como a troca de "ondas de três metros" por "ondas de *treze* metros", decidiu-se instituir a voz robótica. Nas Farallones, as pessoas prestavam muita atenção às medições da boia de ponta Arena, que ficava apenas 150 quilômetros ao norte do arquipélago. Nesse ponto, o tempo geralmente era igual ao que chegava às ilhas, porém com cinco horas de antecipação. Enquanto ouvíamos, ficou claro que ponta Arena estava sendo açoitada e que, mais tarde, nós também seríamos.

À meia-luz, ainda conseguia distinguir bem a Farallon do Meio, que surgia da água como uma espinha no rosto de um adolescente. Uma vez, durante a temporada de tubarões de 1988, vários biólogos, que confessaram estar de ressaca, ficaram chocados ao notar que de repente estavam enxergando *duas* Farallones do Meio. Quando alertado do fato, Peter correu para o farol para verificar: de fato, havia um segundo morro de seis metros ao lado do original. Um exame mais detalhado revelou que o novo morro era a carcaça de uma baleia-azul, e todos quiseram dar uma olhada mais de perto, por isso prepararam uma expedição às pressas. O Prato de Comida não pôde ser lançado devido a um defeito no guindaste da Plataforma Leste, por isso Peter partiu da Plataforma Norte num bote inflável acompanhado de outro biólogo que decidira trazer seu bebê de seis meses para passear. Ao se aproximarem da baleia, começaram a ver barbatanas dorsais de até um metro de altura cortando a água como facas.

Havia ao menos quatro tubarões-brancos na cena, arrancando imensos bocados em forma de ferradura da carne da baleia; de repente, estar a cinco quilômetros da ilha num bote de borracha de dez pés com um bebê de seis meses no colo pareceu uma equação pouco prudente.

Senti um puxão forte na minha linha e comecei a recolhê-la. Por aqui, nunca passavam mais de alguns minutos até pescarmos alguma coisa. Nosso objetivo eram os peixes que habitavam as rochas e os corais, seres ancestrais de aspecto esquisito, protegidos por coberturas rígidas, com espinhas longas e entrelaçadas, um elaborado armamento feito de nadadeiras. Esses peixes vinham em incontáveis combinações de cores vívidas – tangerina com pintas mostarda, verde-oliva manchado de verde-lima neon ou púrpura e escarlate emaranhados num resplendor iridescente – e pareciam personagens do Dr. Seuss. Muitos deles tinham nomes de desenho animado, como *treefish*, *quillback*, *chilipepper*, *cowcod* e *dwarf*. Havia até um peixe chamado *sarcastic fringehead*.*

Eu havia fisgado uma lorcha, um peixe pintado, de cabeça chata, com uma cara capaz de assustar criancinhas. Puxei-a para o barco e me afastei enquanto o animal se debatia, abrindo as guelras e batendo a cauda. Peter se abaixou com uma fita métrica. O peixe tinha 58 centímetros de comprimento, dois a menos que o mínimo permitido por lei. Agarrando a lorcha, algo que eu sempre relutava bastante em fazer, Peter desvencilhou o anzol de seus lábios. Depois jogou-a de volta na água.

– Desculpe pelo incômodo, companheiro – disse Peter. O peixe partiu às pressas, desaparecendo outra vez em seu mundo subaquático.

Teríamos que continuar a pescar. Àquela altura, só me restavam uma barra de chocolate Ghirardelli, duas caixas de biscoitos, quatro bananas cada vez mais pretas e uma caixa de vinho. Os peixes seriam um excelente acréscimo ao menu. No dia anterior, Peter trouxera alguns ovos da ilha, que preparamos com a carne de um peixe verde-oliva morto acidental-

---

* No Brasil, onde essas espécies não ocorrem, uma das mais próximas é o "peixe-pedra". Em português, seus nomes poderiam ser traduzidos por "peixe-árvore", "costas-de-pena", "pimenta-chile", "bacalhau-vaca", "duende" e "cabeça-de-franja-sarcástico". (N.E.)

mente quando sua bexiga natatória lhe saiu pela boca. Muitos daqueles peixes viviam em grandes profundidades, de quinze metros ou mais, e, ao serem puxados para a superfície, a rápida mudança de pressão às vezes provocava esse efeito. Ao ser depositado no barco, o peixe parecia estar assoprando um balão gigante, cor de carne. Era nojento, e Brown e eu olhamos para outro lado, fingindo estar muito interessados em alguma coisa no horizonte enquanto Kevin e Peter tentavam encontrar a maneira mais humana de acabar com o sofrimento daquele peixinho verde. Eles debateram a possibilidade de furar a bexiga natatória, uma opção supostamente indolor, mas, ainda que Kevin de fato *tivesse* uma agulha, nenhum dos dois sabia exatamente como fazê-lo. Por isso optaram por usar o bicheiro, uma vara com um gancho na ponta, e ouvi atrás de mim um ruído de coisa esmagada vindo da cabeça do animal, como um melão maduro se espatifando no asfalto.

Eu não tinha escolha além de aceitar de braços abertos a minha nova dieta de peixes. Kevin partira no *Superfish* aquela manhã, e pouco depois surgiu um empregado do Serviço de Peixes e Animais Selvagens que permaneceria na ilha onze dias, acompanhado de uma equipe da Guarda Costeira. Eles estavam ali para executar o elaborado projeto de manutenção e remoção de detritos que obrigara Peter a conduzir o Projeto Tubarão daquele ano de uma plataforma flutuante.

Peter recebera ordens de não interferir com a realização do trabalho. As duas plataformas seriam fechadas, e, com exceção de *Tubby*, nenhuma embarcação poderia ser lançada. Em geral, essa restrição não fazia muita diferença; já estava prevista, o Sharkwatch continuaria a funcionar, e nós já estávamos trabalhando da água. Entretanto, com a presença das autoridades federais na costa, eu já não poderia fazer visitas ocasionais à ilha – para buscar comida, mudar de ares, celebrar o aniversário de alguém. Nem mesmo para emergências.

– Muito bem, tubarõezinhos. Faltam doze minutos para a maré cheia – disse Peter, olhando para o relógio e então para o céu, onde avistou uma pardela-de-pata-rosada, "uma ave bem rara", em meio a um bando de pardelas-pretas que estava cruzando os ares sob aquele teto baixo. Peter tinha acabado de lançar sua linha, e eu tentava enxergar o estranho no bando com meu binóculo quando, de repente, Peter viu uma barbatana dorsal. Era um ponto quase imperceptível, uma navalha poucos centímetros acima da superfície; se a água tivesse estado minimamente agitada, talvez sequer fosse visível. O tubarão deu uma volta. A barbatana apareceu outra vez, agora a apenas três metros de distância, dando voltas mais fechadas.

– Mako! – disse Peter.

Aquele era um tubarão diferente. Parecia um míssil de 1,5 metro com uma barbatana dorsal mais curta, ligeiramente arredondada. O mako deu piruetas em volta do baleeiro como se estivesse cortando uma placa de vidro. Quando passou rápido por nós, vimos seu dorso azul-alumínio, tão metálico que era como se devesse ter rebites.

– Ele está à procura de uma lorcha – explicou Peter.

Os makos são conhecidos por roubar peixes no momento em que estão sendo puxados para o barco, cortando a carne com eficácia; os pescadores sentem a linha afrouxar de repente e então descobrem que estão puxando uma cabeça sem corpo.

Os makos e os tubarões-brancos são primos, ambos da família *Lamnidae*; os tubarões-salmão e os tubarões-golfinho completam a família. Os lamnídeos são animais de sangue quente, uma característica incomum entre peixes, mas excelente para os predadores. Os atuns também têm sangue quente, e não é por acidente que eles, juntamente com os tubarões lamnídeos, estejam entre os grandes atletas do oceano – seus músculos estão sempre aquecidos, assim como seus olhos, cérebro e sistema nervoso. Os makos, por exemplo, são capazes de nadar a 95 quilômetros por hora e de saltar seis metros acima da água. Os tubarões-salmão devoram até 25% da população de salmões do Alasca, e os tubarões-brancos... bem, nós sabemos do que eles são capazes. O sangue quente também melhora a digestão e, em particular, o metabolismo das gorduras – uma característica bastante útil para um animal que engole regularmente elefantes-marinhos de duas toneladas. Um eficaz sistema de aquecimento conhecido como *rete mirabile* ("rede maravilhosa" em latim) mantém os corpos dos lamnídeos a uma temperatura cerca de dez graus mais quente que a da água em que estão nadando, o que lhes permite caçar e viajar em regiões mais frias, onde, de outra forma, não sobreviveriam. Qualquer coisa se torna mais lenta ao ser resfriada; por isso, quando a água está mais fria, os peixes de sangue frio têm uma desvantagem na hora de se esquivarem de um mako com motor envenenado à procura de um jantar.

Outra característica comum a esses tubarões é uma marcante economia de movimentos. Movidos por caudas grossas em forma de foice, seus movimentos natatórios parecem ser feitos sem nenhum esforço, quase como se a correnteza os estivesse arrastando. Sem falar nos dentes. Todos os lamnídeos possuem grandes arsenais de dentes, dispostos em múltiplas fileiras. E os dentes de tubarões-brancos não são como agulhas finas ou ganchos retorcidos – os adultos têm dentes largos, planos e triangulares, com um serrilhado característico, destinados a rasgar pedaços de dez quilos de carne de grandes mamíferos. Os makos e os tubarões-salmão, com seus dentes semelhantes a adagas, não serrilhados, estão mais bem-equipados para comer peixes. Como os dentes estão incrustados em cartilagem, e não em osso, tendem a cair com frequência. Para isso servem as fileiras adicionais. Quando um tubarão perde um dente, o de trás simplesmente corre para a frente feito um saco de batatinhas numa máquina automática. Um tubarão médio perde milhares de dentes ao longo da vida.

Uma coisa é certa: os tubarões destas águas tinham que dar duro para ganhar a vida. Nenhum deles ficava passeando pelo fundo (como os lambarus ou os tubarões-tapete) ou comendo lixo (como os cabeças-chata e os tubarões-tigre). Peter fez uma análise dos tubarões locais:

– Os tubarões-azuis são graciosos, são o tubarão perfeito. Os makos são compactos e nervosos. Os tubarões-brancos são simplesmente... demais.

Até para mim, era óbvio que os makos não tinham o carisma dos tubarões-brancos, nem sua presença assustadora, embora fossem peixes belos com aquela graça maquinal. Peter recolheu sua linha, pois não queria sujeitar um peixe descuidado à desgraça dupla de ser primeiro fisgado e depois comido vivo. Vimos o mako tentar passar despercebido por algum tempo e depois desaparecer nas profundezas escuras.

Lançamos nossas linhas. Quase instantaneamente, Peter puxou uma monstruosidade. Era um *cabezon*, o sapo do mar. O peixe era manchado em tons marrom e bege, com espinhos de aspecto feroz e uma cabeça bestial, seguida por um corpo longo e ondulado. O peixe olhou para nós com olhos malignos e com um ódio inconfundível. Aquele peixe tinha quase um metro de comprimento, era o mais pesado que havíamos visto, embora os *cabezons* e as marucas muitas vezes chegassem a 1,5 metro de comprimento. Mas por aqui, como em toda parte, era sempre a mesma coisa: esses peixes maiores eram coisa do passado.

Os peixes que vivem entre rochas e corais são especialmente vulneráveis à sobrepesca, pois costumam ficar mais ou menos na mesma região durante toda a vida – e podem viver mais de cem anos. Quando os barcos de pesca industrial devastavam a área com a pesca de arrastão ou com espinhéis, os pobres peixes locais não tinham nenhuma chance. Esses dois métodos de pesca ainda eram permitidos dentro do santuário marinho.

Ouvi o impacto do bicheiro. Um pouco antes, eu havia expressado, sem muito entusiasmo, o desejo de matar e limpar os peixes que eu pescasse, mas, depois de uma ou duas tentativas que resultaram em peixes perdidos no chão do baleeiro, Peter assumiu silenciosamente essa tarefa e já não falamos da tentativa de me ensinar esses conhecimentos tradicionais.

Peter se ajoelhou no convés e limpou o peixe com movimentos ágeis, quase selvagens. O animal tinha poucos dentes. As mãos e os antebraços de Peter ficaram manchados de um sangue escuro, que ele limpou nas calças. O processo era rápido e cirúrgico – ele queria aproveitar até o último pedaço de carne. Aquela, para ele, era a única coisa que justificava matar o animal: a necessidade de comê-lo.

Nesse ponto, Peter era bastante diferente de alguns de seus colegas biólogos. Para muitos especialistas, o nome do jogo era "coletar", agarrar um punhado do que quer que encontrassem, ou um exemplar de qualquer coisa que parecesse rara ou incomum. No passado, para ser ornitologista era necessário ter uma ótima pontaria, e os cientistas avançavam pelos pântanos, pela tundra ou pela mata com um binóculo numa das mãos e uma escopeta calibre doze na outra. Uma revista científica chamada *The Oologist* resumiu essa filosofia em 1892: "O airo, tão comum, é uma bela ave, e um espécime bem-empalhado combina com a maior parte das aves marinhas em uma coleção."

Como regra, Peter se opunha à ideia de "coletar", e já se atracara com outros biólogos das Farallones que quiseram embolsar alguns dos animais migratórios que haviam se desviado de seu curso e chegado ali. Entretanto, ele trabalhara uma vez num estudo de aves marinhas do Pacífico em que isso fora inevitável, em que a coleta de alguns espécimes realmente iria ajudar a espécie como um todo, e, quando era assim, a regra de Peter era a seguinte: não desperdice *nada*. Era preciso aproveitar até a menor das informações.

– A gente examinava pena por pena – lembrou Peter. – Retirava o estômago dos animais. Analisava o conteúdo. Nós aprendíamos tudo que podíamos com cada morte, e isso era realmente importante para mim.

Peter simplesmente detestava qualquer tipo de desperdício. Ele era o rei das sobras na ilha, e, quando era sua vez de cozinhar o jantar, ele fazia um picadinho do que quer que estivesse perdido nas geladeiras. As refeições às vezes apareciam três ou quatro vezes na mesa, até que as pessoas finalmente a rejeitassem, com medo de uma possível intoxicação alimentar. Só então Peter jogava a comida fora – isto é, dava-a às gaivotas. Scot tinha a mesma inclinação, porém, quando estava no continente, era ainda mais radical: chegava a parar sua picape na beira da estrada para recolher cervos atropelados.

– Se ainda estiverem quentes, eu levo para casa – contou-me, descrevendo como esfolava e temperava a criatura esmagada, fazendo carne-seca ou embalando-a a vácuo. Certa vez ele encontrou um tubarão-branco morto, arrastado para a costa perto da praia de Limantour, e, com sua licença de pesquisador em mãos, fez uma dissecção improvisada. Depois levou pedaços da carne para um churrasco. Eu estava começando a entender que pessoas que viviam tão próximas da natureza não podiam se dar ao luxo de ficar sentimentais. Em última análise, os animais eram comida.

Uma vez, depois de um ataque de tubarão particularmente sangrento, Peter apanhou um pedaço abandonado de elefante-marinho, levou-o de volta para a casa e o grelhou com um pouco de cebola.

– Era como um bife – relembrou. – Muito saboroso e oleoso, deixava na boca um gosto de fígado. Não era ruim, mas enjoava rápido.

Peter colocou a carne do peixe num refrigerador embutido do baleeiro, jogou o resto pela lateral e limpou as mãos nas calças outra vez.

– Sabe, eu sempre tive um pouco de medo de comer os peixes que moram no fundo do mar por aqui. Mas acho que não tem problema. Já mexilhões eu não como de jeito nenhum, cara.

Entendi a preocupação dele. Estávamos pescando em meio ao primeiro e maior depósito de lixo nuclear dos Estados Unidos.

Numa noite de outubro de 1980, Peter e outros dois biólogos estavam cozinhando um peixe recém-pescado e assistindo às notícias. O apresentador Walter Cronkite apareceu na TV. "O plutônio entrou na cadeia alimentar", anunciou, num tom ainda mais grave do que o habitual. Quando proferiu aquela frase, o televisor mostrou uma imagem aérea da ilha Farallon Sudeste, enfocando justamente o telhado da casa onde eles estavam. Cronkite explicou que um biólogo da Universidade da Califórnia descobrira níveis elevados de radiação em peixes que nadavam junto aos 47.500 barris de resíduos nucleares despejados pela Marinha na área de 1.400 quilômetros quadrados em torno das Farallones entre 1946 e 1970. Um peixe registrara níveis de plutônio noventa vezes acima do normal, e outro tinha um nível de radioatividade no fígado 5 mil vezes acima do "permitido".

Os preparativos do jantar foram interrompidos. Peter levou o peixe para fora e o deu a uma gaivota chamada Pukey.

Os resíduos radioativos vinham do Estaleiro Naval de Hunters Point, perto de São Francisco, onde ficava o Laboratório Naval de Defesa Radiológica, e de Los Alamos, a terra natal da bomba atômica. O estaleiro de Hunters Point, em particular, fora tão descuidado com subprodutos tóxicos que, desde 1989, quando foi iniciado um projeto de descontaminação do local, já foram gastos 338 milhões de dólares na tentativa de limpar o estaleiro. E o trabalho continua.

Embora não existam registros de lixo radioativo despejado clandestinamente, a Marinha alega que os barris contêm resíduos de "baixo nível", coisas como carcaças de animais de teste, restos de tinta descascada, roupas velhas, equipamentos de laboratório, luvas e uniformes. Posteriormente, porém, revelou-se que cerca de 6 mil barris continham "resíduos especiais", um eufemismo para algo muito ruim. Esse lote de alta potência provavelmente teria plutônio e urânio, além de césio, que é menos tóxico que os outros dois mas ainda está longe de ser algo que queiramos comer com o nosso cereal no café da manhã. Até mesmo os resíduos de "baixo nível" contêm fenóis, cianetos, mercúrio, berílio, trítio, estrôncio, tório e chumbo radioativo.

No passado, nos tempos em que a bomba atômica estava sendo construída, ninguém entendia realmente o tipo de veneno com que se estava lidando – para piorar, a radiação, mesmo em doses letais, é silenciosa, invisível e indetectável pelos sentidos humanos. As pessoas tinham uma atitude incrivelmente despreocupada. Além disso, boa parte do trabalho realizado em lugares como Los Alamos e Hunters Point era inteiramente secreta, portanto a maioria dos trabalhadores não sabia o que havia por lá. Uma mulher chamada Janie Gale, que trabalhava na biblioteca do laboratório nuclear de Hunters Point em 1948, descreveu quanto entendia do assunto numa entrevista para um jornal: "Eles disseram, 'ah, teve um vazamento hoje'. Eu não sabia o que era um vazamento. Não fazia a menor ideia de que havia alguma coisa tóxica no estaleiro. Nunca tinha ouvido falar em 'descontaminação'. Achei que fosse um estaleiro e que eles estivessem consertando navios."

Consertando navios, sei. No final da década de 1940, pelo menos sessenta navios de guerra que tinham sido usados para a prática de tiro ao alvo atômico no Pacífico Sul foram levados de volta ao estaleiro de Hunters Point para serem descontaminados. Depois de serem tratados com jatos de areia e esfregados com água sanitária, lavados com detergente e banhados em solvente, uma dúzia desses navios ainda estava tão contaminada que foram considerados irrecuperáveis; dessa forma, as Forças Armadas planejaram afundá-los secretamente no meio do oceano. Dentre esse grupo de causas perdidas estava o USS *Independence*, um porta-aviões de 10 mil toneladas, um dos maiores navios da Marinha. Em 1955, o navio teve o casco perfurado no golfo das Farallones e foi deixado afundar.

Inicialmente, a Marinha dizia que o navio tinha sido enterrado num local secreto e "seguro", a 650 quilômetros da costa. Mas algumas pessoas afirmavam ter visto o navio afundando na baía de São Francisco, e um objeto com o tamanho e a forma precisos de um navio de guerra foi identificado por sonar a apenas trinta quilômetros da ponte Golden Gate. Para piorar a situação, antes de ser afundado, o navio foi carregado com ainda *mais* lixo nuclear; foi abarrotado, da proa até a popa, com produtos da "fissão mista". Embora ninguém possa explicar exatamente o que é essa "fissão mista", os produtos provavelmente traziam alguns dos remanescentes mais nocivos do processo de limpeza dos navios. E alguns dos navios, como o *Independence*, tinham estado tão perto da detonação atômica que seus cascos de aço pegaram fogo.

Jamais foi feito um estudo aprofundado sobre os efeitos desse pesadelo nuclear na vida marinha da região, onde existem no mínimo cinco grandes áreas de pesca industrial. A razão citada com mais frequência é a falta de recursos. Para investigar os barris é necessário um financiamento de muitos milhões de dólares, e o dinheiro aparentemente nunca esteve disponível. Os caros equipamentos submersíveis necessários para esse tipo de estudo também não. Localizar os barris é outro problema. Eles foram despejados na água a profundidades de cem a duzentos metros, ao longo da borda da plataforma continental, uma área repleta de valas e desfiladeiros submarinos, fossas abruptas e rochas fissuradas. Recentemente, novas tecnologias de sonar ajudaram a localizar precisamente os recessos e fendas onde estão depositados os barris, e, em 1991, a Agência de Proteção Ambiental e a Administração Oceânica e Atmosférica Nacional gastaram um milhão de dólares para alugar um veículo submersível de águas profundas chamado *Sea Cliff.* Três pessoas fariam o mergulho. Entre elas estava Ed Ueber, que era chefe do Santuário Marinho e já servira na Marinha.

Quando ouvi falar pela primeira vez no lixo nuclear, fiquei espantadíssima. Até mesmo nos anos 1940 e 1950, quando as pessoas não tinham a menor ideia daquilo com que estavam lidando, pensei, a Marinha tinha consciência de que existiam lugares melhores para despejar lixo tóxico do que numa das regiões mais férteis do oceano, um lugar que, segundo *o próprio governo* – já em 1909, quando Theodore Roosevelt transformou a área em reserva natural –, merecia proteção superespecial.

Fiquei fascinada com o mistério dos materiais que estariam espalhando sua meia-vida de 24 mil anos pelo fundo do oceano ao redor das Farallones, por isso procurei Ed Ueber para perguntar se ele havia visto algo lá embaixo. Nos encontramos para tomar cerveja no Cliff House de São Francisco, sentados diante da janela num dia tão claro que nos permitia distinguir a pedra do Grande Arco. Ueber, que já tinha mais de sessenta anos, estava muito bem-alinhado, de camisa e suspensórios, transmitindo o ar de um professor universitário muito querido por seus alunos. Ele era completa e encantadoramente sincero. Em parte, isso talvez tivesse alguma relação com o momento: tinha acabado de deixar seu cargo no Santuário Marinho. Ainda assim, ao pesquisar todas as entrevistas que ele dera sobre o assunto, percebi que Ueber era, por natureza, um antiburocrata que não usava meias palavras. Ele explicou que, apesar da pressão de grupos ambientalistas que exigiam uma investigação, o governo não se mostrava nada entusiasmado com a ideia de examinar os barris ou o navio contaminado de forma muito detalhada. Era muito mais fácil ignorá-los (de qualquer maneira, não era como se os peixes estivessem *brilhando*). Tendo em vista as dificuldades de se estudar o depósito de lixo atômico, ainda não existiam dados suficientes para provar que era perigoso consumir aqueles animais marinhos, ou que os barris radioativos eram motivo de alarme – e vários grupos distintos preferiam deixar a situação como estava.

– Nós não conhecemos a base da situação, por isso não sabemos se existe um problema – explicou. – É como dizer que não temos a doença da vaca louca porque não fizemos um exame para detectá-la.

O mergulho do *Sea Cliff* se concentrara numa área de novecentos metros quadrados onde estimava-se que 3.600 dos barris estivessem acomodados.

Como esperado, o terreno do fundo do oceano era acidentado. Ueber e os outros avistaram os barris sinistros quando desceram a 870 metros de profundidade; estavam cobertos de cracas, esponjas, pepinos-do-mar e anêmonas e colonizados por peixes de todo tipo. A vida prosperava ali com toda a glória de um recife artificial. O relatório afirmou posteriormente que os barris estavam entre intactos e "completamente deteriorados", implodidos pela pressão das profundezas. Uma fotografia numa página adjacente mostrava um peixe-carvão-do-pacífico, uma espécie comercial, ao lado de um dos barris. Quando a imagem veio a público, a demanda por esse peixe caiu de súbito no mercado japonês. Estima-se que a indústria de peixe-carvão-do-pacífico tenha sofrido uma perda de 10 milhões de dólares.

Dessa forma, não fiquei tão surpresa ao descobrir que, desde então, não fora feito nenhum estudo em grande escala. Para piorar, o *Sea Cliff* voltou de um dos locais de despejo nuclear carregado de radiação e também precisou ser descontaminado. Embora não houvesse resultados evidentemente desastrosos nas medições feitas até agora, apenas 15% da região onde ocorreram os despejos foram examinados. Em algumas das criaturas do fundo do mar recolhidas para exames, os níveis de radiação estavam centenas de vezes acima do normal. Além disso, contou-me Ueber, a Agência de Proteção Ambiental havia trabalhado com as médias dos resultados das amostras, combinando medições feitas em animais que viviam perto dos barris com as de animais que viviam longe, o que diluiu amplamente os dados.

O despejo de lixo atômico no oceano talvez acabe por não provocar efeitos óbvios ou devastadores; o oceano talvez consiga digerir aquilo tudo como quem engole um comprimido amargo. Entretanto, o mais provável é que a radiação submarina esteja subindo lentamente pela cadeia alimentar.

– Ninguém sabe o que há nesses barris – recordou-me Ueber. – *Ninguém*.

O relatório da Pesquisa Geológica dos Estados Unidos, que compilou os conhecimentos existentes sobre o Depósito Radiativo das ilhas Farallon, descreve a situação de forma tenebrosa: "O risco potencial que os barris representam ao meio ambiente é desconhecido."

Com a virada do tempo, a onda perfeita começou a quebrar no Beco do Tubarão, chamando a atenção de Peter.

– Eu vi a minha onda – disse ele. – Já vi a minha onda umas cinco ou seis vezes.

Ouvi-o discutir alguns planos no rádio com Brown, que, ao contrário de Scot, também estava se coçando para pegar uma onda na baía de Mirounga. Estávamos no melhor momento da temporada para o surfe, e em todo o norte da Califórnia os famosos surfistas de ondas grandes percorriam as praias em busca de picos épicos e desconhecidos. Mavericks, a meca do surfe um pouco ao sul das Farallones, perto da Half Moon Bay, já estava "meio que ficando para trás", concluíra Peter.

– Já era. O lugar está cheio de gente. Temos que pegar logo as nossas ondas antes que esses caras cheguem aqui.

Um grupo de surfistas fizera uma viagem de reconhecimento às Farallones em novembro de 2000, numa semana em que Peter não estava na ilha. Por acaso, a onda perfeita estava se exibindo ali na baía no momento em que eles chegaram, e, enquanto os surfistas a observavam, cada vez mais empolgados, Groth se aproximara e os alertara de que não tentassem nada, contando que tinha visto tubarões naquele lugar apenas uma hora antes. Como teste, uma prancha de surfe foi deixada na água. Foi atacada quase instantaneamente – e sem delicadeza nenhuma. Os surfistas foram logo embora, a história circulou, e, segundo Peter, "ninguém de fora pensou no assunto desde então".

No entanto, a oportunidade de ser o primeiro a pegar aquela onda não seria abandonada para sempre. Como esporte, o surfe estava cada vez mais competitivo, a pressão para ultrapassar os rivais era excruciante; além disso, os "de dentro" eram sempre outra preocupação.

– Nem pense em furar meu olho, cara – eu ouvira Peter dizer a Brown, com a voz um tanto alterada. Afinal, Nat e Brown eram as pessoas que passavam mais tempo na ilha durante o outono. E os dois eram surfistas experientes.

– Não, cara, você é que vai primeiro.

Por ora, no entanto, Peter estava ocupadíssimo com o trabalho. A tentativa de instalar uma máquina de limpeza a jato de água derrubara a eletricidade da ilha. Além disso, um pouco antes, alguns tijolos que estavam empilhados no andar de cima da casa da Guarda Costeira tinham atravessado o chão e caído na cozinha embaixo. Peter chamou pelo rádio; estava mal-humorado, resmungando sobre a enxurrada súbita de consertos de emergência. Para falar a verdade, naqueles dias as coisas tinham estado mais tranquilas que o habitual, graças a melhorias recentes no sistema elétrico e na casa, e a um regime de manutenção rigoroso. Entretanto, mesmo quando estava em sua melhor forma, a ilha sempre trazia uma grande lista de dores de cabeça: válvulas defeituosas, painéis solares derrubados por tempestades, desastres súbitos que envolviam o encanamento, vazamentos, filtros entupidos, luzes de alerta em geradores de funcionamento duvidoso, combustível contaminado, tinta corroída, bombas estragadas, cabos cortados, incontáveis baterias defeituosas. Era preciso conectar o propano, tirar a bosta de gaivota dos painéis solares, limpar os filtros do ozonizador e bombear um tanque gravitacional, o que quer que isso fosse. As casas ficavam cobertas de algas verdes que precisavam ser removidas com uma mangueira de alta pressão. Depois de um dia ou dois, as algas voltavam.

Os problemas de manutenção não estavam acontecendo só em terra. O *Just Imagine* tinha a tendência de piorar junto com o tempo, e o estresse entre nós dois aumentava. Ficávamos presos numa batalha de vontades: eu queria estar aqui, o veleiro não queria.

A lista de sistemas enguiçados e descontrolados crescia a cada dia. Por exemplo, fazia mais ou menos uma semana que a bateria que alimentava todo o barco – as luzes, o rádio e o aquecedor de água – deixava de funcionar repetidamente, sem razão aparente. Peter e eu passamos um bom tempo tentando consertá-la com a ajuda de vários manuais, mas não conseguimos. Sempre que a voltagem caía abaixo de um certo nível, um alarme ensurdecedor soava, geralmente no meio da noite, obrigando-me a ligar o motor imediatamente e deixá-lo ligado até que a bateria recarregasse. Isso sempre me deixava nervosa, como se, ligando o motor, eu pudesse fazer o barco avançar, arrebentar as amarras e ir de encontro à ponta da Torre, ou sair para o mar aberto. Por isso eu tentava economizar energia. Mantinha as luzes internas apagadas e usava minha lanterna de cabeça o tempo todo. A única luz que ficava acesa durante a noite, resoluta, era a luz de mastro, que – em teoria – evitaria que qualquer barco (pesqueiros de lulas ou outros) que decidisse ancorar na baía do Pescador fosse de encontro ao grande objeto estacionado na entrada.

Enquanto isso, o encanamento ainda me causava surpresas. O lodo vermelho havia surgido no ralo da cozinha enquanto eu lavava a louça, e a privada também tinha dado defeito, mas as boas maneiras me impedem de descrever o evento em detalhes. Numa tentativa de consertá-la, chegamos a retirar uma das placas do piso para conseguir enxergar melhor o sistema séptico. No buraco havia um emaranhado de tubos de borracha banhados num caldo medonho de água cinzenta e engordurada – supus que aquela fosse a sentina. Já tinha ouvido essa palavra, em referência ao local onde se acumulam os dejetos marítimos das embarcações, e aquele líquido correspondia à descrição, para dizer o mínimo. Havia uma película escura na superfície da água que, pelo cheiro, estava por ali mais ou menos desde a mesma era em que a mulher nua fora esculpida. Por sorte, Peter parecia saber o que fazer com um sistema séptico. Fiquei um pouco afastada enquanto ele metia a mão nas entranhas do veleiro, determinado.

– Hmm. Acho que este é o tubo que não está bombeando... – disse, cutucando uma mangueira de aspecto funesto. BBLLAMM! Uma válvula explodiu, fazendo uma braçadeira voar pelo ar feito uma rolha de champanhe e então cair de novo nas trevas. Um silvo violento ressoou na mangueira.

– Opa – disse Peter. – Espero que não seja nada de que a gente precise.

Olhando para a privada, percebi que a descarga tinha sido dada. Mas a vitória durou pouco. Menos de uma hora depois, a tampa da privada tinha sido fechada pelo vácuo, e, quando forcei sua abertura, cuspiu uma água negra com força, numa imagem que me fez lembrar do filme *O exorcista*.

Na noite anterior, ventos de quinze nós tinham feito o barco balançar e sacudir como um brinquedo de parque de diversões, e uma cacofonia de gemidos e rangidos encheu a cabine. Não consegui dormir. Os sons reverberavam da âncora, sendo produzidos pelo roçar da corrente com uma rocha. Veio-me à mente a imagem de um prisioneiro tentando limar uma algema.

O conceito de plataforma flutuante para pesquisa de tubarões estava, evidentemente, sendo testado naquele momento. Por outro lado, vários acontecimentos me lembravam por que eu ainda queria estar ali. Na ilha, dois avistamentos de aves extraordinários tinham deixado os cientistas em polvorosa: um pardal-de-baird e um rabo-de-palha-de-cauda-vermelha. Ambas eram aves migratórias bastante exóticas; Peter só vira um pardal-de-baird uma vez na vida – e, em toda a Califórnia, a ave só fora avistada em quatro ocasiões (três dos quatro avistamentos ocorreram nas Farallones). Kristie avistara o pássaro perto de uma área de vegetação rasteira, e Peter conseguira efetivamente identificar a ave, o que não é algo fácil de se fazer (se você folhear um guia de pássaros, verá, nas vinte páginas dedicadas aos pardais, que eles são aves muito pequenas e se diferenciam por marcas ainda menores). O rabo-de-palha-de-cauda-vermelha habitava a região noroeste do Havaí. Era um pássaro branco, chamativo, com uma única pena vermelha no rabo que o acompanhava como a cauda de um vestido Valentino. Aquele espécime não tinha por que estar aqui, mas aqui estava, revoando sobre nós durante quase uma hora. Ao falar comigo pelo rádio, Peter descreveu os avistamentos como algo "radical pra cacete".

Além disso, naquela mesma tarde havia ocorrido um ataque impressionante perto da Cabeça do Índio, com pelo menos cinco tubarões. O elefante-marinho era um adulto de grande tamanho com um estoque de sangue aparentemente interminável, e a água na ponta oeste da ilha foi coberta de uma espuma escarlate criada pelos choques das ondas vindas de todas as direções. Os tubarões estavam agitados perto do baleeiro, e então um deles rompeu a superfície, mas meio que em marcha a ré, saindo primeiro com a cauda. Peter suspeitou que os animais se aproximaram muito uns dos outros enquanto comiam e acabaram "pirando" – acho que esse foi o termo biológico que ele usou. Era uma situação caótica demais para instalar um marcador, mas Peter reconheceu um dos tubarões:

– Esse é o Barbatana Pontuda, cara! – O tubarão voltara do Havaí para mais uma temporada no arquipélago.

Depois de mais de uma hora comendo e investigando coisas na superfície – o baleeiro, seu motor, uma prancha de surfe –, os tubarões foram todos embora. Ao menos cinco tubarões diferentes foram registrados em vídeo, provavelmente membros do Rat Pack. Se uma Irmã fizesse parte do grupo, os outros teriam se afastado, em vez de ficarem tão confiantes por ali.

– Aquilo foi animal – disse Peter num tom alegre, aumentando o volume do jogo do Giants no rádio.

Ele acabara de voltar à ilha para passar a noite. Vi-o seguir apressado para a costa no *Tubby*, erguer o barco a remo nas rochas da Plataforma Norte e seguir depressa pela trilha, para voltar ao calor da casa. O céu estava sombrio e frio, e nuvens tempestuosas avançavam para o sul. Fiquei parada na proa e vi a frota de pesqueiros acender seus holofotes potentes e se posicionar para a noite. Ondas fortes acertavam o *Just Imagine*, que, por sua vez, acertava o baleeiro, amarrado a seu lado.

Acendi minha lanterna de cabeça e desci para a cabine.

– Hoje a noite não vai ser tão ruim – disse a mim mesma, sentando-me num banquinho com meu jantar de biscoitos de água e sal e um *cabernet sauvignon*. – Um pouco de vento, talvez.

Minha avaliação mudou em menos de uma hora. Segundo a Voz do Tempo, o vento soprava a velocidades de dez a vinte nós, e ondas de seis pés (1,8 metro) chegavam a cada dez segundos. O que, segundo os manuais marítimos, era uma "brisa fresca". Para mim, isso era como chamar um bêbado descontrolado, quase desmaiado, de "ligeiramente desequilibrado". Aquele vento era tudo menos uma *brisa*. O baleeiro acertava a lateral do *Just Imagine* com golpes diretos e violentos. O ruído ficou cada vez mais alto, até se tornar tão perturbador que me fez subir ao convés para ajeitar os pneus e refazer os nós das cordas. No exterior, o vento lufava com força, o iate estava escorregadio devido à neblina, e os dois barcos balançavam de um lado para o outro enquanto eu tentava desfazer os lais de guias e nós de cunho sem perder nenhum dedo. Os urros dos leões e elefantes-marinhos ecoavam nas rochas, e, acima, o farol cortava a noite com seu feixe de luz, como se estivesse procurando alguma coisa, ao invés de mostrá-la.

Não seria recomendável cair do veleiro no meio da noite. Especialmente um veleiro que estivesse no meio do oceano Pacífico. Pensei que não poderia haver nada mais solitário que sermos engolidos pelo abismo, perdendo tudo o que possa manter nossa ilusão de controle e todos os confortos que associamos à terra firme. Imagine o terror de encontrar um tubarão-branco em meio à escuridão total. Primeiro, ele nadaria em círculos. Depois viria o golpe. Na primeira passagem o tubarão se manteria contido, diligente, iria apenas nos roçar – talvez sentíssemos sua pele característica, coberta de dentículos afiados, que são literalmente dentes pequeninos (a pele de um tubarão, por si só, pode causar sangramentos). No entanto, quando o tubarão voltasse para um segundo golpe, já estaria oficialmente nos caçando... Fiz que não com a cabeça, afastando aquela imagem. Agarrando-me aos cabos de aço do veleiro, voltei para a cabine e fui logo jogada ao chão por uma onda mais alta. Quando ainda estava em Nova York, alguns amigos marinheiros recomendaram que eu engatinhasse pelo veleiro durante momentos de tempo ruim para não ser sacudida daquela forma. Na hora, achei aquilo engraçado: *engatinhar. Até parece*. Mas eu não estava rindo agora. Abaixei-me e engatinhei.

Os pratos de plástico que tinham sido deixados na pia tombaram ao chão (havia poucas coisas de vidro no barco, por motivos óbvios). Agora, mais ou menos a cada trinta segundos, o *Just Imagine* era erguido para o alto e depois tombava, e qualquer objeto que não estivesse bem preso era arrastado de um lado para o outro da cabine. Pensei em chamar Peter pelo rádio, mas não havia nada que ele pudesse fazer. Além disso, meu rádio tinha sido arremessado em algum canto do chão, e eu não fazia ideia de onde poderia estar.

Naquele momento, foi difícil não pensar em tudo o que já acontecera na baía do Pescador: os afogamentos, os tiroteios, os acidentes dos oveiros, todos os barcos virados e naufragados, as Irmãs dando voltas no fundo do mar, furtivas como caças-bombardeiros. Por algum motivo a proa parecia mais estável, por isso fui para lá. Engatinhei até a cabine do capitão e me cerquei de montes de cobertores que serviam como acolchoamento. Infelizmente, ali eu estava muito mais perto da corrente da âncora, e, a essa altura, o vento já estava efetivamente uivando. Uma caixa de ovos deixada na cozinha se estraçalhou na parede em frente. Os livros caíram das prateleiras; as baterias tombaram pelo chão de bombordo a estibordo, e de volta para bombordo.

Eu não sabia o que fazer. Por um lado, parecia um bom momento para misturar álcool com comprimidos para dormir, para escapar da ansiedade; os sedativos tinham sido inventados justamente para momentos como aqueles. Por outro lado, seria sensato manter a mente limpa caso fosse necessário agir diante de uma emergência. Nadar, por exemplo. No dia anterior, eu tinha ficado no convés e calculara a distância do *Just Imagine* até as rochas: 150 metros até a ponta da Torre e cerca de duzentos até o Sugarloaf. "Eu poderia nadar até a ilha em menos de dois minutos", disse a Peter, com falsa presunção. "É, bom, seriam os dois minutos mais longos da sua vida", respondera ele.

Depois de uma série de ondas particularmente extremas, decidi-me pelo remédio. Mas continuei acordada – aquilo era como tentar dormir numa cama elástica enquanto outras pessoas pulavam ao redor. Objetos não identificados continuavam a ser catapultados pela cabine. Às duas da manhã, depois de alguns goles da velha garrafa de conhaque que havia no bar, caí numa espécie de sono entrecortado. Os ruídos ficaram diferentes: pareciam mais agudos, sons assustadores de crianças chorando e vozes sussurrando. Leves e aquáticos, surgiam da água como uma expiração.

De manhã, o vento ainda soprava a vinte nós, o céu estava irritadiço e deprimente, mas... eu ainda estava viva! O dia nascera! O baleeiro não estava no fundo do oceano! (Mas estava evidentemente um pouco baqueado.) Subi ao convés e observei a baía, com uma sensação de gratidão. De repente, no meio da minha celebração privada, notei uma grande poça de sangue no convés. E então, acima dela, uma longa mancha na porta da cabine, como se uma mão ensanguentada tivesse roçado a lateral. E diante da mancha, perto da proa, havia *mais* sangue – uma poça. Na verdade, havia sangue *por toda parte*; era um sangue vermelho vivo, tão recente que ainda estava pingando. Em pânico, chamei Peter pelo rádio. Ele atendeu numa voz alegre e descansada e se lançou imediatamente num monólogo sobre o jantar da noite anterior, sobre a torta de banana e chocolate que tinham comido na sobremesa – uma receita vegan, aparentemente; ele iria me trazer um pedaço...

Duas pessoas não podem falar simultaneamente num rádio. Temos que esperar até que a outra pessoa termine, diga "câmbio" e solte o botão de transmissão. Quando chegou a minha vez de falar, eu estava descontrolada, gritando com Peter sobre as vozes sussurrantes e as poças de sangue. Relaxe, disse Peter, um pássaro deve ter acertado o barco. E, a julgar pelo volume de sangue, provavelmente seria um pássaro de tamanho razoável, como um biguá. Com uma voz inteiramente calma, ele me instruiu a procurar uma pena para que ele pudesse identificá-la, explicando que, se um grande pássaro houvesse se ferido e sangrado tanto, certamente teria perdido algumas penas. Certo, tudo bem. Um pássaro. Vou procurar uma pena. Durante meia hora, revistei o convés inteiro. Não achei pena nenhuma.

Capítulo 9

"Se Robinson Crusoé houvesse naufragado nesta ilha, eu me pergunto como teria sobrevivido." Charles Warren Stoddard, *With the Egg Pickers of the Farallones*, 1881

30 DE SETEMBRO A 6 DE OUTUBRO DE 2003

– Bem, eu *acho* que um elefante-marinho não conseguiria subir aqui – Peter havia passado os últimos dez minutos investigando o convés em busca das penas de alguma ave camicase, mas não encontrou nenhuma. – A menos que conseguisse levitar a uma altura de dois metros e passar por cima deste corrimão.

Minha voz estava alterada. Logo após nossa conversa pelo rádio, Peter subira no *Tubby* e viera examinar o sangue; eu esperava que ele conseguisse descobrir a quem pertencia. Notei que ele ficou surpreso com o volume de líquido, e com o fato de estar espalhado da proa até a popa, como se uma violenta batalha aviária tivesse ocorrido em todo o convés superior do *Just Imagine*. Ele apontou para uma mancha verde perto de uma gota de sangue e disse:

– Isto aqui parece sebas. O que quer que fosse, estava comendo sebas.

– Isso é *guacamole*. De quando joguei os *burritos* estragados na água.

– Ah.

Decidimos sair dali. Estava claro que, por ora, a fonte do sangue continuaria um mistério. Fiquei abalada. Primeiro, as vozes; agora isso. De todo o sangue que eu vira nas Farallones, aquele era o mais desconcertante. A culpa talvez fosse daquele tabuleiro Ouija amaldiçoado. Como de costume, eu tinha ideias conflitantes sobre a paranormalidade. Não conseguia acreditar que o veleiro tivesse atraído fantasmas que deixavam rastros de sangue; ainda assim, adoraria me livrar daquele tabuleiro. Meus nervos estavam em frangalhos, e eu estava ansiosa para sair daquele iate sanguinário. Assim, subimos os dois no baleeiro, sob um céu cinzento e ondas impiedosas. Ainda naquela manhã, Peter estivera trabalhando na área da Plataforma Leste e vira um grande tubarão, possivelmente uma Irmã, cortar a superfície bem em frente à ponta Shubrick: o animal saíra inteiramente da água e tombara de volta como uma bomba. Seguimos naquela direção.

Sabe-se que os tubarões-brancos saltam sobre a superfície quando estão caçando, e suas acrobacias até já inspiraram uma série de vídeos chamada *Air Jaws*. Parte das filmagens foi feita em False Bay, na África do Sul, onde os tubarões costumam subir das profundezas feito torpedos em meio a grupos de lobos-marinhos. Nas Farallones, os tubarões não cortam a superfície com tanta frequência, talvez porque os elefantes-marinhos, menos ágeis, não requeiram tanto esforço. Na primeira vez em que viu um tubarão voar sobre a água, em 1982, Peter pensou que o animal fosse uma baleia. Com o tempo, entretanto, ficou claro que os tubarões também davam os seus saltos. Para Scot, os saltos eram tentativas frustradas de decapitar elefantes-marinhos, mas Peter tinha outras teorias. Fracassos durante a caçada, na opinião dele, não explicavam as ocasiões em que o tubarão saltava três ou quatro vezes em sequência. Os saltos repetidos pareciam quase uma tentativa de se exibir, e Peter se perguntava se aquilo seria algum tipo de sinalização social ou um ritual de acasalamento.

– O modo de acasalamento dos tubarões é completamente desconhecido – disse Peter. – Como eles se encontram? E como decidem? Os machos têm de fazer *alguma coisa* para conquistar as fêmeas.

Existia outra possibilidade, menos romântica: os tubarões talvez estivessem tentando se livrar de parasitas, como faziam as baleias.

Eu estava pilotando o baleeiro. Tentei implorar a Peter para me livrar dessa; a água estava, na avaliação dele, "arrogante", e eu simplesmente não estava a fim. Não queria ter que pensar, ter que me preocupar ou demonstrar qualquer tipo de habilidade. Queria sentar na proa do baleeiro, fitar passivamente a superfície e esperar até que alguma criatura incrível assomasse a cabeça para fora da água. Só isso. Peter não quis nem saber. Olhou-me com uma expressão de censura e disse: *atitude errada*. Então, tentando me encorajar, acrescentou:

– Já está mais do que na hora de termos um ataque deste lado.

E ele estava certo – as Irmãs estavam bastante sumidas. Embora os tubarões mais novos, menores e menos espertos estivessem nos dando bastante trabalho na Cabeça do Índio e na baía de Mirounga, ainda não tínhamos encontrado um tubarão no lado leste da ilha.

O baleeiro cortou as ondas afiadas que vinham em intervalos rápidos, de direções inesperadas. Era o tipo de água na qual um piloto inexperiente poderia afundar a proa na água ou morder a ponta da língua, se não tomasse cuidado. Duzentos metros a leste da ilha, senti o motor engasgar. Acelerei, e o motor, em resposta, apagou completamente. Morreu.

Peter tentou reanimá-lo várias vezes, sem êxito.

– Não vá afogar o motor – alertei-o.

Ele me ignorou graciosamente e se virou para a popa, retirando a cobertura do motor e checando os tubos de combustível. O vento soprava do noroeste a uma velocidade de pelo menos dez nós, e ficamos ali balançando nas ondas, sendo empurrados para o leste e nos afastando rapidamente da costa. Em vez de ficar mexendo no motor até que fôssemos arrastados para fora do alcance do rádio, Peter mandou um sinal de socorro à ilha, para que viessem nos rebocar. Em poucos minutos, Elias se aproximou de nós no Prato de Comida; ele vestia roupas apropriadas para o tempo ruim e tinha um aspecto intrépido, como o capitão de um barco de brinquedo numa missão em algum livro de aventuras para crianças. Foi um alívio vê-lo; a água ganhara uma cor negra, funesta, e, olhando para o *Just Imagine*, vi que a baía do Pescador estava coberta de uma névoa escura, pontuada pelas cristas brancas das ondas.

Quase exatamente no lugar onde Peter vira o tubarão cortar a superfície naquela manhã, jogamos uma corda para Elias e passamos para o Prato de Comida. Aquele era um barco mais robusto que o *Tubby*, mas não muito, pensei, olhando nervosa pela lateral. O barco de pesquisa de tubarões estava claramente fora de serviço por ora, por isso eles me deixaram no *Just Imagine* e voltaram à Plataforma Leste, onde o baleeiro avariado seria guinchado para a ilha e consertado.

Fiquei no convés, observando a paisagem hostil, enquanto Peter e Elias desapareciam em meio à névoa. As nuvens tinham se entrelaçado, e, por ora, estávamos num mundo monocromático. Parada ao lado de várias poças de sangue seco, senti o vento trazer um cheiro inconfundível de esgoto. Descobri que o cheiro vinha de uma peça de metal que parecia ser decorativa, mas obviamente não era; um líquido repulsivo vazava persistentemente de lá, com um ruído sibilante. Enquanto eu pensava no assunto, intrigada – por que havia merda saindo pelo teto da cabine? –, um catamarã esportivo surgiu do nada e deu meia-volta bem perto do iate. Perto demais, de fato. A embarcação estava navegando rápido e bastante próxima, fez uma curva arriscada e quase atropelou o *Tubby*. Não só isso; se tivesse calculado mal uma onda, teria acertado o estibordo do *Just Imagine* com muito mais força que no acidente sofrido por Tom e sua tripulação. Pude ver o nome do barco, *Big Fat Fun*, quando ele passou por mim, e o medo nos olhos do capitão era evidente. Ele estava sozinho, vestia uma balaclava e uma capa de borracha, pilotava com o motor ligado e as velas recolhidas, e se esforçou para sair dali o mais rápido possível. Quebrando as regras de etiqueta dos marinheiros, nem se preocupou em acenar para mim.

Peter chamou pelo rádio para confirmar que, com ou sem tubarões, o dia estava encerrado. Ele ficaria na ilha para trabalhar no baleeiro, que parecia ter um problema no filtro de combustível. Também havia outros problemas a resolver, algo a respeito de um cano quebrado, além de um jogo do Giants no rádio. Compreendi inteiramente a razão do meu abandono. Por que alguém passaria seu tempo no *Just Imagine* a menos que fosse forçado a isso? Mas eram apenas duas da tarde. Eu teria uma longa tarde, noite e madrugada pela frente.

Desci para a cabine, pensando em deitar no meu saco de dormir por algum tempo e ler um livro que trouxera sobre o papel dos predadores na natureza, e talvez me exercitar fazendo algumas barras. Em vários pontos no teto da cabine havia apoios de madeira que eram ideais para o exercício, embora eu acreditasse que fossem destinados a usos mais prosaicos, como conseguir ficar de pé quando o barco estivesse virando. De qualquer forma, eram a parte do barco de que eu mais gostava, talvez por parecerem tão resistentes e difíceis de quebrar. Eu já estava conseguindo fazer dezessete barras, meu recorde.

O veleiro oscilava irritado, impossibilitando a leitura. Engatinhei até minha cama e apertei as fitas de segurança. Por algum motivo, não era assim que eu vislumbrara a temporada de tubarões: sentada sozinha e sem comida, em condições precárias, num veleiro que parecia disposto a retaliar por ter sido colocado ali. E *onde* estavam as Irmãs?

Eu tinha imaginado que, àquela altura, já conseguiria reconhecê-las de vista. Afinal, éramos vizinhas. Vislumbrei aquelas garotonas dormindo em grutas subaquáticas profundas e labirínticas, abandonando-as somente no momento certo, como Ferraris dirigidas muito de vez em quando. Embora ainda estivéssemos tecnicamente no início da temporada, Peter havia telefonado para Scot a fim de discutir a ausência de fêmeas. Scot ainda tinha dúvidas sobre a influência dos pesqueiros de lulas; as luzes, os ruídos subaquáticos das redes sendo lançadas e recolhidas e os motores potentes, na opinião dele, certamente afetariam os hábitos de caça dos animais.

– Eles são espertos. Vão se mandar para outra parte. – Porém, acrescentou: – Mas temos que esperar para ver.

Durante o mês de outubro havia em média um ataque por dia, embora às vezes houvesse até cinco. Nós estávamos *vendo* tubarões todos os dias, mas sobretudo quando atacavam os chamarizes. O número de ataque contra animais, com elefantes-marinhos, sangue e muitos dentes expostos, estava mais baixo que o habitual. Peter me narrou sua conversa com Scot, observando que "quando ele chegar aqui, a situação vai mudar. Você vai ver, as coisas podem virar bem rápido."

Caí num sono leve e acordei sobressaltada logo antes do pôr do sol. Embora a corrente da âncora ainda balançasse e rangesse, e o veleiro se movesse agitado, retesando os cabos, tudo parecia estranhamente calmo –

com a ausência do baleeiro, o *Just Imagine* já não tinha nada com o que se chocar. Desorientada, assomei a cabeça pela escotilha. Notei instantaneamente que a água estava mais tempestuosa, e o céu também. Na Fenda, as ondas acertavam os recifes duplos da baía de Maintop com uma força que eu jamais vira. O vento aumentava.

Alarmada, sintonizei a Voz do Tempo, bem na hora de ouvir o relatório da boia de ponta Arena: "ALERTA PARA PEQUENAS EMBARCAÇÕES. Ventos de vinta a trinta nós; ondas de dez pés (cerca de três metros) a onze segundos." A Voz transmitiu essas informações de forma mecânica, despreocupada. Porém, sentindo os ruídos produzidos pelo veleiro aumentarem e a noite cair depressa, não fiquei tão tranquila. Em comparação com os novos números, mais sinistros, a noite anterior *fora*, de fato, uma "brisa fresca". Assustada, fui até o rádio e chamei Peter, que estava preparando o jantar. Ele tentou me acalmar, adotando o tom tranquilizador e falso que os controladores de tráfego aéreo utilizam nos filmes quando os pilotos morreram e eles estão tentando instruir uma pessoa que nunca pilotou um avião a aterrissar um 747.

– A coisa está *feia* por aqui – eu disse, tentando conter o pânico na voz. – Até os pesqueiros sumiram!

Seguiu-se um longo silêncio.

– Câmbio? Peter? Você está aí?

– Era isso o que eu temia – respondeu Peter, com uma voz cansada.

Não foram as palavras mais reconfortantes que já ouvi.

– Este veleiro não vai virar, vai?

– Não, não, não. Sem chance. Ele tem uma quilha bem grande.

Fiquei momentaneamente mais tranquila, até ele continuar:

– O problema é se a corda ou a corrente da âncora se romperem e o barco seguir à deriva em direção à ponta da Torre...

– *Como assim, se a corda ou a corrente da âncora se romperem?*

– Acho que é melhor eu ir para aí.

Já passava das nove da noite quando Peter cruzou a baía do Pescador a remo sobre ondas de três metros, algo que o manual do proprietário do *Tubby* certamente desaconselhava. A escotilha se abriu, e uma lufada de vento e de sons oceânicos invadiu a cabine, seguida pelas botas de Peter descendo a escada. Eu estava sentada à mesa com minha lanterna. Fiquei vergonhosamente aliviada ao vê-lo, especialmente porque ele me trouxera alguma comida.

– Que barulho é esse? – perguntou Peter, franzindo o cenho, preocupado.

– *Qual deles?* – O veleiro executava uma sinfonia de ruídos funestos, uma orquestra satânica vinda do fundo da água. O vento fustigava o veleiro pelo lado oeste, por isso o *Just Imagine* se inclinava intensamente para o leste, na direção da ponta da Torre; inclinava-se tanto que as vigias de estibordo estavam quase submersas.

– Esse rangido. É como se alguém estivesse arranhando uma pedra. Ainda não tinha ouvido esse. Vou lá em cima ver qual é o lance com aquela corrente da âncora.

Peter subiu outra vez a escada e saiu para o vento. Passaram-se dez minutos. Comecei a temer que eu precisaria subir ao convés e ele teria desaparecido, deixando uma poça de sangue inexplicável em seu lugar. Porém, alguns instantes depois ele surgiu na escotilha.

– Cara, o vento está *uivando* lá fora – disse, sacudindo a cabeça. Ele estava segurando um pedaço de cabo esfarrapado, completamente destruído – era o que restava de um cabo que Tom amarrara em volta da corrente da âncora para lhe dar mais apoio. Com aquele cabo adicional preso na proa, o veleiro se movia menos. Agora que estava destruído, a corrente frouxa da âncora permitia que o *Just Imagine* oscilasse com um forte movimento pendular.

– Não posso dizer que eu não esteja preocupado – disse Peter, examinando o cabo.

O atrito da corrente com a borda do recife tinha se intensificado, tornando-se mais grave. Era impossível ignorar a mudança de tom.

– Muito bem – disse Peter, virando-se para mim e falando devagar. – Caso o *Just Imagine* se solte por inteiro e vá se arrebentar contra as rochas, o *Tubby* está aqui para nos salvar. A gente entra no *Tubby* e cai fora. – Eu estava de acordo: um passeio no barco a remo era uma opção melhor que mergulhar na água no meio da noite.

Um rugido sinistro irrompeu no convés, seguido pelos estalidos intensos de objetos caindo sobre as nossas cabeças.

– Que diabos foi *isso*?

– Os cilindros de gás, e provavelmente um rádio de reserva ou algo assim. É melhor a gente resgatar esse equipamento antes que caia no mar. – Peter subiu a escada outra vez, regressando logo em seguida com a caixa de uma câmera de vídeo e uma lata de alumínio.

– Acho que o balde saiu para dar uma volta – disse.

Era uma grande perda. A situação do encanamento estava precária. Eu precisava do balde.

De repente, ouvimos vários outros baques, seguidos por uma agitação ruidosa na proa, seguida por um gemido intenso.

– Que diabos foi *esse* barulho?! – era a vez de Peter ficar surpreso.

– Não sei. Mas não é a primeira vez que o ouço.

– Bem, eu gostaria que parasse agora mesmo. Porque eu nunca ouvi esse som desde que cheguei. Agora parece o...

– Não é um ruído novo. Esse ruído é bem familiar para mim.

Peter ficou sentado à mesa, inquieto.

– Estou me perguntando se outro cabo arrebentou – disse ele.

Eu lhe passei uma grande caneca plástica de vinho tinto, e depois também dei um gole. Agora o barco balançava com força para a frente e para trás, em movimentos mais aleatórios.

– Mas se alguma coisa mais séria acontecer, vamos perceber – disse Peter. – Nesse caso, todo o nosso movimento vai mudar. E não mudou. Acho que não.

Um ruído feio ressoou no fundo do barco. Era o som de uma colisão direta, o tipo de barulho que ouviríamos se acertássemos um objeto sólido, talvez uma rocha, ou os remanescentes do naufrágio de um barco que fora tolo o suficiente para ancorar ali antes de nós. Mas era apenas a força das ondas que cruzavam a baía. Um rádio e algumas baterias se estraçalharam no chão, acertando a cabeça da mulher nua no caminho.

– Os veleiros são feitos para suportar esse tipo de tempo – disse Peter. Mas não parecia inteiramente convencido. – No oceano aberto, eles passam por coisas muito piores.

O que ele não disse – não precisava dizer – era que, quando o barco estava de fato velejando, tinha liberdade para se mover com o vento.

Perguntei se ele e Scot já haviam saído para observar ataques de tubarão num tempo realmente ruim. Era difícil imaginá-los dando voltas no baleeiro ao lado de tubarões em condições como aquelas.

– Ah, sim, muitas vezes – respondeu Peter. – Mas quase sempre não vale a pena. A mancha desaparece rápido, e o barco se move muito enquanto a gente tenta filmar. Mas teve uma vez em que foi realmente doido.

Alguns anos antes, contou Peter, uma tempestade furiosa chegara do nada. Era final de setembro, o auge da temporada de tubarões, e ele estava na água quando viu duas grandes barbatanas cerca de 1,5 quilômetro ao norte do Sugarloaf, paradas ali como periscópios. Naquele momento, o tempo estava completamente benigno, e não havia revoadas de gaivotas nem manchas de sangue. Curioso, Peter ligara para Scot, que estava no farol, e então conduzira o barco na direção das barbatanas. De repente, os tubarões começaram a se mover agitados, produzindo enormes ondas na água. Scot também vira a cena e descera correndo para lançar o Prato de Comida.

Avançando na direção do ataque, Peter percebera que o local ficava mais longe do que havia estimado, a três quilômetros da costa. Ali havia uma carcaça de elefante-marinho, tão destroçada que os pedaços de carne balançavam feito laços de fita vermelha, cercados por três grandes tubarões. Os animais circundavam a carcaça, mas, estranhamente, não a comiam. Tudo aquilo parecia muito ominoso, como as bruxas de Macbeth em volta do caldeirão; nesse momento, Peter se virara e vira que todo o horizonte a oeste tinha escurecido atrás de uma grande parede de nuvens. Scot chegara no momento em que os ventos começaram a crescer, dera uma última olhada na cena e recomendara uma retirada rápida. Nem o Prato de Comida nem o baleeiro eram bons lugares para se estar durante uma tempestade oceânica.

Peter, suspeitando que talvez presenciassem algo interessante, relutara em sair dali, mas, quando o vento chegou a 25 nós, ele também deu meia-volta em direção à costa. Quando chegou à ilha, a tempestade já se transformara num tufão; chuva e granizo caíam em meio a relâmpagos, e usar o guindaste estava fora de cogitação. Scot e o Prato de Comida ficaram presos na baía do Pescador; as ondas enormes o impossibilitaram de dar a volta por trás da ponta Shubrick. Peter o rebocara até a Plataforma Norte e atara os barcos à boia, preparado para aguentar a tempestade com as duas embarcações durante toda a noite, se fosse preciso. Mas a tempestade se fora de forma tão abrupta quanto havia chegado, e depois de uma hora ele já estava em terra, envolto em cobertores.

Infelizmente, o clima não iria mudar durante a noite. Mas não parecia estar piorando, por isso me acomodei na minha cama, deixando a assustadora cabine de capitão para Peter, e ali ficamos os dois, preocupados com a possibilidade de que o *Just Imagine* fosse arrastado para as rochas durante a noite. Apertando os cordões do meu saco de dormir, tive de reconhecer: embora as Farallones estivessem tentando me matar, eu nunca me sentira tão viva.

De manhã, Peter já não estava. Um recado na escada explicava que os barulhos do barco não o tinham deixado dormir, por isso ele remara de volta para a ilha às quatro da manhã. Chamei-o pelo rádio:

– Não *acredito* que você saiu no *Tubby* debaixo daquilo!

– Foi um pouco pesado – admitiu ele.

Hoje era outro dia de Alerta para Pequenas Embarcações, que trazia a promessa de mais desconforto. Mas o baleeiro havia sido consertado, e, apesar das condições desalentadoras, decidimos sair para a água. Largando a prancha de surfe perto da Cabeça do Índio, atravessamos o Beco do Tubarão. Peter parecia estranhamente calado. Perguntei no que estava pensando.

– Estou achando que deixar o veleiro ancorado ali talvez não tenha sido uma boa ideia – respondeu, com um ar um pouco sofrido. Ele estava pensando nas noites que eu passara no *Just Imagine*, sendo arremessada de um lado para o outro, à mercê do tempo. Estava pensando nas compras que haviam apodrecido, na privada que não dava descarga e no sangue anônimo espalhado por todo o convés.

Respondi que, da minha parte, tudo estava bem. E era verdade, em termos gerais. Ainda assim, eu também sabia que, se o tempo continuasse a piorar, a coisa mais responsável a se fazer seria tirar o *Just Imagine* de lá. Mas para isso precisaríamos de Tom, que estava viajando durante aquela semana; de qualquer forma, Scot chegaria logo. Ele e Peter certamente conseguiriam melhorar a ancoragem.

Eu sabia bem que, se o veleiro tivesse que ser retirado de lá, eu também seria. E não estava pronta para isso. Não tinha visto nenhuma Irmã. Não tinha passado tempo junto de Scot. Se eu fosse embora agora, todo o drama da temporada de tubarões continuaria sem mim, e eu seria mais uma vez deixada de lado no continente.

– É uma experiência boa para fortalecer o caráter – assegurei-lhe, tentado soar animada. Mas ele não estava olhando para mim. Um instante antes que eu dissesse essas palavras, uma pequena agitação surgira na água ao lado da prancha de surfe, e Peter a notara. O tubarão subiu à superfície logo em seguida. Era um membro do Rat Pack, de tamanho médio. O animal nadou em volta da prancha, desenhando um oito com rapidez; roçou o nosso barco, virou-se de lado, olhou para o céu com um olho negro e ancestral, bateu a cauda e desapareceu. A cabeça do tubarão estava marcada com vários arranhões brancos e compridos.

– Era o Plimpton – disse Peter.

Aquele encontro desfez a tensão e pareceu encerrar a discussão sobre uma estratégia de fuga para o iate alugado. A noite seguinte foi mais uma vez aterradora, e os ruídos acabaram com meus nervos, fazendo-me passar a noite inteira olhando para a ponta da Torre à espera de vê-la surgir bem grande na vigia; mas, quando Peter me chamou pelo rádio para saber como eu estava, respondi que as coisas na baía do Pescador estavam muito, muito melhores; realmente bastante boas.

Não era sequer uma mentira completa. Nos dois dias seguintes, não houve nenhum grande transtorno a bordo do *Just Imagine*, embora o tempo tenha continuado a ser uma preocupação. Na ilha, ressoavam os ruídos de serras elétricas e britadeiras, usadas pela equipe da Guarda Costeira para acomodar as pilhas de entulho que seriam transportadas de helicóptero na semana seguinte. Do convés do *Just Imagine*, observei aqueles homens em pé nas rochas da Plataforma Norte, pescando. Os funcionários da Guarda Costeira nunca gostavam muito de ser mandados às Farallones. De fato, várias temporadas antes, uma equipe reclamara das "condições de trabalhos desumanas", citando as moscas de kelp. E aquele grupo anterior tinha até trazido uma antena parabólica para passar sua semana de trabalho. Os homens que estavam na ilha agora, contou-me Peter, tinham levado sua própria comida. O menu diferia drasticamente do habitual na ilha: os biólogos comiam comida orgânica e saudável, enquanto os funcionários da Guarda Costeira comiam ensopados de carne enlatados e Doritos. Uma grande variedade de produtos embalados fora descarregada na ilha quando os funcionários se acomodaram na casa da Guarda Costeira.

Eu tinha uma nova companhia na baía do Pescador. A menos de vinte metros da proa nadava uma baleia-cinza bebê, que já estava ali havia vários dias e que parecia se materializar sempre que eu subia ao convés. Seu dorso ondulado, de aspecto pré-histórico, arqueava sobre a superfície; a baleia agitava a cauda elegante e coberta de cracas, brincalhona. De vez em quando fazíamos contato ocular. Para uma baleia, aquela ali era bem pequena, e Peter perguntou-se em voz alta se um tubarão não acabaria por abocanhá-la.

Ninguém jamais vira um tubarão atacar uma baleia, mas a banha de baleia era o quitute preferido dos tubarões. O melhor lugar para encontrarmos tubarões-brancos era numa carcaça de baleia fresca que estivesse flutuando em algum ponto do Triângulo Vermelho. Scot tinha todo um grupo de amigos pescadores que lhe davam um alerta sempre que uma baleia morta surgia na superfície. A menos que a carcaça estivesse completamente podre, os tubarões estariam ali, arrancando longas tiras de gordura.

Naquele momento, a população de baleias nas Farallones estava excepcionalmente alta. No barco de pesquisa de tubarões, chegamos a ficar incomodamente perto de baleias que subiam de repente à superfície, frequentemente em pares. As jubartes eram luzidias, elegantes e acrobáticas, com nadadeiras longas e esguias. Um pouco mais longe das ilhas ficava a área de alimentação das baleias-azuis, os maiores animais do planeta. As baleias-azuis eram imponentes e nos davam uma sensação de humildade quando irrompiam da água ou mergulhavam, mostrando-nos seu dorso interminável. Houve uma época em que 200 mil desses mamíferos do tamanho de vagões viveram nos oceanos no planeta; hoje, existem menos de 10 mil.

No passado, nos tempos da pesca de baleias, as baleias-cinza eram conhecidas como "peixes do demônio", famosas por matarem pescadores e virarem embarcações. No entanto, descobriu-se posteriormente que esse comportamento era causado pelos arpões cravados em suas costas, e não por uma agressividade inata; depois que a prática foi abolida, as pessoas descobriram que as baleias-cinza são inteiramente amigáveis. Por exemplo, na lagoa de San Ignacio, em Baja, elas se reúnem em massa, cutucando os barcos dos turistas e permitindo que toquem nelas, virando a barriga para cima quando acariciadas. A minha baleia, como passei a chamá-la, estava claramente interessada no veleiro. Talvez fosse o cheiro. Um fato pouco conhecido: a água que jorra do espiráculo de uma baleia de modo tão pitoresco fede como o peido mais tóxico que podemos imaginar. E essa descrição também se aplicava ao cheiro do iate, especialmente próximo à sibilante peça de metal.

A baía de Maintop era o lugar mais perigoso da ilha. Era a área mais exposta, com as maiores ondas, e tinha uma série de rochas ocultas e traiçoeiras e correntezas violentas que arrastavam embarcações para lá. Coberta pela sombra da própria ilha Farallon Sudeste, a baía sempre era mais negra que o mar ao redor. Para as embarcações, a enseada nunca era um bom lugar, pois os ventos noroeste predominantes e as ondas vindas do oeste no inverno a acertavam com toda a força. Não era aconselhável ter problemas por ali. A costa era íngreme e não havia nenhum ponto por onde subir para a terra firme, algo que muitas pessoas só descobriram tarde demais: a baía de Maintop fora o local de numerosos afogamentos. Os restos de navios naufragados ainda surgiam às vezes na maré baixa. Peter e Scot sempre ficavam preocupados ao passarem de barco por ali, ainda mais durante os ataques. Não é de surpreender que os tubarões parecessem gostar daquela área.

Numa manhã de 1991, Scot tinha acabado de subir ao farol para começar a observação e estava se aquecendo, escrevendo qualquer coisa, tomando seu café, quando ergueu os olhos e notou uma pessoa boiando no centro da baía de Maintop, com um salva-vidas laranja preso entre as pernas. O homem estava cercado de alguns objetos flutuantes, mas não havia nenhum barco por perto. Scot ficou estupefato. Ele não fazia ideia de como aquele homem poderia ter chegado ali, a não ser que houvesse caído do céu; ninguém notara nenhum barco de pesca se aproximando da ilha.

Scot chamou Peter pelo rádio, dizendo-lhe que "havia alguém na baía de Maintop", e Peter, naturalmente, presumiu que Scot estivesse se referindo a um tubarão. Ao saber que, incrivelmente, se tratava de uma pessoa, Peter lançou o baleeiro às pressas – ficar boiando nas águas da baía de Maintop não trazia amplas perspectivas de sobrevivência no mês de novembro – e, de alguma forma, conseguiu puxar aquele homem de cem quilos para o barco. Um helicóptero da Guarda Costeira viera buscar o náufrago, que se chamava Bill Kaboose, para levá-lo ao hospital. Durante todo o resgate, Kaboose, em choque, não proferira nenhuma palavra. Depois disso, os biólogos nunca mais ouviram falar dele, nem sequer receberam uma nota de agradecimento. No entanto, acharam os restos de seu barco, e o equipamento de pesca que encontraram foi usado para jogar pranchas de surfe aos tubarões. Em reconhecimento à dificuldade que Peter devia ter tido para salvar Kaboose no meio da baía, o Santuário Marinho lhe concedeu o Prêmio O'Neil de Marinhagem. Foi uma história surpreendente com um final feliz: "Gosto de pensar que o Projeto Tubarão salvou uma vida", disse Scot.

Nesta tarde, Peter e eu estávamos flutuando esperançosos diante da ponta Shubrick, sendo tão castigados pelas ondas que pensamos em desistir, quando Kristie nos chamou pelo rádio do farol, avisando-nos de um ataque.

– É lá em Maintop.

Peter olhou para mim, ligou o motor e disse apenas:

– Segure firme.

E então acelerou tão forte que o baleeiro literalmente levantou voo, quicando nas ondas.

A primeira coisa que vimos ao darmos a volta em torno do Sugarloaf foi a massa de gaivotas, e então ali estava: o corpo em meio a uma mancha rubra, a cor mais vívida num raio de quilômetros. Todo o resto estava embotado pela neblina, sob uma luz cor de asfalto. Peter levou o baleeiro para bem perto do leão-marinho sem cabeça e deixou o barco em ponto morto, agarrando sua câmera presa na ponta da haste. Eu me aventurei a usar a outra câmera; tive dificuldade em manejá-la e acabei filmando o interior da minha jaqueta por algum tempo – uma das minhas mãos segurava com toda a força o corrimão do barco, e a outra tremia tanto que quase não servia para nada. Eu não gostava da baía de Maintop. Ela se agitava como uma máquina de lavar malévola, e as rochas ficavam muito próximas.

Instantaneamente, o tubarão apareceu ao nosso lado. Era o maior tubarão que eu já vira: tinha quase cinco metros de comprimento e o diâmetro de um trailer. Cada detalhe da cena me deixou nervosa: a água ameaçadora, o tamanho do tubarão, o sangue vermelho intenso, o bando de gaivotas superagressivas sobre nós. Pela primeira vez, percebi como seria fácil acabarmos na água durante um ataque. Peter se revezava entre filmar e ajeitar o baleeiro para evitar que fosse arrastado para as rochas. O tubarão arrancou um pedaço do elefante-marinho e desapareceu, dando-nos um momento para nos ajeitarmos, mas então ressurgiu e, no instante seguinte, pareceu quase irritado com a presença do barco: bateu na nossa lateral com a cauda e nos encharcou. O elefante-marinho tinha sido partido em três pedaços, que começavam a se separar.

– Fique atenta a outros tubarões – disse Peter, de pé na amurada e olhando para baixo. Inclinei-me sobre a borda, tentando distinguir formas, sombras ou agitações na água escura.

– Ali! – gritou ele, indicando a direção onde eu estava. Um corpo enorme passou por nós, e apontei a câmera. O tubarão avançou para a superfície, e suas mandíbulas abocanharam um pedaço da carcaça, aproximando-se para uma imagem em *close*. Eu nunca vira um tubarão-branco tão de perto, tão nítido, com aquela cabeça alienígena e a garganta branca, inchada; naquele momento, foi como se o tempo tivesse parado. Até então, eu já vira mais de uma dúzia de tubarões-brancos, mas ainda sentia o mesmo deslumbramento sempre que um deles passava por baixo de nós. A sensação nunca diminuía, nem um pouco. Na verdade, crescia. Era um sentimento comum. Scot contara a uma equipe do Animal Planet sobre sua sensação de deslumbramento: "Eu provavelmente já vi mais ataques de tubarão que quase qualquer outra pessoa no planeta, por isso tenho respeito pelo que eles podem fazer. E é algo que nunca vou perder." Para mim, sua resposta fora mais simples: "Eu sinto pena de quem nunca viu um."

Ficamos na baía de Maintop durante uma hora, filmando e nos esforçando para ficar longe das rochas. A mancha se dissipou, e o elefante-marinho foi reduzido a pedaços do tamanho de almôndegas; Peter sintonizou o jogo do Giants, que tinha começado durante o ataque. Era um jogo decisivo: se o time perdesse, seria eliminado das finais do campeonato. Peter parecia mais vidrado no beisebol que no resto da ação.

– Já vi esse tubarão antes – disse, engatando o baleeiro. – Reconheci a mancha que ele tem do lado direito. É um macho grande.

Fiquei frustrada em saber aquilo. Com aquele tamanho, eu pensara que o tubarão seria uma Irmã.

– Nem de longe – disse Peter, rindo. – Quando você vir uma fêmea grande, não vai *acreditar* no quanto elas são sinistras.

Eu queria entender como ele conseguia enxergar qualquer coisa debaixo de uma água tão escura – é claro que eu não vira a mancha no lado direito. Tanto Peter como Scot tinham uma habilidade surpreendente para acompanhar os movimentos dos tubarões enquanto eles nadavam em volta do barco, a ponto de saberem onde os animais emergiriam. Num dia de águas claras, eles conseguiam localizar precisamente as criaturas, mesmo quando estavam seis metros abaixo da superfície. Eu, por outro lado, sentia como se estivesse observando uma tinta preta.

– A gente aprende a ler as sombras. – Fez uma pausa. – Além do fato de já termos visto uns quinhentos desses ataques.

Peter seguiu para a baía do Pescador.

– Nada de atravessar a Fenda hoje – comentei. O canal estava coberto de espuma.

– A menos que você queira fortalecer um pouco mais seu caráter.

O céu estava ficando mais fechado.

– Já chega por hoje – disse Peter, distraído. E acrescentou: – Você pode me deixar na Plataforma Norte.

Ele estava concentrado na última etapa do jogo, por isso não viu meu rosto ficar pálido. Aquela instrução casual, "*me deixar na Plataforma Norte*", tinha enormes implicações. Era como se alguém dissesse, despreocupado, "pule quando o avião chegar a 35 mil pés" ou "pode me passar o globo ocular".

Para executar aquela tarefa rotineira, eu teria que fazer coisas náuticas avançadas. Teria que manobrar o baleeiro na entrada estreita da Plataforma Norte, entre séries de ondas, aproximando-me o suficiente das rochas para que Peter saltasse, e então sair com agilidade antes da chegada da próxima onda. Para isso, eu teria que manobrar muito bem em marcha a ré, sem colocar o baleeiro acidentalmente em ponto morto. Depois, no início da noite, teria que voltar ao *Just Imagine*, alinhar o baleeiro sob ventos de quinze nós e amarrá-lo. Eu nunca atracara ao lado do veleiro sem a ajuda de pelo menos uma pessoa, que me passava um pneu ou uma corda onde eu pudesse me segurar. E, mesmo com essa ajuda, as tentativas não tinham sido tão simples.

Que escolha eu tinha? Segurei firme o volante e fui em frente. Precisei fazer cinco passagens até conseguir me aproximar o suficiente para que Peter saltasse; mesmo assim ele teve alguma dificuldade, e a água entrou pelo alto de suas botas. A água respingava nas rochas, e o barco produzia um gemido desconfortável quando eu engatava a marcha a ré e acelerava forte demais. Podia ter sido pior. No entanto, sinto-me orgulhosa em dizer que consegui atracar o barco ao lado do veleiro à perfeição. Apesar de, de alguma forma, o corrimão do baleeiro ter sido arrancado.

Scot e eu estávamos sentados ao sol no *Just Imagine*, sentindo o cheiro da peça de metal sibilante e tomando uma cerveja chamada Red Seal ("Foca Vermelha"). O slogan da cerveja era "Vita Brevis", e, embora a foca do rótulo ainda tivesse cabeça, não poderia haver uma cerveja mais apropriada para as Farallones, nem mesmo se uma microcervejaria se instalasse na base do morro do Farol. Scot havia chegado no dia anterior, estava bonito e selvagem como se nunca tivesse passado um dia dentro de casa na sua vida inteira, e o tempo mudou de uma hora para outra. O vento amainou, a neblina se dissipou, o negrume das nuvens clareou.

Scot era um pescador e marinheiro experiente e sabia lidar com barcos. Depois de examinar as laterais arrebentadas do baleeiro, o corrimão arrancado e a borda amassada, deu mais uma olhada na ancoragem do *Just Imagine* e balançou a cabeça: não. Peter pareceu visivelmente mais relaxado. Expressou seu alívio com a chegada de Scot, pois agora havia "mais alguém para dividir a responsabilidade por tudo isto". "Tudo isto", percebi claramente, significava eu e o veleiro.

Teríamos que deslocar o *Just Imagine* para a Plataforma Leste de qualquer maneira; quando o projeto de manutenção começasse para valer, os helicópteros Chinook viriam buscar o entulho, voando baixo sobre a baía do Pescador, e o turbilhão de suas hélices transformaria a superfície num banho de espuma. O veleiro não poderia ficar ali. Os helicópteros iriam passar por uma zona estreita, carregando sobre nós alguns velhos troncos de várias toneladas deixados nas ilhas; ninguém podia garantir que a operação ocorreria sem nenhum problema. Vislumbrei uma tora de trinta metros caindo do céu e rachando o convés do *Just Imagine*.

Scot passara a tarde da véspera limpando e verificando seu equipamento, organizando meticulosamente tudo aquilo de que precisaria na ilha. Num lugar caótico como aquele, as coisas podiam sair do controle num instante, e ele já testemunhara tantos problemas que sabia quanto era importante estar bem preparado. Eu admirava essa filosofia. Entretanto, por algum motivo não conseguira incorporá-la à minha vida no *Just Imagine*: eu levava ali uma existência intuitiva, improvisada, cercada de sistemas defeituosos e problemas aleatórios.

Hoje, os três saímos para a água com o Bebê Foca, um chamariz que Scot construíra com um tapete cinza. No passado, o Bebê Foca fora atacado quase todas as vezes em que eles o largaram na água. Quando comentei a impressionante semelhança com uma foca de verdade, Scot abriu um sorriso.

Uma excelente vantagem do tapete de foca: quando era mastigado, como tantas vezes acontecia, Scot não precisava observar o horror do animal diante da certeza da morte iminente. O Bebê Foca não tinha rosto, não tinha olhos que se esbugalhassem de medo, ficando do tamanho de um apoio de copo, o que era ótimo. Scot obviamente não era uma pessoa que ficasse facilmente enojada, mas detestava testemunhar o sofrimento, e fora afetado durante anos pela imagem de um leão-marinho bebê que vira uma vez tentando sair da água sem a metade do corpo. Por aqui, não era preciso procurar muito para encontrar um fim tão doloroso. Ron vira uma vez, horrorizado, um elefante-marinho bebê ser perseguido por um tubarão e tentar, com todas as forças, subir a bordo do *GW*, com pânico estampado em sua carinha com bigodes. Dez dias antes, Kevin e eu tínhamos levado o *Tubby* a uma pequena enseada para examinar um leão-marinho mordido que conseguira se arrastar para as pedras. O animal tinha três sulcos de cinco centímetros de profundidade no dorso. Os ferimentos eram violentos, mas o leão-marinho provavelmente iria sobreviver; essas criaturas conseguiam se curar das feridas mais violentas, como pedaços retorcidos e mutilados de massinha para modelar que, quando amassados uns contra os outros, se tornam um todo inteiriço outra vez. Entretanto, isso não ocorria sem uma agonia evidente, e nós ficamos marcados pela emoção estampada no rosto da criatura. O animal piscava os olhos devagar, triste, transmitindo um ar totalmente resignado, enquanto as moscas entravam em suas feridas.

Nesta manhã, sob céus inquietos mas ensolarados, percorremos a baía de Mirounga e a Cabeça do Índio e também seguimos para o lado leste, acompanhados de cerca de cinquenta jubartes, quinze baleias-azuis e a minha baleia-cinza. O Bebê Foca ficou no barco; era Scot quem tomava a decisão de largá-lo na água, e ele estava preocupado com outra de suas paixões.

– Olha só todos esses invertebrados doidos! – disse, inclinando-se pela lateral com uma jarra medidora de plástico, esticando-se para apanhar um dos incontáveis tipos de carambolas-do-mar que viviam naquelas águas.

Nas Farallones havia águas-vivas *Chrysaora*, laranja e amarelas, em forma de girino, que passavam pelas ilhas em suas rotas de migração – a maioria delas maior que uma cabeça humana –, além de batalhões de criaturas menores, ainda mais estranhas. Seus nomes eram verdadeiros trava-línguas – heterópodos, ctenóforos, sifonóforos, *Scyphomedusae*. Flutuando ao redor do barco, pareciam pequenos personagens de ficção científica. Antes de vir para as Farallones, eu nunca ouvira falar desses animais, o que não é de surpreender – eles são evanescentes como bolhas de sabão.

As águas-vivas que viviam mais perto da superfície tinham corpos transparentes, mas brilhavam e piscavam nas pontas, como se contivessem cabos de fibra óptica, reluzindo e ondulando como letreiros de neon. Eram delicadas; se não estivéssemos à procura delas, poderiam facilmente passar despercebidas, mas, uma vez que nos dávamos conta de que estavam ali, já não deixávamos de vê-las. A variedade de formas, tamanhos e cores era impressionante – do sifonóforo *praya*, um filamento feito de centenas de indivíduos (imagine uma corrente de pessoas de mãos dadas) que podia passar de 35 metros de comprimento, à groselha-do-mar, do tamanho de uma uva. Algumas pareciam elefantes com olhos brilhantes, outras pareciam coelhos com orelhas moles que lhes caíam dentro da boca. Algumas tinham forma de asa; algumas pareciam ser feitas de zíperes; outras lembravam elaboradas espaçonaves psicodélicas. Muitas delas provocavam queimaduras quando tocadas, entre elas a caravela-portuguesa, e todas eram predadoras carnívoras que sobrevivem comendo plâncton, larvas de peixes e umas às outras.

Quando estavam em seu elemento, esses animais eram valentes canibaizinhos, mas seus corpos gelatinosos colapsavam quando presos numa rede. Os cientistas precisavam recolhê-los num balde ou num recipiente de vidro, erguendo-os cuidadosamente da superfície suspensos em água. Mesmo esse método não funcionava todas as vezes; as águas-vivas ainda assim murchavam ou se desmantelavam; além disso, algumas espécies eram completamente transparentes e dificílimas de se capturar. Nenhuma era fácil de conservar; em muitos casos, só era possível estudar o animal por meio de fotografias, ou por cientistas que estivessem flutuando ao lado delas na água. E isso também era difícil, pois muitas viviam em grandes profundidades.

Scot mergulhou a jarra na água e tirou um conjunto de minúsculos pontos vermelhos suspensos no que parecia ser um espaguete transparente. Era um sifonóforo, e o contato com aquele animal provocava uma ardência leve, mas bastante incômoda.

– Eu quero sentir – disse Peter, arregaçando a manga para expor a pele macia do lado interno do antebraço.

– Se você quiser sentir mesmo, Pete, coloque no olho – disse Scot.

Scot encostou um pedaço do animal no braço de Peter e depois levou o filamento a seu próprio punho.

– Susan? Você quer sentir?

Encostei o animal no meu punho. Ardeu, mas não muito. De qualquer forma, doía menos que uma queimadura de corda, como a que eu sofrera naquela manhã.

Peter esticou o braço para junto do de Scot e do meu:

– Agora temos uma conexão!

Scot virou a cara, desconfortável. Eu tinha começado a achar que ele não estava muito satisfeito com a questão do veleiro. Ficava incomodado com aquela logística complexa e com o complicado conjunto de circunstâncias que haviam me levado para lá – malabarismos do tipo que Peter adorava. Scot não gostava de distrações: vindas de mim, da fraternidade disparatada de trabalhadores da Guarda Costeira que haviam se materializado na ilha ou do incansável fascínio que o mundo tinha com o grupo de tubarões que ele estudava. Eu tinha notado que, enquanto Peter dava palestras públicas sobre tubarões e os chamava por seus nomes pessoais – "a Talho Branco é uma das nossas maiores fêmeas" –, como se todos ali nas Farallones fossem uma grande família, Scot era mais discreto, guardando suas experiências com tubarões só para si, reservando-as para artigos científicos e ocasiões especiais. Quando estava nas Farallones, sua atenção estava 100% voltada para o mundo natural. Embora ele sempre fosse simpático, pude ver que a presença de uma jornalista representava uma preocupação adicional e desnecessária.

O sifonóforo brilhou na jarra medidora quando Scot o levou à luz do sol. Ele havia construído vários aquários de acrílico na ilha, e os dispunha contra um fundo preto para que as águas-vivas ficassem mais visíveis. Quando havia pouca atividade com os tubarões, ele estudava ctenóforos, sifonóforos e as salpas ("uma criatura para a qual ninguém dá a mínima, injustamente"), filmando-os e brincando eternamente com a iluminação. Os filmes resultantes eram magníficos, intricados e luminosos como as próprias criaturas.

– Que tal darmos um banho no Bebê Foca? – perguntou Peter. Pelo visto, os tubarões não estavam muito interessados em nós. Scot parecia relutante em lançar a foca-tapete, embora não explicasse por quê.

– Definitivamente não parece estar muito ativo hoje – disse, cheirando o ar, examinando a água com seus olhos de laser, absorvendo todo o ambiente. – Mas já vi anos em que começa devagar, e depois fica *animal*.

"Mares de dez pés a dez segundos", anunciara a Voz do Tempo ontem de manhã. "Ventos de quinze a 25 nós." O tempo prometido de ponta Arena chegou a nós na hora do jantar, e os barcos passaram mais uma noite tentando destruir um ao outro: o baleeiro revidava com sua borda estraçalhada. Como de costume, eu também levei umas pancadas. A ideia era mudarmos a posição do *Just Imagine* nos próximos dias; eu não via a hora. Sentia que, na baía do Pescador, estava à beira do precipício. Num momento de paranoia na noite anterior, tinha agarrado meu caderno e escrito em maiúsculas: "ESTA BAÍA QUER SE LIVRAR DE MIM."

A Voz veio com outro Alerta para Pequenas Embarcações esta noite, e a previsão era de que as condições piorassem ainda mais no dia seguinte, e então a Voz riu, uma gargalhada longa, diabólica e maquinal. Tudo bem, talvez não tenha rido. Mas, tendo em vista aquelas noites apavorantes e sem sono, era uma notícia desmoralizante. E a tempestade não tinha um fim à vista. A previsão de longo prazo, que era feita por outro canal, era simplesmente funesta.

As coisas estavam tensas, de modo geral. No dia anterior, o *Patriot* tinha se aproximado de nós. Um dos capitães abrira um sorriso amigo e acenara, como se tivesse a intenção de alinhar o barco com o nosso e bater papo, mas Scot fechou a cara; ele apontou o baleeiro na direção oposta e acelerou. Fiquei um tanto surpresa. Recentemente, ao que parecia, a relação entre os pesquisadores de tubarões e os mergulhadores em gaiola estava ligeiramente mais amigável. De fato, no início da semana, a tripulação do *Patriot* nos chamara para indicar um ataque de tubarão que estava acontecendo ao lado deles. Peter e eu fomos às pressas para a baía de Mirounga e vimos três tubarões nadando rápido, entre eles Barbatana Rasgada, um membro do Rat Pack de tamanho desproporcional. Ele era fácil de identificar porque o topo de sua barbatana dorsal tinha sido arrancado com uma mordida; era nisso que dava tentar roubar um pedaço de carcaça de uma das Irmãs, como ele fizera na temporada anterior.

Durante anos Scot mantivera a esperança de que as mesmas frustrações que haviam afastado as outras operações de mergulho em gaiola acabassem por afugentar o *Patriot*. Mas isso não estava acontecendo. Pelo contrário, Groth estava expandindo o negócio, aumentando o número de excursões para as Farallones.

Além disso, todos na ilha ficavam desconcertados com a presença daqueles trabalhadores, que passeavam agora pelo local com ferramentas de demolição, faziam churrasquinhos e fumavam sem parar. Os biólogos tinham lhes dado apelidos: Bob Gordo, Bob Velho, Bob Capenga, Noriega e Bêbado, entre outros. As duas casas tinham culturas totalmente separadas, e a coexistência não era fácil. Todos estavam de pavio curto. Eu também não estava no melhor dos humores. As condições não haviam melhorado a bordo daquele barco ruim, o *Just Imagine*. O encanamento cuspia substâncias aterrorizantes, os alarmes de voltagem continuavam a disparar e o repertório de sons angustiantes se expandira drasticamente. O sol quase não aparecia; eu havia passado dias inteiros entre as ondas e a névoa sem ter nem mesmo um sanduíche de manteiga de amendoim. De fato, meus mantimentos não passavam agora de uma antiga memória. Eu não conseguira sequer pescar um peixe nos últimos tempos.

– Estou chegando ao meu limite – disse a Peter.

– Já notei.

Era hora de arriscar a pergunta que eu estava treinando nas últimas 24 horas: será que eu poderia dormir no farol por uma noite? Por trás do meu pedido havia uma nítida sensação de pânico. Podemos chamá-la de claustrofobia ou resumi-la a nervos em frangalhos – se eu tivesse uma única noite de bom sono, uma oportunidade de me recompor, conseguiria encarar o iate outra vez. Eu contava, é claro, que Peter seria amável demais para rejeitar o pedido. E estava certa; ele concordou em fazer vista grossa. Ficou decidido que eu iria remar para a costa logo antes do cair da noite e então escalar o lado de trás do morro do Farol do modo mais sorrateiro possível. A noite traria uma distração perfeita: o Boston Red Sox iria jogar contra o Oakland A's num jogo crucial, e todos os trabalhadores da casa da Guarda Costeira estariam grudados na TV, segurando grandes sacos de batatinhas fritas.

Ao final da tarde, a água da baía do Pescador estava bastante agitada; fiquei parada no convés, vendo o *Tubby* ser jogado de um lado para o outro. O salto do *Just Imagine* para o bote a remo era arriscado e desagradável, mas não havia escapatória. Agachando-me o máximo possível, pulei, esperando que uma onda não empurrasse o barco para o lado no último segundo. Aquela era a primeira vez que eu assumia o comando do *Tubby*. Quando agarrei os remos, um deles se soltou do tolete e partiu em direção à ponta da Torre. Peter me alertara quanto a essa falha de projeto. Numa manhã, ele perdera ambos os remos e fora forçado a remar com as mãos para conseguir alcançá-los. Recuperando o remo perdido, remei em direção à plataforma, fazendo um trajeto tortuoso. Ao me aproximar das rochas cobertas de cracas, tentei saltar, mas acabei com um pé na pedra e o outro no barco. Naquele momento, uma onda veio e me derrubou, mas, por sorte, jogou o *Tubby* na minha direção. Engatinhando e arrastando o barco a remo, consegui chegar a terra firme.

Eu não pisava em terra firme havia treze dias, e dava para sentir os efeitos. Estava sem equilíbrio, tonta e desorientada. Ergui os olhos. O céu ainda estava bastante claro no entardecer, mas uma névoa circundava o pico do farol, e avançava rápido. Comecei a escalar.

As rochas ofereciam vários pontos onde eu podia me agarrar, mas tendiam a se soltar e eram escorregadias, sem falar que estavam recheadas de gaivotas nervosas e agressivas. Era preciso ter muito cuidado para não esmagar nenhum ninho. Notei que o terço final da subida era especialmente íngreme. Embora eu já tivesse alguma experiência de escalada, suficiente para aprender a não entrar em pânico quando estivesse pendurada numa parede de pedra, aquela subida não estava indo muito bem. A todo momento eu perdia o equilíbrio ou ficava desorientada. Abaixo, as ondas espumavam de encontro à Plataforma Norte. Imaginei ovos tombando, corpos se debatendo no ar. O arranjo desajeitado do equipamento nas minhas costas – o saco de dormir, o DreamTime Therm-a-Rest e a mochila – não ajudava. Meu centro de gravidade parecia estar em algum ponto perto da minha nuca.

Eu tinha acabado de começar a parte mais íngreme do caminho quando minha mão esquerda escorregou numa pedra, fazendo-me oscilar para trás com o coração na boca, para então recuperar o equilíbrio. Mais tarde, percebi que estive muito perto de cair no precipício naquele momento; foi tão assustador que na hora não consegui parar para pensar no assunto. Ainda assim, cheguei a olhar por sobre o ombro para o lugar onde eu teria caído, um funil de rochas pontiagudas que terminava numa entrada de mar bastante agitada.

No alto, o vento estava furioso. Chamei Peter pelo rádio para confirmar que eu havia chegado. Deixando de lado os detalhes da minha quase queda, expliquei que estava bem, sem problemas. A única questão, comentei de passagem, era que o vento estava tão forte aqui em cima que eu talvez fosse arremessada pela encosta.

– Ah, eu sei como é – disse Peter, com um toque de impaciência. – Acho que já passei alguns anos da minha vida aí em cima.

As gaivotas davam voos rasantes, fazendo manobras acrobáticas nas correntes termais. A leste, o oceano cintilava frio e metálico, como que desligado da Terra. Ao sul, a Onda Perfeita surgia, bela, e fustigava impiedosamente as rochas rasas. No dia anterior, ao navegarmos pelo Beco do Tubarão, eu tinha ouvido Peter e Scot discutirem o assunto. Os dois estavam virados para a costa, vendo a onda quebrar.

– Acho que você vai nessa sozinho – declarou Scot. – Eu não vou.

– Não vai nem pilotar o barco?

– Bom, acho que posso levar você até lá. Mas isso significa que vou ter que *recolher* você.

A voz de Scot tinha um tom sinistro. Ambos sabiam o que ele queria dizer.

Peter ficou calado por um instante.

– Não – respondeu. – Se chegar a isso, você pode me deixar lá.

Joguei meu saco de dormir porta adentro. O lugar estava todo coberto de areia e poeira. Um zunido alto enchia o ambiente: as baterias industriais que alimentavam o farol cobriam uma parede inteira. Isso me fez lembrar de algum filme de terror de segunda categoria – era a trilha sonora da insanidade. Acima, placas chamativas alertavam contra os riscos de explosões e queimaduras com o ácido de bateria.

O único lugar para dormir que não estava fora de cogitação por conta da presença ativa de insetos e de uma sensação de horror extremo era logo ao lado da porta, junto à pilha de baterias e seus ácidos mortíferos. A passagem era larga o suficiente apenas para o meu Therm-a-Rest Deluxe. A alternativa, avançar mais para dentro da estrutura, significaria dormir na própria torre do farol, com sua escada em espiral abandonada e seu ar fechado, sufocante. Junto à porta, eu ao menos poderia sair correndo se fosse preciso. Saí do edifício, ficando num pequeno espaço coberto. Dei a volta em torno da torre, segurando forte o corrimão com as duas mãos, e olhei para baixo, através da névoa que se acumulava na Plataforma Norte. O pano caíra; o *Just Imagine* já não estava visível. Um tempo ainda mais tenebroso se aproximava. Perguntei-me quanto tempo eu ainda aguentaria.

Entrei e fiquei parada ao lado da porta, envolta em meu saco de dormir, enquanto a luz se esvaía e a noite caía negro-azulada; a beleza árida da paisagem era substituída pela beleza terrível dos elementos. As luzes das casas brilhavam cálidas. Havia uma dúzia de pessoas ali, jantando e falando de beisebol; elas não faziam ideia de que estavam sendo observadas. Mais tarde, Scot e Peter beberiam Jack Daniel's e assistiriam a vídeos dos tubarões. Aqui em cima, tínhamos o equivalente ao maluco no sótão. Só me faltava um vestido branco.

Uma lua crescente nasceu, com Marte como guarda-costas ao lado, brilhando em vermelho. Penas de gaivota revoavam ao vento. O mar e o céu tinham se fundido, não passavam agora de nuances do infinito, um vácuo duplo. Acima, o holofote do farol girava. Era difícil não imaginar que eu estava parada no próprio fim do mundo; que não havia nada além de água, e depois dela mais água, e que toda a terra havia desaparecido.

Capítulo 10

"O prognóstico passou de alerta para pequenas embarcações a ventanias violentas durante o dia. Mares perigosos. Vento. Frio. Chuva."

Diário da Patrulha das Farallones, "Pesadelo!", *The Cormorant*, primavera de 1983

7 A 9 DE OUTUBRO DE 2003

Peter bateu na porta do farol às 7h30. Eu estava dormindo um sono leve. O chão era feito de um cimento à prova de balas coberto de tábuas duras como pedras, e o DreamTime Therm-a-Rest não cumprira a promessa de um conforto hedonista. O vento não aquietava aqui em cima, nem o zunido da falange de baterias. Durante toda a noite, camundongos brincaram de pique-pega sobre o meu saco de dormir, e, a julgar pela coceira na minha cabeça, eu tinha pego os piolhos das aves. Abrindo a porta, mergulhei numa neblina total, desorientadora. Tudo o que estava além de um raio de dois metros havia se dissolvido num éter fantasmagórico. Peter estava ali, com uma caixa de suco de laranja e uma banana.

– Você pode voltar a dormir se quiser – disse, um tanto alarmado com a minha aparência. Passei a mão pelo cabelo para me assegurar de que nenhum animal fizera um ninho ali. – O Sharkwatch está cancelado até a neblina se dissipar.

Toda aquela névoa tinha uma vantagem. Se as casas abaixo não conseguissem enxergar o farol, eu poderia descer pela trilha na parte da frente do morro, em vez de ser obrigada a descer pelo penhasco de trás. E eu não tinha muita vontade de repetir aquele caminho, especialmente depois de ter parado para pensar no escorregão do dia anterior. Olhei para aquela neblina. Seria melhor voltar logo para o barco, encoberta pela névoa.

Combinei com Peter que, em trinta minutos, eu desceria a trilha e o encontraria na Plataforma Norte. Ele faria então uma viagem de ida e volta no *Tubby*, deixando-me no *Just Imagine* e regressando à ilha. Mais tarde, Peter e Scot remariam de volta para o veleiro. Era preciso mudar a posição da embarcação ainda hoje. Se a neblina melhorasse, os helicópteros viriam. E quando chegassem, não poderia haver nenhum obstáculo na baía do Pescador.

Desci o caminho em zigue-zague. Apesar de avançar apressada, em visibilidade zero e meio agachada (com a leveza de um gatuno, imaginei), o caminho foi mais fácil dessa vez. Para facilitar, eu havia abandonado o DreamTime, deixando-o nos recessos da velha torre, em meio às teias de aranha. Ao chegar à metade da descida do morro do Farol, onde o caminho começava a se tornar menos traiçoeiro, escorreguei numa pedra e caí, rasgando a calça na altura dos joelhos.

Por algum motivo, pensei, ficando em pé e limpando a sujeira e o sangue, aquela excursão ao farol não fora o alívio que eu tanto esperara. Eu ainda estava morta de cansaço, com as pernas bambas, e agora teria que voltar àquele iate detestável.

A neblina persistia. Ao meio-dia, o *Tubby* abriu caminho em meio à escuridão, e o atei ao lado do *Just Imagine* enquanto Peter e Scot subiam ao veleiro. Eu estava ansiosa para ver a baía do Pescador pelo espelho retrovisor, mas a logística era complexa: desamarrar todos os cabos, puxar a teimosa corrente da âncora e, além de tudo, ter de pilotar aquele monstro. Enquanto Scot procurava o cabrestante para içar a âncora, Peter conduziu o baleeiro até a boia e desatou os cabos. Surpreendentemente, nada disso levou muito tempo, e em seguida já estávamos cortando o mar. Com Scot confiante ao timão, o veleiro pareceu obediente por um momento, enquanto *Tubby* e o baleeiro surfavam as ondas atrás de nós.

Quando nossa flotilha de pesquisa de tubarões deu a volta por trás da ponta Shubrick, vimos um navio chamado *White Holly*. Essa embarcação de 133 pés tinha sido encomendada pelo Serviço de Peixes e Animais Selvagens para transportar o entulho; os helicópteros despejariam sua carga no convés do navio.

O *White Holly* parecia um cargueiro em miniatura, baixo e forte como um lutador de sumô. Seus cabos estavam fixados à boia da Plataforma Leste. O melhor ponto de ancoragem para o *Just Imagine* seria logo ao lado dele, no recife Hurst, situado a meio caminho entre a boia e a Pedra da Sela, a 150 metros da costa. Eu gostava daquilo: as casas eram visíveis de lá, e fiquei satisfeita com a ideia de estar perto de uma embarcação maior (embora, na verdade, fosse apenas mais um objeto contra o qual o iate poderia se chocar). De alguma forma, a presença de outras pessoas, especialmente pessoas com experiência náutica, era reconfortante.

Scot ancorou o veleiro sem esforço, em amplo contraste com o circo que fora a nossa primeira ancoragem, embora ele tenha ficado desconcertado ao descobrir que a corrente da âncora do *Just Imagine* não tinha marcas, forçando-o a tentar adivinhar que extensão havia sido usada; podíamos estar ao final da corrente sem saber. Aquilo era incomum, e um bocado inseguro, sendo provavelmente a razão pela qual a âncora quase havia se soltado quando Tom a lançara. Mas Scot conhecia aquelas águas melhor que ninguém, com a possível exceção de Ron, e estimou cuidadosamente a profundidade, monitorando a corrente que descia para o fundo do oceano.

Firmar um barco nunca era fácil, observou Scot, acrescentando que os marinheiros muitas vezes se referiam à ancoragem como um "teste de relacionamento". O processo era sempre uma questão controversa que envolvia opiniões amplamente divergentes sobre onde e como. Agora, porém, não havia discussão alguma. O novo arranjo era muito melhor. O *Just Imagine* já não estava preso pelas duas pontas, o que deixava a popa livre para se mover com as correntezas e o vento. E ainda que, à primeira vista, a minha nova vaga de estacionamento parecesse mais exposta, sendo atingida pelo vento noroeste, na verdade estávamos num abrigo criado pela própria ilha. Senti a diferença instantaneamente, e o veleiro passou a se comportar mais como um veleiro e menos como um animal nervoso preso num laço.

Evitando as áreas do convés que cheiravam a gado morto, os três nos sentamos para ver se os helicópteros apareceriam. A camada de névoa marinha começava a se dissipar, embora o farol ainda estivesse encoberto. Na equipe da Guarda Costeira, notava-se um alto nível de motivação para concluir o projeto e dar o fora dali. Com aquele tempo, as Farallones não estavam ganhando novos admiradores, e alguns daqueles homens já estavam abrigados na casa da Guarda Costeira havia dez dias, o que era nove a mais do que gostariam.

– Na baía do Pescador, o problema era que o veleiro não estava só balançando, estava quase *capotando* – disse Scot. – E é claro que isso vai ser... – interrompeu a frase. – O que aquele tubarão está fazendo?

Virei-me. O animal estava cerca de trinta metros a oeste de nós, com ambas as barbatanas, a dorsal e a caudal, acima da superfície. Todo o seu dorso estava arqueado para fora da água, como se ele estivesse tentando puxar alguma coisa para cima.

– Não estou vendo nenhuma foca – disse Peter, ajustando o binóculo. Scot soltou o Bebê Foca. O tubarão brigou mais um pouco com sua presa misteriosa e então mergulhou, voltando por um breve instante para examinar o chamariz; depois desapareceu, rápido e nervoso.

– O *Tubby* certamente vai ser visitado neste ponto – previu Peter.

– Acho que você está certo – disse Scot, observando que remar dali para a ilha estava fora de cogitação. Estávamos ancorados numa área de muito tráfego, uma espécie de avenida de tubarões que levava das focas empilhadas na Plataforma Leste para as focas acomodadas na Pedra da Sela. Era uma faixa de oceano que já presenciara alguns acontecimentos bastante dramáticos.

Pensei numa história que Peter me contara, um caso de negligência quase inacreditável envolvendo um barco fretado chamado *New Holiday II*. A embarcação surgiu do nada numa tarde de agosto, parou junto à Plataforma Leste e regurgitou vinte turistas gordos como elefantes-marinhos, que mergulharam na água e se puseram a nadar com seus snorkels. Peter estava no farol naquele dia, e se lembra de ter olhado incrédulo pelo telescópio, gritando pelo rádio: "*New Holiday II!! New Holiday II!!* Saia da água!!

REPETINDO: SAIA. DA. ÁGUA!" Ele até pensara em chamar um helicóptero de evacuação médica, pois certamente precisariam de um. Até hoje Peter não sabe se o capitão ouviu sua transmissão, irradiada pela frequência de emergência, ou se – o que é mais provável – um dos turistas viu um tubarão. Porém, enquanto Peter observava do farol, impotente, os turistas mergulhadores nadaram em pânico para o barco e o *New Holiday II* partiu às pressas, sem jamais regressar. Naquele exato lugar, Swissy, o leão-marinho reabilitado, não tivera tanta sorte, assim como muitas das pranchas de surfe de Scot.

Com o passar da tarde, a névoa continuou estacionada sobre a ilha, e pouco depois foi confirmado que a operação dos helicópteros tinha sido postergada até o dia seguinte. Abrimos uma rodada de cervejas Red Seal, e eu estava prestes a começar minha lista habitual de perguntas, destinadas a fazer com que Scot e Peter relembrassem encontros com a Irmandade, quando vimos uma gaiola para mergulho com tubarões ser abaixada na água pela lateral do *White Holly*.

Em seu interior havia uma mulher de biquíni e um homem segurando uma câmera grande e desajeitada, e não pareciam muito estáveis. Nenhum dos dois usava roupas de neoprene ao entrar naquela água a doze graus. Vimos a gaiola ser sacudida lateralmente pelas ondas e bater no casco do navio.

– Eles não vão ficar ali por muito tempo – observei.

– Que diabos...? – Peter chamou o navio pelo rádio para perguntar o que estavam fazendo. Uma mulher de voz rouca respondeu explicando que eles estavam tirando fotografias "promocionais". Pois bem, a gaiola foi puxada de volta para o navio em menos de um minuto, e seus ocupantes cambalearam pelo convés do *White Holly*, aparentemente aturdidos.

Mais tarde, no diário, Peter anotou que aquele evento o fazia lembrar a "visita da Miss Universo em 1984". Naquela ocasião, ele recebera a função de acompanhar a rainha da beleza da hora num passeio pela ilha, que culminaria num breve mergulho numa gaiola antitubarão diante das câmeras. O tempo, entretanto, não cooperou, e a Miss Universo permaneceu em terra. Ela não sabe o que perdeu: Peter tinha intenção de conduzir o Prato de Comida pelo recife Hurst, onde estávamos no momento ancorados, e ela talvez tivesse encontrado uma Irmã excepcionalmente amigável chamada Talho Branco.

Talho Branco, uma fêmea de 5,5 metros descrita por Peter como "delicada e maternal", era um tubarão tranquilo, ávido por investigar o baleeiro, que aprendera a associar com comida. A lição – e bastou uma – ocorrera em 1996. Scot e Peter estavam flutuando ao lado de uma foca morta havia pouco, esperando a volta do predador. Passaram-se trinta minutos, e então Talho Branco chegou com todos os seus 1.800 quilos, mordendo a comida enquanto os pesquisadores filmavam. Quando a atividade estava terminando e eles se viraram para ir embora, o tubarão largou as últimas migalhas de sua refeição e os seguiu. Peter e Scot ficaram surpresos; aquele era um comportamento novo. Só lhes restou pensar que Talho Branco não havia matado aquela foca, apenas teve a sorte de se deparar com a carcaça ao lado do baleeiro. Daquele momento em diante, quando o barco de pesquisa passava por seu território, Talho Branco muitas vezes se materializava, nadando esperançosa para junto da popa, à espera de outra foca. As aparições regulares e a personalidade relaxada do animal a transformaram na embaixatriz perfeita para o Projeto Tubarão; em várias ocasiões, Peter levou dignitários que visitavam a ilha para vê-la. Talho Branco, lembrou Peter, era enorme, tinha a largura de um ônibus e gostava de passear atrás do barco, "sorrindo".

Na manhã seguinte, o sol surgiu, o vento cessou e os helicópteros da Guarda Nacional se aproximaram como as Valquírias. Peter e Scot estavam em terra, e eu me coloquei na popa do *Just Imagine* para observar o espetáculo. Como previsto, o trabalho com os tubarões foi temporariamente suspenso. No entanto, só para provocar, um tubarão já fizera um ataque aquele dia, saltando sobre a superfície e espadanando muita água a menos de cinquenta metros da proa do *White Holly*. Eu tinha acabado de subir ao convés com meu café quando vi a cena: o clarão branco da barriga do tubarão saltou sobre a água, e a mulher de voz rouca berrou então no sistema de comunicação pública:

– É hora do show! Todos a seus postos. Ataque de tubarão a estibordo!

Uma multidão se alinhou na amurada do *White Holly*, gritando e apontando na direção do ataque, enquanto uma mancha de sangue se espalhava em direção à ilha e o cheiro pesado de óleo de mamífero tomava o ar, ventilado pelas hélices dos helicópteros. Apesar do esforço que fizera para capturar sua refeição, e de todos os espectadores que esperavam para vê-lo lanchar, o tubarão não regressou, e a carcaça negligenciada flutuou para o mar aberto.

O rádio tocou. Era Peter, repassando um pedido do fotógrafo do *White Holly*, que queria vir ao *Just Imagine* para tirar mais algumas fotos promocionais de seu navio em ação.

– Claro, tudo bem – respondi, e então vi um barco do tamanho do Prato de Comida vir na minha direção. Havia dois homens a bordo: um deles era magro e forte, devia ter mais de setenta anos, e se apresentou como Louie Maluco; o outro se chamava Karl, um rapaz ruivo de vinte e poucos anos com uma barbicha fina, sobrecarregado com várias caixas de câmeras volumosas. Ambos haviam visto o tubarão saltar sobre a superfície e estavam ansiosos para sair de seu barquinho; saltaram a bordo do *Just Imagine* e começaram a disparar perguntas:

– Quando há um ataque, significa que vai haver outro? – perguntou Karl, com a voz cheia de adrenalina. – Agora que eu vi um tubarão, preciso ver mais. Você pode perguntar àqueles biólogos se eles precisam de um fotógrafo?

Eu também tinha algumas perguntas a fazer. Na noite anterior, no meio da madrugada, eu ouvira gritos, gargalhadas e sons de festividades animadas ecoando sobre a água, vindos do *White Holly*. Isso, combinado à sessão de fotos do dia anterior, com a mulher de biquíni, instigara minha curiosidade.

– O que vocês estão fazendo por lá? Que história é essa com a gaiola para mergulho com tubarões? – perguntei a Louie Maluco.

– Ah, aquilo. A sessão de fotos. Muito mal planejada. Muito perigosa – respondeu ele, fazendo pouco-caso do assunto e recitando então um poema, algo sobre "morder o saco de um urso-pardo". Enquanto ele me entretinha, os helicópteros passaram sobre nós, criando um redemoinho na água, e então, aparentemente vindos do nada, seis caças surgiram no céu em formação, zuniram sobre a ilha, deram meia-volta e retornaram tão rápido quanto haviam chegado. Centenas de leões-marinhos, apavorados com o ruído, mergulharam às pressas na água. Assustada, chamei Peter pelo rádio:

– O que foi *aquilo*?

– É a esquadrilha dos Blue Angels – disse Peter. – Estão praticando para a Fleet Week, a semana de celebrações da Marinha. Que pesadelo. Eles não deveriam voar tão perto da ilha. Vou fazer uma reclamação por escrito.

– Pergunte a ele se posso desembarcar na ilha para conversar sobre os tubarões – disse Karl, cutucando-me.

Os helicópteros carregavam tanques de óleo e troncos gigantescos; pairaram sobre o *White Holly*, tentando descarregá-los. Inclinando o pescoço para observar a carga oscilando para a frente e para trás acima de nós, enquanto o veleiro era sacudido pelas ondas, comecei a me sentir estranha. Parei de olhar para o céu e foquei os olhos no *White Holly*. Era como se alguém tivesse calculado muito mal o tamanho do navio necessário para aquele trabalho; não parecia haver muito espaço para tanto entulho. Num certo momento, a gaiola para tubarões foi atingida por um tanque de diesel pendurado e esmagada ao meio feito uma lata de refrigerante pisoteada. Feixes de vergalhões eram agitados loucamente no ar, por vezes acertando o navio e quase derrubando vários dos marinheiros. Louie Maluco franziu o rosto:

– Ele é um capitão talentoso, mas jovem – comentou. – Já passamos por umas situações arriscadas... Ei! Você viu aquilo?! Por muito pouco não arranca o rotor de cauda!

Peter ligou para dizer que havia um ataque na baía de Maintop.

– Mas não temos como chegar lá – acrescentou.

Depois de tantos esforços para embarcar a carga, os helicópteros ficaram com pouco combustível e sinalizaram que iriam encerrar os trabalhos por hoje, pois pretendiam voltar ao continente. Na ilha, os biólogos observaram os funcionários da Guarda Costeira correrem para o último helicóptero como se fosse a queda de Saigon.

Quando os helicópteros decolaram e seguiram para o leste, Louie Maluco se virou para mim:

– Venha para o barco hoje – disse. – E, se quiser, pode trazer os biólogos. Vamos fazer uma festança.

– É – disse Karl. – Será que eles podem nos contar um pouco mais sobre os tubarões?

– Mas o nosso goró acabou – acrescentou Louie Maluco. – Você pode trazer bebida?

– A comida acabou também – lembrou Karl.

– Não, a comida não acabou! A gente tem comida!

– Bom, talvez a gente tenha algo, tipo uns ovos e tal.

– A gente gosta de festas, no *White Holly*.

Recusei a oferta da forma mais educada possível, citando problemas logísticos: lançar o barco, de noite, sobre os tubarões. Quando eles partiram em seu barquinho, desci para a cabine, engatinhei até a cama do capitão e fiquei deitada em posição fetal. A última coisa que eu queria era ir a uma festa num barco. Eu não sabia se era a turbulência dos helicópteros, o movimento do barco em sua nova posição ou a ideia de comer quitutes à base de ovo no *White Holly*, ou apenas a maçã que eu acabara de comer, mas eu tinha ficado enjoada, um problema que temia havia semanas.

Depois de passar tantas noites sob o Alerta para Pequenas Embarcações e tantos dias navegando pela baía de Maintop e pela Cabeça do Índio, eu achava que nada mais me faria ficar enjoada, muito menos uma conversa ou uma fruta. Na verdade, eu tinha ficado convencida da minha resistência no mar e parara de tomar o meu Dramin diário. *Erro.* Aquela nova situação era desalentadora; o enjoo elevava o índice de sofrimento a níveis inacreditáveis. O próprio Darwin entrara em desespero com esse estado, chamando-o de "um mal nada desprezível". Fiquei deitada ali por uma hora, correndo de tempos em tempos para o convés para vomitar pela lateral. Mesmo com essa distração adicional, não pude deixar de notar as fileiras de nuvens cor de ferro, dispostas sobre o horizonte feito invasores.

O vento estava fraco agora, mas eu sentia que seu humor estava mudando, que ele se preparava para varrer o oceano com ondas caóticas.

Fui tomada de uma certeza: eu não aguentaria outra noite como aquela. Fui até a popa e pensei em subir no *Tubby*, que se agitava na ponta da corda. *É uma possibilidade; posso remar para a costa*. Chamei Peter pelo rádio, com um tom melancólico. Acho que até chorei. Expliquei-lhe que estava no limite de minhas forças, que os ruídos tinham recomeçado, que eu acabava de perceber que estava ancorada exatamente no lugar onde o navio de passageiros *Lucas* naufragara, matando 23 pessoas.

– *Mayday* – falei, pedindo socorro.

Tio. Por favor. A equipe do Serviço de Peixes e Animais Selvagens tinha ido embora – será que eu poderia passar uma noite na ilha? Só uma? Eu mesma remaria para a costa, expliquei. A transmissão estava entrecortada, mas notei a voz alarmada de Peter.

– Não! *Não* reme até a Plataforma Leste. Nem pense em entrar no *Tubby*!

Ele tomou a atitude humanitária, como eu sabia que tomaria, e veio me buscar no baleeiro.

Quando caminhei da Plataforma Leste até a casa, minhas pernas estavam bambas, como se não pertencessem ao resto do meu corpo. O chão girava sob os meus pés. Scot nos esperava na escada da entrada. Expliquei que eu tinha ficado enjoada no veleiro, e agora estava enjoada em terra firme.

– O jeito é levar numa boa – disse Scot. – Você vai ficar girando por pelo menos 24 horas. Eu até gosto da sensação.

Eu não gostava. Quando me sentava, a vertigem piorava, por isso decidi sair para dar uma caminhada. Foi uma decisão infeliz. Uma hora mais tarde, ainda desorientada, voltei para a casa, que estava vazia. Fiquei esperando na cozinha, perguntando-me onde estariam todos. Peter e Scot voltaram, animados e felizes, e me contaram que eu tinha perdido um grande ataque. Onde é que eu estava? Enquanto eu perambulava por aí em busca de equilíbrio, houvera um pôr do sol glorioso na baía de Mirounga. Um dos tubarões presentes era o infame Carniça, o assassino de

Swissy, o leão-marinho reabilitado. Peter e Scot reconheceram Carniça imediatamente, pelas três cicatrizes características na cabeça do animal. No ano anterior as cicatrizes estavam recentes e vermelhas, mas tinham cicatrizado bem e Carniça estava de volta com tudo. Scot o marcou; depois, os dois percorreram a baía de Mirounga durante uma hora com o cair da noite, e vários tubarões passaram para examiná-los. Sentaram-se então à mesa da cozinha e abriram cervejas, comparando suas anotações sobre os animais que haviam visto.

Todos estavam exaustos com o rodeio dos helicópteros e aliviados em ver que a ilha voltava a ter sua população escassa de sempre. No entanto, os trabalhadores tinham ido embora tão rápido que haviam deixado para trás boa parte de seus equipamentos. Ainda havia vários montículos de material no heliporto; aparentemente, um outro helicóptero regressaria no dia seguinte para recolher aqueles pertences pessoais e o lixo residual.

Melhorei um pouco na hora do jantar, talvez por estar diante da minha primeira refeição quente em muito, muito tempo.

"O desespero passou", pensei, servindo-me de uma terceira porção de *enchiladas*. "A partir daqui, as coisas só tendem a melhorar."

Os biólogos anotaram no diário os novos avistamentos do dia, que incluíam uma coruja-buraqueira e uma escrevedeira-de-garganta-branca, além de uma dúzia de jubartes e trinta baleias-azuis; no entanto, a grande notícia era que aquele fora um dia com três ataques, o primeiro da temporada. Nos meses de outubro e novembro era comum haver dias como aquele, mas até agora, nesta temporada, os tubarões só haviam feito um ataque por dia. A atividade costumava vir em ondas; em certos momentos, a situação ficava assustadoramente calma, e em outros os biólogos nem sequer conseguiam descansar entre os ataques. Quando a situação estava mais animada, não era raro encontrarem quatro ou cinco tubarões se alimentando de uma carcaça, todos atiçados pela presença de sangue e ávidos para investigar o baleeiro. De fato, por vezes os pesquisadores precisavam se afastar da cena porque as coisas estavam ficando, nas palavras de Scot, "quentes demais".

– Bem, temos pelo menos um tubarão faminto por aqui – disse Scot. – O Carniça estava bastante interessado no barco.

Segundo Kristie e Elias, que haviam visto o ataque, o evento daquela tarde em Maintop havia espalhado uma quantidade de sangue impressionante, que se dispersara rápido com os ventos de quinze nós. Descrevi o tubarão que saltara sobre a superfície perto do *White Holly* e a empolgação que o evento gerara a bordo, além dos pedidos ansiosos para que Peter e Scot fossem até o navio – de preferência com uma ou duas caixas de cerveja – e dessem uma palestra sobre os tubarões.

Naquela noite, dormi um sono confortável e tranquilo, sem trancos, estrondos ou colisões inexplicáveis. A sensação de alívio durou precisamente até as oito da manhã, quando Peter colocou a cabeça pela porta para me informar que o vento estava soprando a 35 nós, com ondas monstruosas.

– Acho que não vamos a lugar nenhum hoje – disse ele.

De madrugada, Peter e Scot haviam escutado, atônitos, a Voz do Tempo informar que as ondas na boia de ponta Arena chegavam a dezenove pés (cerca de 5,80 metros) a cada dezoito segundos.

Eu não conseguia acreditar no que estava ouvindo. Tínhamos a suspeita de que haveria mais vento vindo em nossa direção, mas de onde viera *aquilo*? Era um clima insólito, violento e medonho. E nada daquilo fora previsto pela Voz do Tempo. Olhei para o exterior. A janela estava tomada de ondas espumantes.

No que diz respeito a tempestades violentas, esta era surpreendentemente bonita. A água cintilava num espectro de azul sob céu turquesa sem nuvens, e tudo o que não cintilava espumava. A baía de Maintop fora coberta por uma capa branca, e a baía do Pescador era um caos de espuma e ondas. Diante das casas, as ondas se chocavam com a planície marítima, emitindo um véu de névoa. Se conseguíssemos ignorar aquele tufão, as ondas raivosas, o fato de que o oceano estava seis metros mais alto que o normal e a visão do veleiro alugado sendo fustigado na água – uma imagem de virar o estômago –, bem, teria sido um dia adorável.

Ainda assim, por mais aterrorizante que fosse observar o *Just Imagine* sendo golpeado na Plataforma Leste, ficou imediatamente óbvio que o veleiro não sobreviveria sequer a uma hora daquela tempestade atado pelas duas pontas na baía do Pescador. A força dos vagalhões era imensa, e a Fenda lembrava as cataratas do Niágara. Era como se o oceano estivesse passando um aspirador, sugando tudo o que estivesse sujo, estagnado ou preso. Até as focas e os elefantes-marinhos estavam se reorganizando. As ondas lavavam as rochas como uma mangueira de bombeiro, a arrebentação estourava nos canais, e todos os habitantes dos rochedos foram varridos para o mar, para sorte dos tubarões. Imaginei-os passeando animados pela costa, vendo as focas e os leões-marinhos saltarem da ilha. Mais cedo, Kristie vira uma foca jovem com uma mordida na parte baixa do corpo, tentando se arrastar de volta para a planície marinha.

Não precisei de muito tempo para me vestir, pois tinha dormido de roupa, por isso logo estava subindo para o farol, onde Scot já ocupava seu turno no Sharkwatch. Saindo pela porta, fui atingida pelo vento como nunca antes, rajadas demoníacas que poderiam nos arrancar da terra e nos depositar em Oz, se quisessem. A única maneira de avançar era dobrar o corpo a um ângulo de noventa graus na cintura.

O vento quase me derrubou da trilha várias vezes, o que me fez lembrar os velhos relatos dos faroleiros que, durante as tempestades, engatinhavam para subir o morro. Depois de três semanas a bordo do *Just Imagine* eu já engatinhara o suficiente, mas as Farallones pareciam exigir de seus habitantes uma submissão em tempo integral. No alto, Scot estava sentado numa cadeira dobrável de metal, apoiado na parede, com as mãos enfiadas nos bolsos, o capuz preso firmemente em volta da cabeça.

– A coisa está violenta aqui em cima, é tudo o que tenho a dizer – disse ele quando me acocorei a seu lado. – Não quero nem pensar em como seria estar naquele veleiro agora.

Dali de cima, a visibilidade era tão magnífica que praticamente se podia ver a curvatura da Terra. Olhava pelo telescópio de tempos em tempos, vendo o *Just Imagine* ser sacudido naquele tumulto, meio que esperando vê-lo virar a qualquer momento. Agora, o veleiro estava sozinho lá fora. O *White Holly* já havia partido, depois de mandar um alerta para a ilha avisando que "o tempo só vai piorar".

De poucos em poucos minutos, Peter nos chamava pelo rádio, com a voz nervosa:

– Acho que o veleiro se soltou. Ele certamente se mexeu.

Scot balançou negativamente a cabeça.

– E o que você espera fazer a respeito disso, Pete? – perguntou Scot, exasperado, sem apertar o botão de transmissão. – É uma *tempestade*. Ei, vamos para a água, para ver se conseguimos morrer! – Scot se virou para mim. – É isso o que faço. Deixo ele pensar no assunto.

Scot apertou o botão do rádio:

– Tudo bem, vou dar uma olhada.

Scot ficou em pé e caminhou junto ao corrimão, olhando para a Plataforma Leste e para o barco. Depois voltou para o abrigo atrás da parede.

– O veleiro se mexeu, com certeza.

– Você acha que deveríamos prendê-lo com uma corda? – perguntou Peter.

– Você não vai chegar nem perto daquela boia hoje. Ela iria arrancar a sua mão.

– Acho que eu me sentiria melhor se o veleiro tivesse uma corda de segurança presa à boia – insistiu Peter.

– O clima está bem violento hoje – a voz de Scot era medida e calma, embora estivesse evidentemente perturbada. – Acho que não devemos fazer nada às pressas. – Todos sabíamos que usar a plataforma num dia como aquele seria brincar com um possível desastre.

Quando Scot desceu para almoçar, assumi um turno no farol. Não era aconselhável caminhar em torno da torre com aquele vento, mas dei uma olhada pelo lado e vi que a Farallon do Meio estava submersa, completamente engolida pelas ondas: não passava de uma elevação branca na água. Eu já ouvira falar que aquilo acontecia durante tempestades particularmente intensas – também já ouvira falar que as ondas às vezes quebravam *no alto* da Pedra da Sela, que tem doze metros de altura –, histórias que haviam parecido abstratas e possivelmente exageradas. Pelo visto, não eram.

Ao final do meu turno de duas horas, notei que um helicóptero nanico havia aterrissado na ilha; ele estava ali, obviamente, para retirar os materiais remanescentes dos trabalhadores da Guarda Costeira. A aeronave era muito leve, e vê-la ser sacudida pelo vento era quase tão aterrorizante quanto enfocar o telescópio no *Just Imagine*. Evidentemente, a versão aérea da Voz do Tempo também teria dado o alerta – então, o que eles estavam fazendo aqui, no meio de um tufão? Dois homens desembarcaram com esforço no heliporto e ataram os equipamentos a cabos de aço que pendiam do trem de pouso. O helicóptero rodopiou no céu, erguendo uma carga que parecia mais pesada que a própria máquina. Menos de dez segundos após a decolagem, ao passar sobre a baía de Mirounga, o helicóptero foi acertado por uma rajada de vento, inclinou-se dramaticamente para o lado esquerdo e soltou a carga, que tombou no mar.

Tudo aquilo pareceu ocorrer em câmera lenta. E o helicóptero não parou nem por um segundo: apenas seguiu em linha reta para o continente, desaparecendo de vista em seguida. Agora a água estava pontilhada de objetos flutuantes. Consegui distinguir um refrigerador azul-claro, barris de óleo, garrafões plásticos de querosene e grandes pedaços de um plástico branco. Kristie surgiu no alto do morro. Ela também vira o helicóptero derrubar a carga no oceano.

– Eles fizeram isso *de propósito*? – perguntou, chocada.

Chamei a casa pelo rádio, caso eles não houvessem visto a cena:

– O helicóptero acabou de derrubar a carga toda. Toda! Bem ali no Beco do Tubarão.

Quando voltei para a casa, encontrei Peter parado na sala, fitando o lixo que boiava e rodopiava nas ondas. O vento uivava feito uma sirene.

– A coisa toda está muito louca – disse ele quase num sussurro, como se falasse consigo mesmo.

Tentando tranquilizá-lo, eu disse:

– O veleiro parece estar aguentando.

Ele concordou, um pouco mais animado.

– Aquele casco de aço e tudo o mais. E acho que as ondas estão diminuindo.

Pessoalmente, eu achava que estavam aumentando. Mas não disse nada.

A porta da frente foi aberta com força, e uma rajada de vento varreu a casa.

– Porra! O mundo está caindo lá fora! – disse Scot, lutando para conseguir fechar a porta. Ele nos contou que o anemômetro marcava ventos de quarenta nós, com rajadas de até cinquenta.

– Estamos num verdadeiro ciclone – disse Peter.

A Voz do Tempo tagarelava ao fundo: "boia de ponta Arena: ondas de dezenove pés a treze segundos." Aquilo interrompeu a nossa conversa. A previsão do *White Holly* estava certa – a tempestade estava piorando. Scot se jogou no sofá.

– Temos o vento *e* as ondas. Pior que isso não fica.

– Vamos coletar um pouco de plástico – disse Peter, tentando afugentar o mau humor. – Preciso fazer alguma atividade física.

Os três cruzamos a planície marinha varrida pelo vento em direção à água, onde uma grande quantidade de lixo começava a ser trazida para a costa. Peter não parava de imaginar maneiras de chegarmos ao veleiro.

– Acho que a gente conseguiria amarrar uma corda em volta daquela boia – disse ele, enquanto caminhávamos.

Scot fez que não com a cabeça.

– Acho que não há nada que possamos fazer, Pete – disse. – Não podemos sair num barco.

A Garganta do Esgoto (cujo nome, neste momento, parecia muito apropriado) era protegida da arrebentação por uma vala estreita, e muitos elefantes-marinhos estavam empilhados ali, apoiados uns nos outros e cercados de mangueiras, pedaços de isopor, frascos quase vazios de tempero para salada, comprimidos de antiácido ainda nas embalagens, saquinhos individuais de ketchup, chinelos de dedo arrebentados, pedaços de lona esfarrapada. Os elefantes-marinhos eram enormes, e pareciam completamente furiosos. Sem hesitar, Peter caminhou até a borda das rochas e se abaixou com cuidado. Quando ele se aproximou, os animais se agitaram e urraram; a pilha de elefantes-marinhos se rearranjou, como se o grupo buscasse uma posição melhor para se defender de um ataque.

Depois de um momento eles pareceram se acalmar, e Peter conseguiu caminhar entre os animais, apanhando o lixo despedaçado e passando-o para nós. Em torno das cinco da tarde, Elias, que estava no Sharkwatch, chamou-nos pelo rádio com notícias desconcertantes:

– Peter, achei que você gostaria de saber: o pequeno *Tubby* virou. Está de cabeça para baixo.

Aquilo era um golpe duro, ainda que simbólico; Peter saiu da vala e caminhou em direção à plataforma, para ver a situação do *Tubby* com os próprios olhos. Scot e eu o seguimos.

– Não consigo me lembrar da última vez que alguma coisa virou por aqui – disse Scot, olhando para o veleiro. Peter ficou calado, olhando pelo binóculo. Não havia nada de positivo a ser dito, nada mesmo. O *Just Imagine* saltava freneticamente, e o *Tubby* parecia ter sido nocauteado; vi seu fundo branco sobre as ondas, como uma tartaruga. Não aguentamos olhar para aquela cena por mais de dez segundos. Decidimos voltar pela planície marinha, depositando o lixo largado pelo helicóptero em pilhas ao lado da casa; depois entramos.

A velocidade do vento cresceu a ponto de o anemômetro posicionado perto da Plataforma Leste se desfazer em pedaços, e uma parte do instrumento foi levada pela ventania. A Voz do Tempo repetia continuamente as mesmas informações, ainda que, àquela altura, já tivesse perdido toda a credibilidade; não acreditávamos em uma palavra do que ela dizia. E, de repente, havia muito a dizer: "O alerta de ondas elevadas continua de ponta Arena a ponta Piedras Blancas. Uma série de sistemas violentos avançou para o noroeste do Pacífico. Além das grandes ondas, estão previstos, para esta noite, tufões de noroeste em boa parte das águas costeiras, gerando condições marítimas arriscadas. Os marinheiros deverão atuar com *extrema cautela*. Todos aqueles que se encontrarem na região próxima à arrebentação devem tomar as medidas necessárias para proteger a si mesmos e a seus bens materiais das perigosas condições marítimas."

Nós ouvíamos o rádio todos os dias e nunca tínhamos escutado a Voz dizer nada além de números. Ela certamente nunca dera conselhos. A Voz jamais parecera agitada ou perturbada, jamais se mostrara tão criteriosa. Era uma novidade alarmante.

– Estamos nas Farallones – disse Peter, acendendo o fogão. – Nunca podemos dizer às ilhas o que devem ou não fazer.

Ele estava preparando o jantar, ainda de jaqueta e com o boné do Giants, e trazia uma grande quantidade de pratos de outros dias, já meio comidos, da geladeira para uma panela grande. Suspirou e apoiou os dois cotovelos na bancada, olhando pela janela da cozinha, que era chacoalhada a cada rajada de vento. Na verdade, toda a casa parecia estar se contorcendo.

Quando nos sentamos para comer, Peter apanhou os diários.

– Não vou escrever muito sobre o incidente do helicóptero – disse ele. – O que eu poderia dizer? Um monte de merda caiu na água. – Ele tinha os olhos vermelhos de cansaço e estresse. – Hoje o dia foi cansativo.

Tinha havido dois ataques naquele dia, ambos na baía de Maintop, mas o clima sugara a energia de todos, e havia poucos detalhes a comentar. Peter, que estivera no Sharkwatch durante os dois ataques, descreveu-os com a brevidade de um haicai: "Grandes tubarões. Muito agito. Vermelho em toda parte."

Uma lua gorda e sinistra pendia sobre o oceano, o que nos permitia verificar o estado do *Just Imagine* com mais facilidade. Por sorte, eu deixara a luz do mastro acesa, e era bastante simples colocar a cabeça pela porta de entrada a cada meia hora para confirmar que a luz ainda balançava no mesmo lugar. Pelo visto, o pior já havia passado; tínhamos chegado à conclusão de que, se o veleiro sobrevivera àquele dia, resistiria durante a noite. Depois do jantar, todos foram dormir, exceto Kristie e eu, que ficamos sentadas na sala de estar, lendo. Eu me debrucei sobre os diários outra vez, perdida no relato de um navio chamado *Grunt V* que quase naufragara no arquipélago em 1994. "Mar muito batido", escrevera alguém. "Chuva e ventanias. Em águas agitadas, o *Grunt V* se chocou contra rochas submersas. Danificou as hélices e o leme. A correnteza e as ondas carregaram o barco para o lado noroeste da baía do Pescador – a embarcação saltava e tombava nas ondas que lhe acertavam o costado. Doze passageiros ilhados na Farallon Sudeste. Chamei socorro urgente." O relato funesto me fez lembrar do veleiro, e às dez da noite fui para fora, vi a luz do mastro oscilar por um segundo e então corri para dentro. "O *Just Imagine* ainda está lá fora!", escrevi em meu caderno. "OBRIGADA OBRIGADA OBRIGADA."

Às 22h45 o cansaço do dia me acertou; estava prestes a ir para a cama, mas, antes de subir a escada, resolvi abrir a porta da frente para dar uma última olhada no iate. Eu não tinha nenhuma dúvida de que a luz estaria lá; aquela última olhada era só por precaução. Descendo os degraus da escada de entrada, curvei-me ao sentir a pancada de vento. O céu estava repleto de estrelas; pareciam empilhadas em cada centímetro quadrado da noite. Foi por isso que demorei um pouco para me orientar. Qual pontinho cintilante seria a luz do mastro? Confusa, olhei para o lugar onde a havia visto apenas 45 minutos antes e não a encontrei. Olhei melhor. Não estava lá. Deve ser um engano, pensei comigo mesma. A dificuldade de enxergar no escuro, algum tipo de ilusão. Segui descalça pelos trilhos, adentrando o vendaval. A luz do mastro não estava lá, o veleiro não estava lá. Em choque, corri de volta para a casa e subi a escada voando:

– A luz do mastro sumiu! O veleiro sumiu!

Dei meia-volta e corri outra vez para a plataforma, com Peter e Scot no meu encalço. Olhamos para o mar. As ondas se agitavam no ponto de ancoragem do veleiro, mas toda a área estava vazia, sem nenhum sinal do *Just Imagine*.

– *Onde ele foi parar?* – gritei.

E então conseguimos ver: o bruxulear quase invisível da única luz do *Just Imagine*, galopando sobre o horizonte.

Capítulo 11

"Estamos todos caindo aos pedaços. O dia começou mal... a escuna não veio; a água não mudou; o tabaco está acabando, e não há nem um grão de bom humor no mercado." Charles Warren Stoddard, *With the Egg Pickers of the Farallones*, 1881

10 A 11 DE OUTUBRO DE 2003

O oceano está cheio de histórias inacabadas: finais com inícios desconhecidos, palpites cegos onde deveria haver fatos. Num dia tempestuoso e gélido de dezembro de 1981, dia 19, para ser exata, uma prancha de surfe amarela foi arrastada para a costa na praia de Asilomar, perto de Monterey. Dois homens que calhavam de estar surfando por ali se depararam com ela. A prancha trazia uma mensagem apavorante: um enorme semicírculo tinha sido arrancado em seu centro. E sua origem era muito bem conhecida: pertencia a um surfista de 24 anos chamado Lewis Boren, visto pela última vez pegando uma onda de 4,5 metros durante uma tempestade, surfando sozinho ao norte da praia Pebble. Agora, não havia nem sinal de Boren. Ele desaparecera no dia anterior; de repente, ficava claro por quê, e como.

Posteriormente, a prancha foi examinada; descobriu-se que estava manchada de sangue, mas não o de Boren (na verdade, o sangue era do tubarão). Quando os cientistas examinaram o buraco na prancha, concluíram que o tubarão-branco responsável por aquilo era um dos maiores já documentados – teria seis metros de comprimento, ou mais. Uma fogueira foi acesa na praia em memória do jovem. Os colegas de surfe de Boren jogaram suas pranchas na fogueira como oferenda aos deuses-tubarões e fitaram a água negra, perguntando-se como juntariam coragem para entrar ali outra vez. Quando o corpo de Boren foi encontrado um quilômetro mais ao norte, identificado, entre outras coisas, pela tatuagem de uma gaivota no ombro direito, a maior parte da cavidade torácica tinha sido arrancada, o que sugere que o tubarão atravessou Boren e sua prancha com uma única mordida violenta quando o rapaz remava para pegar uma onda.

"Queremos o tubarão vivo ou morto", anunciou um autoproclamado caçador de tubarões chamado David Fisse numa coletiva de imprensa, jurando que perseguiria a criatura até as Farallones, onde os comedores de homens sabidamente se escondiam. "Esse tubarão matou uma pessoa", disse ele, indignado. "Isso para mim é assassinato." Fisse e dois assistentes, entre eles um indígena modoc que, segundo Fisse, tinha uma pontaria tão boa que era capaz de "acertar olhos a duzentos metros de distância", chegaram a Monterey numa lancha de alumínio cheia de facas, espingardas, rifles, pistolas e uma arma especial para acertar tubarões – uma haste de um metro na qual havia sido instalado um cano calibre 38. Usando aquela arma, explicou, ele pretendia nadar por baixo da mandíbula do tubarão e acertar um tiro em sua medula espinhal. O tiro iria deixar o animal incapacitado, mas não o mataria; Fisse iria então laçar sua cauda e arrastá-lo de volta para a marina, onde o animal seria vendido a quem desse a maior oferta. Fisse reconhecia que poderia encontrar certas dificuldades. "Um tubarão é incrivelmente forte", disse ele aos repórteres. "Talvez fique agressivo; os tubarões podem fazer grandes estragos." Por proteção, ele pretendia usar um capacete de motociclista ao mergulhar. A caçada esbarrou num contratempo quando Fisse, esquecendo-se de usar roupa de neoprene ao fazer sua primeira incursão à baía de Monterey, com águas a 10°C, teve hipotermia, precisando ser resgatado por um pesqueiro. "Fiquei com a sensação de que ele é burro ou idiota", disse posteriormente o capitão do pesqueiro, acrescentando que, quando foi retirado do mar, Fisse estava "bem acabado" e quase morrera afogado.

Em seguida, vieram os profissionais: dois homens da Flórida que alegaram já ter capturado, juntos, cerca de 4 mil tubarões para aquários, incluindo oito tubarões-brancos. Eles também armaram uma coletiva de imprensa. Seu objetivo, explicaram, era ajudar os cientistas a descobrir por que o número de ataques de tubarão estava aumentando, e para isso pretendiam capturar os animais usando espinhéis, com bonitos e cavalas-pintadas como isca. Eles conseguiram patrocínio para a missão, chamada Expedição Tubarão-Branco, que partiria do Cais do Pescadores de São Francisco naquele fim de semana. Seu destino? As ilhas Farallon.

Apesar dos esforços conjuntos, a assassina (pois, com seis metros, claramente se tratava de uma Irmã) de Lewis Boren escapou a todas as tentativas de captura, e nunca mais foi vista. Ela talvez *fosse* um dos tubarões-fêmeas que regressavam às Farallones todos os anos, um dos tubarões semimíticos de seis metros que maravilhavam Peter, Scot e Ron ao longo das temporadas. Talvez fosse a própria Cotoco, caçando mais uma prancha de surfe. Ninguém jamais soube. Ela desapareceu sob as ondas.

Para quem podemos telefonar quando perdemos um iate? E nós realmente tínhamos. Perdemos um iate. Em menos de uma hora, o *Just Imagine* desapareceu de vista, até mesmo do telescópio. Ao se aproximar do horizonte, o barco estava sendo acertado lateralmente por vagalhões terríveis, e a luz do mastro brilhava na escuridão, subindo e descendo, inclinando-se e oscilando numa procissão de quedas livres de seis metros de altura. Nos limites da visibilidade, o céu implodiu no mar, deixando apenas um grande ponto de interrogação negro, desconhecido como o espaço sideral. Até o momento em que desapareceu, vimos que o veleiro estava seguindo para o sul, e esperávamos que não seguisse também para o leste, em direção à terra.

Tivemos um impasse breve, porém tenso, na plataforma; todos gritamos, tendo as vozes engolidas pelo vento. Peter queria lançar o baleeiro imediatamente e perseguir o veleiro, e depois – bem, ele não sabia exatamente o que fazer depois, mas pelo menos já seria alguma coisa. Mais tarde, Peter descreveu uma espécie de caminho que havia visto na superfície do oceano, um improvável corredor calmo entre as ondas que, na opinião dele, poderíamos ter trilhado para chegar ao iate. Ele admitia que, uma vez que chegássemos lá, provavelmente tentaria saltar e aterrissar no *Just Imagine*; tenho certeza de que teria tentado, e talvez até conseguisse, por mais difícil que parecesse. Entretanto, qualquer erro naquelas condições teria consequências irremediáveis. O risco era elevado demais, e Scot enfatizou de forma tranquila, porém firme, que ninguém partiria em barco nenhum. De fato, nem sequer deveríamos estar parados ali na Plataforma Leste durante uma tempestade tão violenta. No passado, pessoas já haviam sido varridas da ilha por ondas ali.

Sem a ajuda de Scot, a opção de lançarmos nossa própria missão de busca e resgate estava descartada. Para isso, precisaríamos de todos os braços disponíveis. Alguém teria que conduzir o baleeiro pelas ondas de seis metros; outro alguém teria de içá-lo no guindaste naqueles ventos de quarenta nós. A luz da lua iluminava a água agitada no canal abaixo do guindaste, e as ondas arrebentavam no penhasco, estilhaçando-se como um globo de cristal arremessado contra uma parede. Colocar um barco de dezessete pés naquelas águas era algo muito próximo ao suicídio.

Pelo visto, Peter também registrou esse fato e conteve o impulso extremo de agir apesar do perigo. Era um estado mental surgido da experiência de um quarto de século naquela ilha, resgatando pessoas, barcos e animais e fazendo desembarques que ninguém mais conseguiria fazer, de incontáveis horas diante dos tubarões-brancos, da capacidade de caminhar na tênue linha que separa o respeito pela natureza em seus momentos mais furiosos e o desafio à sua força colossal. Ele tinha o reflexo de resolver qualquer problema que surgisse no arquipélago, com grandes quantidades de fita adesiva se fosse necessário, com cordas emendadas e soluções improvisadas, sem nenhuma expectativa de encontrar saídas fáceis ou convenientes para os problemas. Ainda assim, quando o momento passou e nos afastamos do baleeiro, senti uma onda de alívio passar por todos nós, inclusive por Peter.

Eu ainda tinha a tênue esperança de que a Guarda Costeira resgatasse o veleiro. Imaginei que isso custaria dinheiro, talvez bastante dinheiro, mas certamente conseguiríamos reaver o *Just Imagine* depois de fazermos alguns pedidos de socorro. Perguntei se minha suposição estava certa; ninguém sabia. Aquilo nunca acontecera antes. Entre todos os barcos naufragados e perdidos, os barcos desaparecidos, os barcos com problemas no motor, os barcos no lugar errado na hora errada, jamais houvera um iate desertor coberto de sangue seco, com uma peça de metal que assoprava merda, iluminando o Pacífico sem ninguém a bordo e rebocando o valente *Tubby*.

O rádio mais próximo ficava na oficina de carpintaria, a cerca de cinquenta metros da plataforma. Era um edifício longo e baixo que continha todas as ferramentas possíveis e imagináveis: o paraíso das pessoas competentes. Peter foi até o aparelho, que estava pendurado na parede. Só então reparei em suas roupas: ele estava usando uma jaqueta impermeável, suas onipresentes galochas à altura dos joelhos e uma velha cueca samba-canção com motivos havaianos. Fiquei a seu lado, descalça, enquanto ele chamava a Guarda Costeira no canal 16, a frequência das emergências marítimas. Acho que esperávamos receber algum consolo ou estímulo por parte dos valentes protetores das costas do país, mas a resposta que obtivemos não foi muito estimulante.

A voz do atendente estava baixa e arrastada, como se tivéssemos acabado de acordá-lo. A pessoa parecia ter aproximadamente doze anos de idade. Peter se lançou no monólogo que a comunicação por rádio exige, explicando que um veleiro de sessenta pés havia perdido a âncora na ilha Farallon Sudeste e estava flutuando à deriva, sem capitão, no meio do oceano.

– Quantas pessoas na embarcação? – perguntou o atendente, depois que Peter já dissera que não havia ninguém pilotando o barco.

– Ninguém a bordo – disse Peter. – É uma embarcação abandonada. Câmbio.

– O que é essa ilha Farallon? É o nome do barco?

– Negativo – disse Peter. – Nós *estamos* na ilha Farallon Sudeste. O nome da embarcação é *Just Imagine*.

Entre dois bocejos, o atendente esclareceu a extensão do nosso problema. A Guarda Costeira, explicou, não faria nada para nos ajudar a menos que houvesse pessoas a bordo do veleiro perdido no mar, propelido pelos ventos violentos em direção às linhas de navegação. Nossa única esperança, explicou, seria contratarmos uma empresa privada de salvamento marítimo e convencê-la a caçar o *Just Imagine*. E assim, sem mais nem menos, fomos mandados ao mundo mercenário do salvamento comercial de iates.

As leis de salvamento marítimo existem há cerca de três mil anos, e mudaram surpreendentemente pouco desde então, já que o tipo de problemas que podemos encontrar no mar também não mudou muito. O raciocínio é o seguinte: resgatar uma embarcação, evitando que naufrague, é um trabalho perigoso, por isso a lei estabelece uma "recompensa de salvamento" para quem fizer a tentativa. Em teoria, o processo é justo. No entanto, a "recompensa de salvamento" em si é definida por uma escala usurária de valores que variam de 1% do valor do barco a... 100%. O valor do pagamento está relacionado a uma interpretação subjetiva do risco que a embarcação corre, ao tipo de papelada assinada pelo requerente do salvamento e a outras distinções sutis que só os profissionais do meio conhecem bem. Inevitavelmente, o marinheiro recreativo médio fica chocado quando a pessoa contratada para resgatar seu barco, em vez de cobrar um valor correspondente à versão marítima de um reboque, exige em troca uma parte do barco. E essas disputas inevitavelmente acabam nos tribunais. Mas a lei era clara, ainda que parecesse nos remeter aos tempos da pirataria: quem quer que pusesse os pés no *Just Imagine* teria direito a fazer algum tipo de reivindicação sobre o barco. A revista *Power and Motor Yacht* resumiu a filosofia do salvamento numa frase curta: "A verdade é que você está nas mãos do sujeito."

Alternativamente, uma pessoa que não estivesse a fim de passar meses num litígio, alguém que estivesse apenas cuidando da própria vida no oceano e calhasse de encontrar um iate de sessenta pés, com casco de aço, flutuando vazio no oceano, poderia simplesmente embarcar e se apossar de tudo o que encontrasse. No passado, já foram encontrados barcos à deriva com o teto arrancado, os móveis saqueados, o equipamento elétrico desaparecido – completamente depenados. E essas embarcações nem sempre eram encontradas por acaso: certas pessoas escutavam as transmissões de emergência como a que tínhamos acabado de fazer e partiam à procura dos barcos perdidos. No nosso caso, eles também embolsariam uma seleção impressionante de ceroulas femininas, um tabuleiro Ouija feito a mão e diversas safras de vinho italiano de boa qualidade. Por outro lado, o cheiro do convés do *Just Imagine* provavelmente afugentaria muitos possíveis saqueadores.

Logo antes de desligar (tendo conseguido se livrar de nós em menos de cinco minutos), o atendente do canal de emergências marítimas ainda disse a Peter:

– Tenha um bom dia!

Scot fitou o rádio, incrédulo:

– Ele disse isso mesmo, *"tenha um bom dia"*?

– Não consigo acreditar – respondi. – Mas acho que disse, sim.

Peter desligou o rádio. Seria melhor, disse ele, entrarmos em contato com profissionais de salvamento marítimo pelo radiofone da casa. Menos interferência, menos risco de ouvintes indesejados. Saímos de nosso abrigo para o vento violento e avançamos com dificuldade pelos trilhos. Elias estava agachado nos degraus da entrada com uma luneta e uma bússola, calculando a posição do veleiro que desaparecia na escuridão. Entramos na sala, e Scot revisou os números.

– Ele está seguindo na direção sul – anunciou. – A favor do vento. E o vento o está afastando da costa.

– Acho que ele vai ficar numa boa – disse Peter. Fez uma pausa. – Por esta noite.

Kristie preparou um chá enquanto os três nos amontoávamos no quartinho da cozinha onde estava o radiofone. Peter discou. O processo era excruciante: usando o processo entrecortado de comunicação por rádio, tivemos de acordar alguém, explicar a situação insana, esclarecer onde ficavam as ilhas Farallon e repetir várias vezes que não havia ninguém a bordo do iate foragido. A primeira pessoa que chamamos nos rejeitou sem meias palavras, citando o tempo e duvidando de que qualquer pessoa se arriscasse a navegar naquela tempestade. Talvez, sugeriu, devêssemos ficar à espera de que alguém comunicasse à Guarda Costeira que havia visto uma embarcação. Tentei nos imaginar ligando para Tom na manhã seguinte e, quando ele perguntasse o que havíamos feito diante da emergência, respondendo: "Ah... Nada." Por algum motivo, ficarmos ali parados não parecia a melhor coisa a ser feita naquela situação.

O homem se ofereceu para ligar para um colega, alguém com um barco maior que talvez ficasse menos intimidado com as ondas monstruosas. Se esse marinheiro mais intrépido, que decidimos chamar de Barba Negra, estivesse disposto a nos ajudar, entraria em contato conosco imediatamente. Antes de desligar, entretanto, o homem perguntou o que o veleiro estava fazendo no mar antes de se perder.

– Era uma plataforma de pesquisa para um trabalho sobre tubarões-brancos – respondeu Peter.

– Entendo – respondeu o homem, com um tom de voz ligeiramente mais respeitoso.

Peter desligou.

– Quando a gente precisa de alguma coisa, é sempre bom mencionar os tubarões.

Fomos para a cozinha, à espera da chamada de Barba Negra. Ninguém disse nada. Os minutos se passaram. Por fim, Peter ficou em pé e se pôs a caminhar de um lado para o outro.

– Isso é inacreditável! – disse ele. – O modo como essa tempestade apareceu! As coisas não acontecem assim!

Scot ergueu os olhos, segurando a xícara de chá com uma expressão cansada.

– A natureza jogou duro com a gente, Pete.

– Ainda bem que o *Just Imagine* não estava mais ancorado na baía do Pescador – arrisquei. – Se estivesse, a essa altura estaríamos recolhendo pedacinhos nas rochas.

Peter parou de andar em círculos em volta da mesa e olhou para mim.

– Eu não disse nada porque não queria assustar você – disse ele. – Eu chequei aqueles cabos todos os dias para ver se estavam aguentando. Mas ontem, quando fui desamarrá-los da boia, um deles tinha arrebentado, e o outro estava 90% partido. Teria arrebentado a qualquer momento.

Em outras palavras, eu poderia facilmente ter sido arrastada para a ponta da Torre.

Agora eu entendia por que havia sido tão fácil retirar os cabos – eles já tinham se retirado sozinhos. E, antes de perder as amarras, o iate também quase se livrara de mim. Senti um calafrio de medo ao pensar nos cabos sendo reduzidos a nada, mas também percebi que, instintivamente, eu sempre soubera que o veleiro pretendia se soltar.

O radiofone tocou. Peter atendeu; era o Barba Negra. Aquela poderia ser a resposta. Ou o início de uma realidade dura e fria: o fato de que ninguém viria resgatar o *Just Imagine* no futuro próximo. A voz de Barba Negra era grave e áspera; ele tinha o tom arrastado e arrogante de um homem que sabia ser o marinheiro para quem as pessoas ligavam quando precisavam ser salvas de um grande desastre.

– Como está o vento? – perguntou, com o tom despreocupado que qualquer pessoa usaria para perguntar as horas.

– Acho que em torno de 35 nós – respondeu Peter, desconfortável.

– E as ondas estão a dezenove pés... – Barba Negra estava calculando. Ele não gostava daqueles números.

– É, a coisa está feia lá fora – reconheceu Peter. – Foi por isso que o barco se soltou.

No entanto, ele não rejeitou nosso pedido, e tivemos uma longa conversa, dedicada, a maior parte do tempo, à discussão do preço. Cheguei a lhe dar o número do meu American Express. Barba Negra queria alugar um barco maior, e também sugeriu que alugássemos um avião com duas pessoas a bordo, o piloto e um "avistador" de mamíferos marinhos, uma pessoa treinada em identificar objetos minúsculos na superfície do oceano.

Eu não havia pensado no *Just Imagine* como um pontinho insignificante na água. Afinal, aquele barco era maior que muitos apartamentos em Manhattan. Mas estava começando a perceber que a verdadeira escala do oceano era bem maior do que conseguimos conceber. Tentar vislumbrar o tamanho do oceano Pacífico é como ouvirmos que Saturno fica a 1,42 bilhão de quilômetros do Sol – é uma imagem gigantesca demais para uma cabeça humana. Parecia impossível que um veleiro de sessenta pés pudesse simplesmente passar despercebido num dia de visibilidade perfeita; porém, na realidade, coisas enormes se perdiam no mar o tempo todo. Até navios cargueiros desapareciam. Às vezes, veleiros perdidos ficavam à deriva durante meses e acabavam do outro lado do mundo. Depois de algum tempo, entretanto, a bateria morria, a sentina começava a ficar cheia de água e a coisa desandava – o barco afundava lentamente. Tendo em vista o estado precário do sistema elétrico do *Just Imagine*, perguntei-me quanto tempo ainda teríamos. Para piorar, aquele iate, com seu casco azul-marinho e convés branco, seria indistinguível da água do mar e da espuma das ondas.

Eram três da manhã e não poderíamos fazer nada até a alvorada, por isso ficou decidido que Barba Negra iria reunir sua tripulação e entraria em contato conosco ao nascer do dia, confirmando que o avião estava partindo. Calculamos que o barco estaria se afastando a uma velocidade de aproximadamente cinco nós, um ritmo razoável que indicava que não estava arrastando sua âncora. Quando o sol nascesse, o iate já estaria a quase sessenta quilômetros de distância, e a área de busca ficaria exponencialmente maior a cada hora que passasse, como a água derramada de um copo que se expande em todas as direções. Era uma imagem desalentadora. Inicialmente, eu presumira que seria bem fácil encurralar o veleiro; até cheguei a pensar que recuperaria minha moradia em questão de horas. Seria apenas uma inconveniência passageira, uma história de que um dia acharíamos graça (à exceção de Tom). Mas estava começando a me dar conta de que talvez não conseguíssemos recuperar o *Just Imagine*.

– Tom talvez fique contente – cogitei em voz alta. – Ele talvez queira um barco novo.

– Aquele veleiro já estava bem acabado – disse Scot.

O sol nasceu num tom vermelho-sangue.

– Céu vermelho de manhã... mau presságio. – disse Peter num tom sombrio, relembrando um ditado popular americano. O vento ainda soprava a trinta nós, com rajadas violentas de 35 a quarenta, e as ondas praticamente não tinham diminuído. Porém, quando o fogo da alvorada se extinguiu, o céu ficou cristalino mais uma vez, como se o vendaval houvesse varrido até a última partícula de poeira. Poderíamos dizer que ao menos a situação não havia piorado, e nossa esperança fora reanimada por três horas de sono.

Um mapa náutico foi aberto na mesa da cozinha, e Peter se debruçou sobre ele, calculando um trajeto com uma caneta vermelha e um transferidor. Ele estava usando as medições feitas com a bússola na noite anterior para estimar a direção provável do veleiro; um palpite preciso poderia economizar horas de busca aérea, facilitando a localização daquela agulha no palheiro. Para isso, era preciso uma mistura de arte e ciência – era necessário saber ler a água de forma minuciosa e avaliar cuidadosamente as correntezas sempre mutáveis. Várias correntes poderosas colidiam na altura das Farallones, e ao longo do ano elas cresciam e minguavam como a lua. Tínhamos a Corrente da Califórnia, volumosa e fria, que descia do Alasca, e a Corrente Davidson, mais quente, que subia desde Baja, além da Corrente do Pacífico Norte, que fluía do leste. Por baixo de todas elas, uma corrente submarina profunda rodopiava ao longo da borda da plataforma continental. Acima, empurrando tudo o que corria pela superfície, estava o vento. Todos aqueles elementos – longitude, latitude, correntes, velocidade do vento, época do ano, salinidade da água e até mesmo o fato de que o casco do iate era feito de aço e não de fibra de vidro – deviam ser jogados no liquidificador da navegação. O resultado final seria um "perfil de deriva", uma hipotética linha pontilhada no mapa que projetaria a rota de escape do *Just Imagine*.

Assim como no caso da ancoragem, as teorias sobre o trajeto variavam. Peter acreditava que, naquele momento, a Corrente Davidson estaria mais forte do que as pessoas pensavam, o que faria o veleiro seguir para o norte. Barba Negra estava convencido de que o veleiro seguiria para o meio do oceano. Ou, então, talvez seguisse para a costa. Mas não para o sul. Mais tarde naquela manhã, os computadores da Guarda Costeira emitiriam a versão oficial, com base em números factuais; porém, depois do retumbante fracasso da Voz do Tempo, já não estávamos tão entusiasmados com mais aquela interpretação maquinal dos elementos.

Quando recebemos a confirmação de que nosso avião havia decolado, o dia pareceu passar num piscar de olhos. Scot subiu para o farol, de onde testemunhou mais um ataque de tubarão na baía de Maintop que ninguém pôde presenciar. Descarreguei meu nervosismo subindo e descendo a trilha em zigue-zague algumas vezes; parei finalmente no alto do morro. Examinando a área ao redor, sentei nos degraus e fitei a paisagem com uma sensação de embotamento. Acho que as ilhas nunca tinham me parecido tão bonitas como agora – com o vento diabólico, a água cintilante e aquela claridade multicolorida, além de incontáveis baleias. Elas nadavam ao redor por todos os lados, indiferentes à turbulência; o mar agitado só aumentava a quantidade de comida na água. Usei o telescópio para examinar a entrada da baía do Pescador, procurando minha baleia-cinza, mas não a encontrei.

Naquela situação, eu sabia que teria de ir embora o mais rápido possível. Era só questão de tempo até que as autoridades competentes ouvissem falar do ocorrido e ficassem sabendo do papel que um forasteiro tivera no assunto. Se o tempo melhorasse, o *Superfish* viria amanhã, trazendo turistas para observar baleias, e eu poderia pegar uma carona. De qualquer forma, já estava previsto que haveria barcos desembarcando na ilha aquele dia. Peter voltaria a Inverness por duas semanas, Kristie e Elias iriam embora, e Brown e Nat, que haviam deixado as ilhas após a chegada dos trabalhadores da Guarda Costeira, retornariam com um novo grupo de estagiários. Scot pretendia ficar no arquipélago até o final do mês.

Olhei para ele, de pé na mureta de concreto do farol, com as mãos enfiadas nos bolsos, os olhos atentos a qualquer onda estranha ou gaivota entusiasmada. O rádio continuou em silêncio, o que só poderia significar uma coisa: nada ainda. Depois de algum tempo, Peter ligou:

– Como é que está a coisa aí em cima?

A resposta de Scot foi concisa:

– Muita baleiagem. – Ninguém estava a fim de muita conversa.

Todos sabíamos que precisávamos telefonar para Tom. Mas também guardávamos a esperança – em rápida desintegração – de conseguir localizar o veleiro antes de falarmos com ele, melhorando assim o tom da conversa. No entanto, a manhã se fora, a tarde chegara, e era a hora de fazer a chamada. Scot ficou no farol e eu desci a trilha com dificuldade em meio ao vendaval. Ao me aproximar da porta dos fundos da casa, notei que a churrasqueira tinha saído voando. Havia pedaços espalhados pela encosta do morro.

Peter estava sentado ao lado do radiofone, à minha espera. Nem ele nem eu estávamos muito entusiasmados com a ideia de fazer aquela ligação. Respirando fundo, Peter discou. Tom atendeu o telefone com sua voz enérgica e simpática – era sempre bom ouvir notícias nossas. Como estavam as coisas? Tínhamos visto muitos tubarões? E como estava aquela maldita bateria de doze volts? Maldito sistema, dava uma dor da cabeça danada! Ele queria aprender mais sobre esses sistemas de doze volts – Peter interrompeu os cumprimentos efusivos de Tom com a frase usada universalmente para preparar uma notícia ruim:

– É melhor você se sentar. – Peter explicou a situação em todos os seus horríveis detalhes, e então acrescentou: – Veja pelo lado positivo, Tom. Você talvez não precise consertar o encanamento.

Soubemos então que Tom não desejava um barco novo. Nem de longe. Ele queria *aquele* barco, o velho veleiro estragado que fedia e sangrava. Imaginei-o recebendo aquela notícia, sentado em seu escritório de advocacia vestindo uma gravata com estampa de veleirozinhos, com a expressão de quem havia levado uma facada no estômago. A nossa ligação o pegou completamente de surpresa. O tempo em São Francisco estava ensolarado e quente, com uma certa ventania, mas nada de mais, e o mar agitado só era uma preocupação para os surfistas. A conversa foi breve; ele ficou claramente abalado e queria ligar para sua companhia de seguros, para sua mulher e para Bob, seu parceiro de navegação. Tom disse que iria entrar em contato conosco ainda naquela noite. Até então, o iate muito provavelmente já teria sido localizado.

– Ele até recebeu bem a notícia, dentro do que se poderia esperar – disse Peter, que estava pálido, mas aliviado. Tudo o que podíamos fazer naquele momento era esperar a chamada de Barba Negra. O que aconteceria a qualquer momento. É claro.

Vieram as duas da tarde, depois as três, e o rádio continuou mudo. Quando Barba Negra finalmente entrou em contato conosco, já eram quase quatro da tarde, e a luz do dia começava a esmaecer. Ele não tinha nenhuma boa notícia a nos dar.

Em meio aos ruídos de interferência do rádio, Barba Negra nos informou de diversos falsos avistamentos, quase todos causados por grandes ondas espumantes. Quanto ao veleiro em si, nem sinal dele. Em lugar nenhum. O avião estava percorrendo metodicamente os corredores de uma grande grade de busca. As informações sobre correntes marítimas recolhidas pela Guarda Costeira tinham sido consultadas, e o iate continuava desaparecido. Agora que as sombras estavam ficando mais compridas na água, seria ainda mais difícil separar a realidade de uma miragem. O tempo estava se esgotando.

Nossos mantimentos também. Durante o jantar, os ânimos estavam tensos, e não só devido àquelas últimas notícias, que tinham nos trazido de volta para a realidade. Peter e eu cozinhamos juntos, misturando albacora congelada com sopa enlatada doada pelos funcionários da Guarda Costeira. Combinamos esse ensopado de peixe a uma salada com a data de validade vencida, algumas batatas e biscoitos de banana que Kristie havia assado; comemos durante bastante tempo, como se, enquanto estivéssemos mastigando, nada pudesse ser tão ruim.

De poucos em poucos minutos, entre as mordidas, alguém lamentava o fato de que a tempestade não fora anunciada na previsão do tempo.

– Vou te dizer – disse Scot. – Foi um golpe duplo. A gente podia ter lidado com o vento forte. Também podia ter lidado com o mar agitado. Mas os dois juntos... – inclinou-se para trás na cadeira. – Enfim, o principal é que estamos todos aqui, e estamos bem. E o barco só calha de estar... lá fora. Desde que esteja boiando, está tudo bem. Só precisamos de um pouco de ajuda para encontrá-lo, nada mais.

– Talvez esteja no fundo do mar – sugeri.

– Não está no fundo do mar – disse Peter, convicto.

– Bem... – persisti. – E se um cargueiro simplesmente...

Scot concluiu a minha ideia:

– O rachar ao meio.

Peter largou o garfo na mesa.

– A gente teria recebido notícias. Até um cargueiro perceberia se acertasse um veleiro de sessenta pés com casco de aço. Além disso – acrescentou –, teria um monte de lixo boiando por aí.

Eu não conseguia afugentar aquela imagem – a proa apontando para o céu e o casco de metal do *Just Imagine* sendo sugado para o fundo do mar. E então: lorchas atravessando a cabine, estrelas-do-mar cobrindo a mulher nua, cracas nos móveis de pinho. Meus livros e roupas subiriam lentamente para a superfície em meio às borbulhas, ou talvez apenas se desintegrassem.

Depois do jantar, Tom ligou para a ilha. Ele tivera algum tempo para digerir a situação. Estivera pensando no que acontecera e tinha uma pergunta:

– Onde estava Susan? Por que Susan não estava no barco?

Peguei o telefone.

– Eu estava na ilha – respondi, acrescentando impaciente: – E em mau estado. *Antes* da tempestade, a situação não estava tão tranquila por lá.

Tom não se mostrou muito compreensivo.

– Sim, mas, se você estivesse a bordo, a Guarda Costeira teria ido até aí na noite passada para, com o perdão da expressão, tirar o seu da reta.

Bem, eu não estava no barco. Além disso, se tivesse que escolher agora entre estar perdida no mar, sob ventos de grau nove na Escala Beaufort, e estar na desagradável situação em que nos encontrávamos agora, não teria nenhuma dúvida: eu ia preferir estar na cozinha. Tentei imaginar como me sentiria se estivesse a bordo no momento em que o barco se soltara, mas tudo isso me veio à mente como uma espécie de terror indistinto, um branco desconcertante. Por outro lado, eu provavelmente não teria sobrevivido nem um dia; tendo em vista o modo como o barco se sacudia quando o observei pelo telescópio, provavelmente teria sido estraçalhada contra o teto. A estada naquele barco já tinha sido traumatizante o suficiente, muito obrigada. A ideia de Tom de que eu deveria ter afundado com o navio enfureceu-me; aquilo não fazia parte do acordo.

Irritada, devolvi o telefone a Peter e voltei aborrecida para a sala; Scot estava sentado na velha poltrona reclinável, tocando violão. Um camundongo explorou a área ao redor do pé dele e agitou os bigodes, animado. Eu me joguei no sofá, inclinando a cabeça para trás e encarando o teto.

– Quer saber – eu disse –, os tubarões são o que há de *menos* selvagem por aqui.

Ele ergueu os olhos, abriu um sorriso leve e continuou a tocar.

– Eles não são tão maus assim, não é? A menos que você seja uma foca.

Peter entrou na sala e se sentou ao lado do radiotransmissor, arrasado. Ainda assim, percebi que ele estava juntando forças para o que teria de fazer: assumir o comando daquela situação, consertar mais uma coisa quebrada. Peter sintonizou a Voz do Tempo. Com sua ausência de empatia habitual, a voz nos informou que, durante algumas horas na manhã seguinte, *talvez* tivéssemos uma breve oportunidade de usarmos a plataforma, de embarcar a equipe traumatizada num barco da Patrulha das Farallones e desembarcar a nova equipe e os mantimentos na ilha; e eu poderia sair da ilha despercebida, em meio aos turistas que vinham observar baleias. Era a primeira notícia razoável que a Voz nos dava em muitos dias.

Barba Negra entrou em contato conosco para planejar mais uma rodada de buscas no dia seguinte, fazendo bastante pressão para que pagássemos por mais um ou dois dias de buscas por avião. A tarifa que nos apresentou para essas novas buscas era astronômica, e senti que ele estava sendo insistente demais, comportando-se como um vendedor em busca de sua comissão. O custo do salvamento era uma bagatela, insistiu ele, se considerássemos as alternativas; por exemplo, se o veleiro se estraçalhasse contra as pedras em qualquer parte do Santuário Marinho Nacional da baía de Monterey, a limpeza poderia custar mais de 300 mil dólares.

– Você teria de pagar mergulhadores com pinças recolhendo fibra de vidro em meio às anêmonas-do-mar.

A busca infrutífera de hoje já custara 15 mil dólares no meu cartão de crédito, e, enquanto ele falava, ocorreu-me que quanto antes encontrássemos o iate menos dinheiro ele ganharia. Interrompendo a tentativa de Barba Negra de nos meter medo, Peter deu a notícia de que o programa de salvamento estava agora nas mãos da companhia de seguros de Tom, uma informação que pareceu deixar Barba Negra um tanto irritado.

– Acho que o veleiro vai aparecer – disse ele, antes de desligar. – É claro, talvez apareça no Pacífico Sul.

Parte do ritual da troca de equipes na ilha era fazer uma limpeza profunda na casa. Isso incluía dar conta de todo o lixo – queimar o que fosse possível e amontoar o resto para que fosse levado ao continente. Na manhã seguinte, quando todos começaram a se mexer para ajeitar as coisas, assumi a função de limpar os dois banheiros; me lancei à tarefa com dedicação, esfregando como se estivesse num evento olímpico. Depois de terminar, saí e caminhei sem destino específico, num passo acelerado. O vento ainda atingia a ilha, embora sem tanta força. Atravessei a planície marinha, deixando o cabelo bater em meu rosto, e me senti melancólica. Eu nunca mais voltaria àquele lugar – não num futuro próximo, e talvez nunca na vida. Como de costume, detestava ir embora. Mesmo agora, depois de tudo que acontecera, daria tudo para poder voltar atrás e ver os tubarões nadarem mais uma vez ao meu redor, ver Kevin atando nós belos e precisos, Peter pescando e ouvindo o jogo do Giants, Ron recolhendo ouriços e nos contando histórias e Scot soltando o Bebê Foca e recolhendo águas-vivas enquanto aves exóticas apareciam no céu como joias.

Era hora de partir. Seria preciso transportar muitas pessoas, mantimentos e lixo durante a hora seguinte, por isso Scot e Peter lançaram seus barcos – Scot no baleeiro e Peter num bote inflável. O *Superfish* iria entrar na baía do Pescador, e eu caminhei até a Plataforma Norte, onde Peter me recolheria. Dois leões-marinhos tomavam banho de sol nos degraus de pedra e se assustaram com a minha chegada, lançando-me olhares exasperados ao mergulharem na água. Um pato-careto, algo como um pato aumentado, boiava na água rasa. Mais ou menos a cada dez segundos, as ondas atingiam o canal. Fiquei parada na plataforma, segurando meu saco de dormir e um saco plástico branco com minhas poucas posses que não tinham se perdido no mar. As únicas roupas que eu tinha eram as que estava usando – na verdade, as que estivera usando nos últimos cinco dias. Isso devia afugentar os turistas curiosos, pensei.

O vento começava a aumentar quando Peter passou com o bote inflável perto das rochas.

– Pule, pule, pule! – disse ele. – Tem outra série de ondas chegando!

Dei o salto com minha habitual falta de habilidade, pousando no bote numa espécie de espacate modificado. Não dissemos nada. Não era preciso nos despedirmos; logo nos encontraríamos no continente para tentar resolver a questão do veleiro. Ao saltar a bordo do *Superfish*, notei que Scot havia atado o baleeiro à boia e estava ali parado, enigmático, com seus óculos escuros polarizados, desatando um cabo enquanto esperava a chegada do barco da Patrulha das Farallones. Acenamos um para o outro sobre a água, um tanto rígidos.

Mick apanhou meu saco plástico e me deu boas-vindas. Hoje o barco estava apinhado, devido à reunião de baleias. Além disso, era sábado e a Fleet Week havia começado, atraindo toda a população da Bay Area para o oceano. Pelo aspecto de muitas das pessoas sentadas ali de cabeça baixa, notei que o mar agitado já começara a cobrar seu preço. Agachei-me para entrar na cabine.

– Onde está o *Just Imagine*? – perguntou Mick.

Obviamente, havia agora uma vaga de estacionamento do tamanho de um iate na baía do Pescador. Olhei desconfortável naquela direção.

– Oh, bem...

– O veleiro não teve nenhum problema durante a tempestade, teve? – Mick franziu o cenho, preocupado.

– Não, não – respondi, acenando com a mão na direção de São Francisco, como se o veleiro estivesse ali, atracado em segurança no porto. – O veleiro partiu por causa do tempo. – Tecnicamente, eu não estava mentindo.

Ele não me pressionou, mas claramente percebeu que eu não havia contado a história completa. Embora Mick fosse uma pessoa ideal para quem confessar a história, pois poderia nos ajudar, também era um membro da Patrulha das Farallones. Nós estávamos tentando ser o mais discretos possível em relação ao incidente.

Partimos da baía do Pescador e seguimos na direção sul, realizando o circuito habitual do *Superfish* em volta da ilha. Fiquei apoiada no batente da porta da cabine enquanto ele pilotava. Antes mesmo de darmos a volta em torno da ponta da Torre, o rádio tocou; era Peter.

– *Superfish*, tem uma carcaça em Mirounga. Você talvez queira dar uma olhada. Nós não podemos ir porque estamos prestes a fazer um desembarque – notei a frustração na voz de Peter.

– Ah, o proprietário veio cobrar o aluguel – disse Mick, sorrindo. – Entendido. – Embora ainda não soubessem, os turistas de hoje tinham acabado de se dar bem.

Circundamos a Pedra da Sela o mais rápido possível para um barco de 65 pés, e antes mesmo de darmos a volta completa pude ver que esse ataque era dos grandes. A mancha se espalhava por trinta metros e estava coberta de gaivotas; barbatanas cortavam a superfície. Mick desligou o motor a uma distância respeitosa, e as pessoas se amontoaram na amurada do barco. Consegui identificar dois tubarões, e talvez houvesse mais; quando um deles ergueu a cabeça, os turistas gritaram, surpresos. Ao fundo, escutei a naturalista do *Superfish* explicando a cena, mas a voz dela parecia vir de muito longe. Estávamos bem no meio do território do Rat Pack, por isso eu não guardava nenhuma esperança de encontrar uma Irmã, mas a atividade ali estava intensa – aquele era o ataque mais chamativo que eu já vira. Um dos tubarões parecia especialmente agressivo; do lugar de onde eu estava olhando, ele parecia ser relativamente pequeno. Lembrei-me de Peter e Scot me explicando que os tubarões que perdiam a calma durante os ataques costumavam ser os mais jovens, enquanto os anciãos, como Cabeça Mordida e Talho Branco, se comportavam como estadistas perfeitamente contidos.

Os tubarões passaram quase uma hora dando voltas em torno dos pedaços de elefante-marinho. Quando as coisas se acalmaram, ouvi Mick descrever, entusiasmado, o ataque pelo rádio para outro capitão.

– Tinha sangue por toda parte, os tubarões estavam bem agitados, era uma carcaça grande boiando na água!

– Que beleza – respondeu o outro capitão. Em meio à interferência do rádio, eles comentaram o potencial comercial de levar sessenta pessoas de volta a São Francisco com a notícia de que tinham visto, bem de perto, tubarões-brancos despedaçando um elefante-marinho.

– Eu adoro esses tubarões – disse Mick. – Que venham os tubarões.

O *Superfish* seguiu então para a atração seguinte, as baleias; quando Mick dirigiu o barco para o oeste, ouvimos gritos na popa. Um dos tubarões tinha se aproximado do barco, com uma curiosidade palpável como a de um cachorro. Todos pegaram suas câmeras de vídeo; as pessoas gritaram, surpresas. O tubarão estava nos examinando, e seguiu o *Superfish* até o Beco do Tubarão, nadando pela superfície bem ao lado da popa, até chegar à conclusão de que não éramos comida e ir embora.

A naturalista veio até mim.

– Susan? – perguntou. – Você talvez pudesse nos contar um pouco sobre esses tubarões.

Eu já havia sido apresentada como estagiária do Projeto Tubarão, portanto não tinha como fugir da raia. Minha cabeça coçava debaixo do boné, sob o sol forte; eu não lavava o cabelo havia muito tempo. Sessenta rostos me encaravam, ansiosos por ouvirem informações sobre tubarões transmitidas por alguém da área.

– Ah, bem, há muitos tubarões-brancos por aqui nesta época do ano – comecei, tentando soar animada e entendida. – A maior parte deles até tem nomes.

Depois que fiz uma descrição muito resumida do Projeto Tubarão, um rapaz de vinte e poucos anos se aproximou.

– É entediante ficar aqui na ilha? – perguntou, apontando para o arquipélago com certo desdém. O rapaz franziu o nariz ao dizer essas palavras, como se ficar isolado nas Farallones fosse uma experiência infernal. Respondi que não, era tudo menos entediante.

– Você não sente falta das boates?

Fui salva daquela conversa por uma baleia-azul que emergiu muito perto de nós, balançando o barco e jorrando água nas pessoas. Quase simultaneamente, outra baleia-azul surgiu a poucos metros, erguendo seu corpo magnífico sobre a água e caindo de volta para a superfície, espadanando água com exuberância. Elas estavam por toda parte, reluzindo sob o sol quando a água escorria por suas laterais.

Estávamos agora vários quilômetros a oeste das ilhas, atravessando ondas agitadas como se estivéssemos numa montanha-russa. Tive que ficar apoiada na parede, segurando o corrimão com força enquanto observava as baleias. Morgan, o auxiliar de Mick, parado ao meu lado, comentou que minhas mãos estavam "detonadas", mas o disse como um elogio. Olhei para elas, cobertas de cortes e queimaduras de corda, as unhas partidas e imundas – ele estava certo. E o veículo responsável por detonar as minhas mãos estava perdido em algum lugar por aí. Fitei o Pacífico agitado, embasbacada, enxergando alguns de seus 165 milhões de quilômetros quadrados.

Tinham-nos dito que a probabilidade de encontrarmos o iate caía drasticamente depois de 48 horas, à medida que a área de busca aumentava. Um avião monomotor só tinha autonomia para viajar cerca de cem quilômetros a oeste sobre o oceano; depois disso, seria necessário um bimotor, cujo custo rapidamente excederia o valor do veleiro. Eu tinha ficado responsável pelo *Just Imagine* e o perdera. Tudo caíra por terra.

O *Superfish* logo chegaria ao porto de São Francisco, para o caos da Fleet Week, os pedidos de socorro causados pelo excesso de gim-tônica e a Golden Gate – o grande símbolo da civilização –, ou seja, voltando ao bojo da atividade humana. E eu iria com ele.

Virei-me para ver as Farallones. Elas cintilavam e reluziam num tom dourado que eu não conhecia. Já as vira pintadas de muitos tons sépia, já as vira brancas e, às vezes, de longe, azuis como o oceano ao redor delas. Mostravam-se como sombras indistintas e como silhuetas bem demarcadas. Mas eu nunca as vira brilhar feito cacos de vidro. Naquela luz fluida, pareciam um reino aquático esquecido, surgido por um instante das profundezas para se aquecer sob o sol. Morgan, ao meu lado, olhou para a Farallon Sudeste e fez que sim com a cabeça.

– Olhando para essas ilhas, a gente tem a impressão de que a natureza poderia simplesmente *tomar conta* de tudo – disse ele. – Quando bem entendesse. – Havia uma humildade profunda em sua voz.

Talvez tenha sido isto o que faltou. Humildade. Não acertamos na mistura. As Farallones mal toleravam uma pegada humana quando discreta; ancorar ali um veleiro de sessenta pés era como pisoteá-las com botas grandes e pesadas. Ícaro, tão bem-intencionado com suas asas de cera, também aprendera da pior maneira.

Ao passar pelas ilhas aquela última vez, tive a certeza de que, abaixo de nós, as coisas estavam como deveriam estar. Os tubarões patrulhavam a área, os ouriços marchavam, os peixes menores se escondiam como podiam por mais um século ou dois e os leões-marinhos olhavam para os dois lados antes de atravessar. Quando chegasse o inverno, Barbatana Pontuda, Pintado, Carniça, Rabo Cortado, Cabeça Mordida, Barbatana Rasgada e todos os outros que tinham vindo passar a temporada aqui cruzariam a plataforma continental e seguiriam para seus locais secretos, penetrando o desconhecido. Talvez voltassem no próximo mês de setembro, ou talvez, como Cotoco, apenas se transformassem em lendas. Como tantas criaturas no oceano, eles deixavam um rastro de mistério atrás de si. E me deixavam parada na superfície, olhando para a água.

Existe um outro mundo, e ele fica neste aqui.

Epílogo

“Nós sabemos. De alguma forma, nós sabemos quando há um tubarão por perto. É uma espécie de sexto sentido. Acho que nunca conseguiremos documentar exatamente essa sensação, mas se você a tiver enquanto estiver surfando, eu sugeriria que prestasse atenção a ela.”

Peter Pyle, em palestra a membros do Surfrider, *San Francisco Chapter*, 10 de junho de 2003

14 DE NOVEMBRO DE 2004

Um pálido sol de novembro começava a iluminar a baía de Monterey quando Kevin e eu entramos pela porta dos fundos do aquário. Só havia umas poucas pessoas no interior, preparando-se para a chegada do público mais tarde naquela manhã. Cruzando as salas escuras repletas de tanques iluminados e de corpos sinuosos, passamos pelos pinguins, pelas lontras, pela floresta ondulante de kelp e por batalhões de águas-vivas neon, chegando ao majestoso tanque de 3,7 milhões de litros, onde um recém-chegado se transformara na nova sensação do lugar. A parede de vidro de dez metros se erguia diante de nós, iluminando a sala inteiramente escura com um azul onírico. O tanque enorme continha cerca de setenta animais – em sua maioria peixes grandes: albacoras-da-laje e atuns-rabilhos, bonitos, tubarões-martelo e outros tubarões menores, barracudas, umas poucas tartarugas-verdes que pareciam tanques de guerra e cinco mil pobres sardinhas cujo número decrescia rapidamente. E mais: um tubarão-branco bebê.

Essa fêmea foi a primeira coisa que vimos ao entrarmos na sala de exibição, uma beleza de animal de 1,40 metro fazendo piruetas impressionantes diante do vidro, mostrando a barriga branca e as barbatanas peitorais de bordas negras e observando o mundo como um exótico avião caça, elegante e poderoso ao mesmo tempo.

– Ali está ela – disse Kevin. – Em plena forma.

Kevin, com o rosto iluminado pela luz azul emitida pelo tanque, olhou para o tubarão com um sorriso deslumbrado.

Aquela minúscula Irmã sequer tinha nome, e provavelmente não viria a ter. (Só havia um tubarão-branco na vizinhança. Numa circunstância como aquela, dar-lhe um nome seria um gesto inteiramente sentimental, o que contrariava a base científica do aquário.) Ela tinha marcas faciais características, principalmente um nariz branco de palhaço. Ao chegar ao aquário, tinha também uma área de pigmento escuro em volta dos olhos. O mais provável é que tivesse se machucado durante a captura, em 20 de agosto, quando ficara acidentalmente presa numa rede para pesca de halibute perto de Huntington Beach, fora içada para um barco de pesca e colocada num reservatório onde mal cabia, ficando com a cara pressionada contra um canto.

Todas as partes do plano funcionaram à perfeição. Os cientistas a resgataram e a transferiram para o viveiro oceânico de 15 milhões de litros, onde foi alimentada e não mostrou nenhum sinal de sofrimento. Depois de três semanas de observação, foi transportada mais ao norte, rumo ao aquário. Em seu primeiro dia em cativeiro, ela abocanhou alguns filés de salmão diante de uma equipe entusiasmada de biólogos marinhos, muitos deles claramente tocados por aquela imagem. Desde então, alimentara-se regularmente, e com tanto vigor que até mordia a ponta do pedaço de bambu usado para entregar-lhe a comida. O recorde de dezesseis dias do SeaWorld fora quebrado. Até agora, pelo menos, esse tubarão-branco estava se desenvolvendo bem no tanque. Desde sua chegada a Monterey no dia 15 de setembro, já ganhara dez quilos, crescera alguns centímetros e causara um aumento de 50% nas vendas de entradas para o aquário.

Era fascinante ver um tubarão-branco interagir com um ambiente cheio de outras espécies, e ficamos ali durante uma hora, só olhando para ela. Sua aura a precedia sempre que ela aparecia na janela; ao lado daquele tubarão, os cações-bico-doce, os tubarões-de-galápagos e os tubarões-martelo pareciam claramente frágeis. Até os atuns, alguns de tamanhos descomunais, pareciam submissos perto dela. Ela nadava com a boca parcialmente aberta, mostrando-nos seus dentes pontiagudos de bebê, que logo ficariam mais largos, transformando-se nos triângulos mais maciços que os tubarões adultos usam para fazer o que fazem. Seu dorso tinha uma cor cinza-prateada, bastante mais pálida que os tubarões das Farallones, que não passavam a vida debaixo de lâmpadas fluorescentes e eram queimados pelo sol.

Às dez da manhã, quando o aquário abriu as portas, a sala foi invadida por crianças que correram atrás de nós, apoiando as mãos no vidro. Um menino, que entrou na exibição nos ombros do pai, perguntou gritando:

– Cadê os tubarões-brancos?

Naquele momento, o tubarão surgiu por baixo, animando a plateia recém-chegada e provocando um coro de "uaus".

– Ela é pequena, mas mesmo assim dá medo! – exclamou outra criança para a mãe.

Haviam se passado exatamente um ano e nove dias desde que o *Just Imagine* desaparecera na noite. Após as primeiras 72 horas de buscas infrutíferas com aviões, presumimos que o iate teria sido levado para o alto-mar, ou que fora roubado. Com o passar das semanas sem nenhum sinal, surgiram as possibilidades de que a sentina tivesse ficado cheia de água, que as ondas houvessem inundado o convés, que o *Just Imagine* tivesse, simplesmente, afundado. E então, em 9 de novembro de 2003, quando já não restava nenhuma esperança, Tom Camp recebeu um telefonema de um suboficial da Marinha que lhe informou que "a embarcação *Just Imagine* havia sido avistada".

Descobrimos que, depois de deixar a ilha, o iate seguira à deriva durante 31 dias até chegar a uma base naval da Marinha americana, 480 quilômetros ao sul das Farallones e noventa quilômetros distante da costa, ao sudoeste das ilhas Channel. Surpreendentemente, o veleiro conseguira dar a volta em torno da ponta Conception, uma área de oceano perigosamente turbulenta que até embarcações *com* tripulações tinham dificuldade em navegar. O iate estava chegando à fronteira mexicana quando foi abordado por helicópteros da Marinha; as aeronaves se aproximaram da proa e anunciaram com um megafone que era melhor alguém começar a responder as suas chamadas por rádio. Mais silêncio. Embarcações grandes, mudas e não identificadas percorrendo uma área militar importante não são vistas com bons olhos, e os helicópteros estavam trocando mensagens, discutindo se deveriam explodir a embarcação, quando um operador da Guarda Costeira ouviu a comunicação e interveio, identificando o *Just Imagine* como a "embarcação abandonada" das Farallones.

Um especialista em salvamentos marítimos enfrentou noites tempestuosas para alcançar o veleiro, armado apenas de coordenadas feitas por bússola, várias horas defasadas. Ele sabia, é claro, que o *Just Imagine* poderia estar a quilômetros de distância de onde fora avistado, e, ao chegar ali, a situação não pareceu promissora: o radar só mostrava um oceano negro e vazio. Depois de horas de buscas infrutíferas, ele decidiu voltar para a costa, mas então captou um ponto pálido em sua luneta. Havia *algo* ali, bem nas margens de seu alcance de visão. Era o *Just Imagine*. Assim, ele laçou o veleiro como um bezerro fugido e conseguiu subir a bordo do barco que se agitava violentamente, rebocando-o de volta para a marina das ilhas Channel. O barco havia sofrido danos consideráveis: o leme estava destroçado, várias antenas tinham sido arrancadas, e quase tudo que não estava estragado antes estava estragado agora. Ainda assim, as consequências podiam ter sido muito, muito piores. A sentina estava quase cheia, o que pressagiava uma longa jornada para o fundo do mar. No interior da cabine a coisa também estava feia. Garrafas estilhaçadas, papéis encharcados e montes de lixo tinham sido espalhados aleatoriamente por toda parte, da popa à proa; o chão estava coberto de pó de café, havia mofo crescendo por toda parte, os armários tinham sido abertos e o conteúdo fora jogado no chão, minha lingerie estava espalhada pela cozinha. O mais perturbador, talvez, seja o fato de que o tabuleiro Ouija percorreu todo o caminho de uma ponta do iate à outra, conseguindo, de alguma forma, sair da minha bolsa de viagem parcialmente fechada, subir os três degraus da cabine e se acomodar debaixo do banquinho que eu usava para jantar. Essa jornada incrível me deixou mais perturbada que qualquer outra coisa. (Já me livrei do tabuleiro, de forma segura e permanente.)

E qual foi o veredicto para a atitude delinquente do iate? A âncora tinha sido arrancada; sua corrente se partira como um pedaço de barbante, deixando-a ali a sujar os recifes das Farallones junto com outros testamentos de arrogância náutica. Só restaram alguns metros de elos avariados. Da popa, pendia um cabo grosso e tristonho, arrebentado: a amarra de *Tubby*. O barco a remo não sobreviveu à viagem, e sentiremos sua falta.

No entanto, embora coisas materiais como veleiros, cadernos, câmeras e tabuleiros Ouija demoníacos tenham sobrevivido à infeliz aventura basicamente intactos, os danos pessoais seriam mais difíceis de consertar. Duas semanas após a perda do *Just Imagine*, Tom colocou um anúncio numa revista de vela local chamada *Latitude 49*. RECOMPENSA: PERDIDO NO MAR, dizia o título chamativo, justaposto a uma fotografia do iate e acompanhado de um parágrafo que descrevia a situação. Alguns capitães da Patrulha das Farallones viram o anúncio e ligaram para o PRBO, preocupados. A essa altura, toda a história veio à tona, e ninguém gostou do que ouviu. Advogados entraram em cena. Por ser a pessoa responsável pela ilha, Peter foi chamado para dar explicações e perdeu o emprego. Infelizmente, ele já não trabalha nas Farallones.

Enxergando aquela situação dolorosa pelo lado mais positivo possível, Peter afirmou que, de qualquer forma, já era hora de começar um novo capítulo em sua vida.

– Estou dando um tempo de predadores – contou-me, descrevendo seu plano de publicar outros dois livros de ornitologia. Seu trabalho nas ilhas, percebera Peter, começara numa época em que a mídia ainda não havia ficado encantada com o charme irresistível dos tubarões-brancos, ainda não viera bater à porta. Nessa época, sequer era necessário pedir uma licença para ir às ilhas – por que seria? Ninguém conseguia chegar ao local, a menos que alguém desejasse sua presença ali. (As Forças Armadas estavam certas: teria sido uma fortaleza formidável.) Nas décadas de 1970 e

1980, os biólogos das Farallones muitas vezes eram visitados por suas mulheres e filhos, amigos e familiares; os artistas locais ganhavam estágios para escrever poesia ou pintar, inspirados pela paisagem. O julgamento individual, e não a legislação, ditava as ações.

– Porque a gente estava simplesmente *lá* – explicou Peter. – E ninguém iria nos ajudar.

Entretanto, desde esses primeiros dias de faroeste, em virtude da necessidade de um projeto específico, as regras e burocracias do continente migraram para o arquipélago.

Embora o futuro do Projeto Tubarão continue em aberto, há sinais promissores. Durante a temporada de 2004, anteriormente prevista para ser a última, as licenças para o estudo de tubarões foram transferidas para o laboratório de Barbara Block. Assim, a marcação de tubarões continua, e existe a esperança de que continue no futuro. Entretanto, a logística tem sido difícil, já que ambas as plataformas estão fechadas para reparos neste outono.

A parceria de Scot e Peter foi encerrada. Durou quinze anos; gerou algumas das informações mais intrigantes já compiladas sobre tubarões-brancos; foi uma mistura fortuita de conhecimentos e um equilíbrio *yin* e *yang* – mas está acabada, e ambos reconhecem que a colaboração entre os dois já deu o que tinha que dar. Scot continua a estudar tubarões sempre que os encontra, fazendo viagens para o Alasca a fim de passar mais tempo com os tubarões-salmão (uma espécie que também está incluída no programa de marcação da dra. Block), e está pensando em ramificar seus estudos, incluindo tubarões-baleia, tubarões-peregrinos e tubarões-tigre:

– Eu gosto de todos eles.

Mas as Farallones ainda são o epicentro dos estudos de tubarões, portanto Scot continuará a visitá-las enquanto puder, aprofundando sua pesquisa, fazendo o que for preciso para continuar em contato com o grupo de animais que o cativou durante quase duas décadas.

Ron continuou a mergulhar durante a temporada de 2004, embora suas viagens tenham sido menos frequentes. Nos catorze mergulhos que fez nas Farallones nesse ano, encontrou tubarões em todos, exceto em um.

Ele continua a observar uma profusão de machos, membros do Rat Pack por toda parte, e uma estranha escassez de Irmãs de tamanho descomunal. Passaram-se três anos desde a última vez em que Ron viu uma fêmea extragrande, e ficou intrigado com aquilo. Enquanto isso, o mercado de ouriços sofre a concorrência de produtos mais baratos vindos do exterior, e, no futuro, é provável que Ron mergulhe nas ilhas por escolha própria, e não por trabalho. Uma coisa é certa: ele estará lá. As Farallones ainda são seu refúgio, seu recanto, o único lugar onde ele se sente inteiramente em paz consigo mesmo, onde consegue pensar sem o ruído da civilização nos ouvidos. Além disso, ele ainda não decidiu o que quer fazer a seguir. Ron e Carol têm agora três netos, todos com menos de três anos, e as crianças estão entre suas prioridades. A próxima atividade de Ron, qualquer que seja, terá de equilibrar o amor que ele sente por viver no limite com seu amor por estar com a família. Enquanto isso, ele aproveita as chances que tem para ir às águas das Farallones com uma câmera de vídeo, documentando os tubarões e outras criaturas; é sua maneira de compilar um álbum de fotos vivo.

O mergulho em gaiola ainda prospera à sombra da Pedra da Sela, e a empresa de Groth, a Great White Adventures, ganhou um novo barco este ano: o *Superfish*. Mick e Groth juntaram forças, e o *Patriot* de 32 pés foi substituído pelo barco de observação de baleias de 65 pés. Agora é possível trazer mais pessoas a cada viagem, e os mergulhadores podem aproveitar a experiência de Mick nas águas da ilha. (O barco maior só tem um inconveniente: os tubarões não costumam se aproximar tanto dele.) Groth tem passado boa parte de seu tempo em Guadalupe, onde a água é cristalina e se mantém a 21 graus, e onde os clientes pagam 3 mil dólares para passar semanas inteiras ao sol.

Todos ainda surfam. Ontem, por sinal, Kevin pegou ondas em Asilomar, perto do local onde Lewis Boren foi atacado, e teve uma sessão fantástica, ainda que a arrebentação estivesse muito perto da praia. Scot, que ficou afastado durante a maior parte do outono depois de escorregar no barco e machucar uma costela enquanto tentava marcar um tubarão, diz que pretende recuperar o tempo perdido ao final da temporada.

Peter organiza seus dias segundo as condições para o surfe em Bolinas e alguns outros locais que ele se recusa a divulgar, com medo de que outros surfistas também os descubram. Ron encomendou recentemente uma *shortboard* para acompanhar sua *longboard*, e foi visto usando as duas num dos lugares mais infestados de tubarões: Salmon Creek, uma praia de arrebentação rápida e pronunciada onde regularmente há ataques e encontros com tubarões. Em 28 de maio, um surfista de Salmon Creek foi derrubado da prancha e conseguiu afugentar um tubarão de quase cinco metros depois de ser circundado durante vários minutos pelo animal, que sacudia a cauda agressivamente. "Senti como se estivesse num caldeirão fervente", contou o surfista a um repórter.

Outro pico de surfe preferido de Ron é Drake's Estero, logo ao norte de Bolinas, e Peter também gosta daquelas ondas, por isso foi o primeiro a saber quando, em 24 de outubro, um amigo seu chamado Pete DeJung, antigo estagiário das Farallones, foi atacado por um tubarão-branco enquanto surfava ali. DeJung estava sentado na prancha quando sentiu um tranco para a frente, "como se um carro tivesse batido na minha traseira no sinal", e então viu a cabeça de um tubarão-branco puxando sua perna para fora da água, envolvendo a panturrilha com a boca. DeJung bateu no tubarão, que o soltou, mas antes acertou seu rosto com a cauda, abrindo-lhe um corte profundo embaixo do olho. Embora as feridas tenham obrigado DeJung a levar centenas de pontos, ele se manteve incrivelmente calmo durante o ataque, nadando para a costa sozinho. Depois disso, DeJung se recusou a dar declarações à mídia sobre o encontro, pois não queria alimentar o inevitável circo montado em volta dos ataques de tubarão. Suas experiências com os tubarões das Farallones tinham lhe dado uma perspectiva diferente:

– Eu não estava assustado – disse DeJung. – Aquele tubarão não era dos grandes. Eu *já vi* os grandes.

O encontro de DeJung foi o quarto daquele ano no Triângulo Vermelho. E nem todos encontraram um tubarão nanico. Perto de Fort Bragg, um coletor de abalones chamado Randy Fry foi decapitado por um tubarão, cujo tamanho foi estimado em 5,5 metros. O animal arrancou a cabeça, o pescoço e os ombros de Fry com uma única mordida violenta enquanto o mergulhador nadava perto da superfície numa enseada. A vítima, que tinha cinquenta anos de idade e era o diretor regional da Aliança de Pesca Recreativa, dissera aos amigos que tinha uma premonição de que iria morrer na boca de um tubarão-branco. Fry estava acompanhado de dois colegas no momento do ataque.

– Quando vi a mancha de sangue se espalhar na superfície da água, soube que tínhamos perdido o Randy – contou seu parceiro de mergulho. – Nós estávamos no lugar errado, na hora errada.

Os tubarões-brancos chegam quando menos esperamos e desaparecem no momento em que achamos que começamos a entendê-los. Quando surgem na vida de alguém, são sempre uma aparição inesquecível; quando capturam nossa imaginação, já não nos largam. Eu não fui exceção. Os prejuízos profissionais sofridos por Peter, sua censura oficial, a perda do veleiro: nada disso é fácil de justificar em retrospecto. Vários colegas de Peter comentaram que só os tubarões-brancos poderiam provocar um comportamento tão irracional; ninguém sofria desastres como esses na tentativa de estudar periquitos ou focas. Era como se, de certa forma, a culpa fosse do animal. Mas não foi o caso. O que provocou o desastre foi o comportamento humano e nada mais. Em algum ponto do caminho, talvez logo no começo, fiquei obcecada com essa história. Essa ideia fixa permeou tudo o que fiz, e acabou custando caro.

Ainda assim, vendo o tubarão-branco bebê passar diante da multidão no tanque, parecendo gostar de seu status de celebridade, fiquei mais uma vez maravilhada com as muitas dimensões daquelas criaturas, com sua presença marcante. Ao sair da exposição à procura de um café da manhã, passamos por um mural de três metros de comprimento ilustrando um tubarão-branco, cercado de crianças, todas pedindo para tirar fotos. Do outro lado, uma loja vendia bichos de pelúcia, chaveiros, livros e ímãs de geladeira de tubarões-brancos. Não podemos negar que o animal tem carisma.

Ao abrirmos caminho entre os turistas em frente à praia, a baía começava a se agitar atrás de nós. Ouvimos portas de carro sendo batidas, vimos pranchas de surfe serem retiradas de racks nos tetos dos carros (eu também tinha comprado uma, de 7,5 pés, decorada com vibrantes espirais rosa-choque). Ao redor de nós, todos se dirigiam ao oceano.

E 140 quilômetros a noroeste, uma onda perfeita de 2,5 metros se formava na baía de Mirounga.

Bibliografia selecionada

Um livro em particular tem valor incalculável: *The Farallon Islands, Sentinels of the Golden Gate* (São Francisco, Scottwall Associates, 1995), de Peter White. Além de ser o único livro existente a compilar a história da ilha, é fruto de uma pesquisa meticulosa e foi escrito com elegância. Qualquer leitor que queira mergulhar no passado das Farallones vai achá-lo cativante.

A citação que abre o Capítulo 3 foi retirada de *Tribes of California* (Berkeley, University of California Press, 1976), p.182, de Steven Powers.

A seguinte bibliografia também foi útil:

Ainley, David G. e Robert J. Bockelheide. *Seabirds of the Farallon Islands*. Palo Alto, Stanford University Press, 1990.

Boessenecker, John. *Gold Dust and Gunsmoke: Tales of Gold Rush Outlaws, Gunfighters, Lawmen, and Vigilantes*. Nova York, John Wiley & Sons, 1999.

Collier, Ralph S. *Shark Attacks of the Twentieth Century: From the Pacific Coast of North America*. Chatsworth, Scientia Publishing, 2003.

Davis, Lisa. "Fallout", *SF Weekly*, 9 mai 2001.

De Santis, Marie. *California Currents: An Exploration of the Ocean's Pleasures, Mysteries and Dilemmas*. Novato, Presidio Press, 1985.

Doughty, Robin W. "San Francisco's Nineteenth-Century Egg Basket: The Farallons", *The Geographical Review*, out 1971, p.554-72.

Ellis, Richard e John McCosker. *Great White Shark*. Palo Alto, Stanford University Press, 1991.

Greene, Charles S. "Los Farallones de los Frayles", *Overland Monthly*, set 1892, p.226-46.

Hoover, Mildred Brooke. *The Farallon Islands, California*. Palo Alto, Stanford University Press, 1932.

Hoyt, Erich. *Creatures of the Deep: In Search of the Sea's "Monsters" and the World They Live In*. Buffalo, Firefly Books, 2001.

Karl, Herman, J.L. Chin, E. Ueber, P.H. Stauffer, J.W. Hendley II. "Beyond the Golden Gate: Oceanography, Geology, Biology, and Environmental Issues in the Gulf of the Farallones". U.S. Geological Survey, circular 1198.

Klimley, A. Peter e David G. Ainley. *Great White Sharks: The Biology of Carcharodon carcharias*. San Diego, Academic Press, 1996.

McCormick, Harold W., Tom Allen e William Young. *Shadows in the Sea: The Sharks, Skates and Rays*. Nova York, Weathervane Books, 1963.

McDavitt, Matthew. Declaração para a exibição "Sharks: Myth and Mystery". Monterey Bay Aquarium, Monterey, 2004.

Martin, R. Aidan. *Field Guide to the Great White Shark*. Vancouver, Reef Quest Centre for Shark Reasearch, 2003.

Meyers, Ransom A., B. Worm. "Rapid worldwide depletion of predatory fish communities", *Nature*, 423, 2003, p.280-3.

Noble, John Wesley. "The Exiles of Howling Island", *The Saturday Evening Post*, 20 jun 1953, p.24, 87, 89, 90, 93.

Nordhoff, Charles. "The Farallon Islands", *Harper's New Monthly Magazine*, abr 1874, p.617-25.

Rendon, Jim. "Farallon Feeding Frenzy", *East Bay Express*, 15 jan 2003, p.12-9.

Robison, Bruce e Judith Connor. *The Deep Sea*. Monterey, Monterey Bay Aquarium Press, 1999.

Safina, Carl. *Song for the Blue Ocean*. Nova York, Henry Holt, 1998.

Wilson, Edward O. *Biophilia*. Cambridge, Harvard University Press, 1984.

_______. *The Diversity of Life*. Nova York, W.W. Norton & Company, 1999.

Publicações científicas sobre tubarões-brancos que usaram dados das Farallones

Ainley, D.G., C.S. Strong, H.R. Huber, T.J. Lewis e S.H. Morrell. "Predation by sharks on pinnipeds at the Farallón Islands", *Fishery Bulletin*, n.78, 1981, p.941-5.

Ainley, D.G., R.P. Henderson, H.R. Huber, R.J. Boekelheide, S.G. Allen e T.L. McElroy. "Dynamics of white shark/pinniped interactions in the Gulf of the Farallones", *Memoirs of the Southern California Academy of Sciences*, n.9, 1985, p.109-22.

Anderson, S.D. e K.J. Goldman. "Photographic evidence of white shark movements in California waters", *California Fish and Game*, n.82, 1996, p.182-6.

Anderson, S.D., R.P. Henderson e P. Pyle. "Observations of white shark reactions to unbaited decoys", in Klimley e Ainley (orgs.). *The Ecology and Behavior of the White Shark*. San Diego, Academic Press, 1996, p.223-8.

Anderson, S.D., A.P. Klimley, P. Pyle e R.P. Henderson. "Tidal height and white shark predation at the South Farallon Islands, California", in Klimley e Ainley, op.cit., p.275-80.

Anderson, S.D. e P. Pyle. "A temporal, sex-specific occurrence pattern among white sharks (*Carcharodon carcharias*) at the South Farallon Islands, California", *California Fish and Game*, n.89, 2003, p.96-101

Boustany, A., S.F. Davis, R. Pyle, S.D. Anderson, B.J. LeBoeuf e B.A. Block. "Expanded niche for great white sharks", *Nature*, 415, 2002, p.35-6.

Goldman, K.J. e S.D. Anderson. "Space utilization and swimming depth of white sharks, *Carcharodon carcharias*, at the South Farallon Islands, California", *Environmental Biology of Fishes*, 56, 1999, p.351-64.

Goldman, K.J., S.D. Anderson, J.E. McCosker e A.P. Klimley. "Temperature, swimming depth, and movements of a white shark at the South Farallon Islands, California", in Klimley e Ainley, op.cit., p.111-20.

Heneman, B. e M. Glazer. "More rare than dangerous: A case study of white shark conservation in California", in Klimley e Ainley, op.cit., p.481-91.

Klimley, A.P. "The areal distribution and autoecology of the white shark, *Carcharodon carcharias*, off the west coast of North America", *Memoirs of the Southern California Academy of Sciences*, 9, 1985, p.15-40.

Klimley, A.P. e S.D. Anderson. "Residency patterns of white sharks at the South Farallon Islands, California", in Klimley e Ainley, op.cit., p.365-74.

Klimley, A.P., S.D. Anderson, P. Pyle e R.P. Henderson. "Spatiotemporal patterns of white shark (*Carcharodon carcharias*) predation at the South Farallon Islands, California", *Copeia*, 1992, p.680-90.

Klimley, A.P., P. Pyle e S.D. Anderson. "The behavior of white sharks and their pinniped prey during predatory attacks", in Klimley e Ainley, op.cit., p.175-92.

_______. "Tail slap and breach: Agonistic displays among white sharks?", in Klimley e Ainley, op.cit., p.241-56.

Lea, R.N. e J.E. McCosker. "White shark attacks in the Eastern Pacific Ocean: An update and analysis", in Klimley e Ainley, op.cit., p.419-34.

Long, D.J., K. Hanni, P. Pyle, J. Roletto, R.E. Jones e R. Bandar. "Geographical and temporal patterns of white shark predation on four pinniped species along central California, 1970-1992", in Klimley e Ainley, op.cit., p.263-74.

Pyle, R. "Sympathy for a predator: White shark studies at Southeast Farallon", *Observer*, 93, 1992, p.1-11.

Pyle, R., S.D. Anderson e D.G. Ainley. "Trends in white shark predation at the South Farallon Islands, 1968-1993", in Klimley e Ainley, op.cit., p.375-80.

Pyle, P., S.D. Anderson, A.P. Kimley, R.P. Henderson e D.G. Ainley. "Environmental factors affecting the occurrence and behavior of white sharks at the South Farallon Islands, California", in Klimley e Ainley, op.cit., p.281-92.

Pyle, P., M.J. Schramm, C. Keiper e S.D. Anderson. "Predation on a white shark by a killer whale and a possible case of competitive exclusion", *Marine Mammal Science*, n.15, 1999, p.563-8.

Websites

Para mais informações sobre as Farallones e as águas circundantes, os leitores devem entrar em contato com a Farallones Marine Sanctuary Association: www.farallones.org.

Um centro de informações fantástico para quem se interessar pela biologia, comportamento e conservação dos tubarões: Reef Quest Center for Shark Research: www.elasmo-research.org.

Outros sites de interesse

Topp [Tagging of Pacific Pelagics]: www.toppcensus.org
Census of Marine Life: www.coml.org
Conservation International: www.conservationinternational.org
Devil's Teeth, um documentário sobre o mergulho nas Farallones, dirigido por Roger Teich: www.devilsteeth.com
Environmental Defense: www.environmentaldefense.org
Farallon Island National Wildlife Refuge: http/library.fws.gov/refuges/index
Monterey Bay Aquarium: www.mbayaq.org
Oceana: www.oceana.org
Pew Oceans Commission: www.pewoceans.org
Point Reyes Bird Observatory: www.prbo.org
Surfrider: www.surfrider.com
Wildlife Conservation Society: www.wcs.org

The Great White Shark (1995), o documentário da BBC dirigido por Paul Atkins que inspirou este livro, está disponível em VHS e pode ser encomendado na Amazon.com.

Nota da autora

Não tenho palavras para expressar minha gratidão a Peter Pyle. Seu talento extraordinário, simpatia, humor fenomenal e devoção às Farallones alegraram este projeto, mesmo em seus momentos mais tempestuosos. Também sou muito grata a Scot Anderson e Ron Elliott, a Charlie Merril, fundador da Patrulha das Farallones, cuja sabedoria e amizade são presentes que sempre guardarei comigo, e a Paul Atkins, cuja visão dessas ilhas ainda assombra meus sonhos. Agradeço ainda às seguintes pessoas, que me ajudaram a ter acesso às ilhas e a narrá-las: Mick Mengioz, Ed Ueber, Brian Guiles, Tony Badger, Margaret Badger, John Boyes, Mike McHenry, Peter DeJung, Pete Warzybok, Russ Bradley, Jen Greenwood, Meghan Riley, Melinda Nakagawa, Kristie Nelson, Elias Elias e Josiah Clark. Greg Cailliet, William Gilly, Roger Hanlon, Bruce Mate, David K. Matila, David Festa e Kathleen Goldstein foram muito generosos em responder às perguntas que fiz durante minha pesquisa. Sou especialmente grata ao biólogo R. Aidan Martin, cujo amor pelos tubarões só é superado por sua generosidade ao compartilhar seus conhecimentos sobre eles; e a Linda Hunter, diretora da Associação Santuário Marinho das Farallones, por sua visão e seu apoio. E certamente quero agradecer a Paul Amaral, da Channel Watch Marine Inc., por encontrar o *Just Imagine*. O resgate, feito à noite em mares tempestuosos, foi um grande feito de habilidade náutica e coragem.

Kevin Weng, do Laboratório Block no Hopkins Marine Station, forneceu informações fundamentais sobre a conservação e as populações de tubarões-brancos e sobre o funcionamento dos marcadores rastreados por satélite (e, o melhor de tudo, ensinou-me pesca submarina). Logo ao lado, no Monterey Bay Aquarium, Ken Peterson, John O'Sullivan e Randy Kochevar me ajudaram em tudo que puderam. Barbara Block merece a gratidão de todos por seu trabalho brilhante para evitar que os oceanos sejam reduzidos a tanques de *guppies*, mas tem sobretudo a minha.

Ao longo dos anos, muitos cientistas das Farallones, que nunca conheci, deixaram um legado: David Ainley, Bill Sydeman, Jim Lewis, Phil Henderson, Bob Boekelheide, Jerry Nussbaum, Burr Heneman, Harriet Huber, Larry Spear, Teya Penniman, Harry Carter, Craig Strong, Stephen Morrell e Malcolm Coulter são alguns dos nomes que aparecem repetidamente nos diários e em incontáveis artigos científicos que aprofundam o estudo das ilhas e de sua vida selvagem. A. Peter Klimley, Ken Goldman, John McCosker, Scott Davis e Andre Boustany realizaram importantes estudos sobre tubarões-brancos nas Farallones. E seria impossível citar os nomes dos incontáveis estagiários que passaram pelo Quarto Jane Fonda, mas gostaria de deixar meu agradecimento a todos.

Minha intenção ao escrever este livro foi simples: narrar, da melhor maneira, uma história que me cativou, a história de um lugar desconhecido e dos animais e das pessoas que fazem parte dele. Infelizmente, o processo não foi nada simples, e algumas pessoas se ressentiram da minha presença nas Farallones. Lamento profundamente esse fato. Tenho grande admiração pelas pessoas que trabalham para proteger e estudar as ilhas, e nunca tive a intenção de prejudicar qualquer parte de seu trabalho. No fim das contas, espero ter conseguido transmitir o extraordinário trabalho de Joelle Buffa como administradora das Farallones no Serviço de Peixes e Animais Selvagens dos Estados Unidos, juntamente com Ellie Cohen e Bill Sydeman do Observatório de Aves de Point Reyes.

Tenho a grande sorte de trabalhar para Isolde Motley, a editora corporativa da Time Inc. Ela foi a primeira pessoa com quem discuti esta história e a primeira a dar o sinal verde. Seu apoio, orientação e amizade foram muito além de tudo o que eu poderia esperar. Na Time Inc., também sou grata a Norman Pearlstine, John Huey e Ann Moore, além de Steve Koepp e Dan Goodgame, por me darem a tarefa que acabou por me despachar para as ilhas pela primeira vez, a Ned Desmond, por me ajudar a ficar mais durona, a Dan Okrent e Dick Stolley, por me ajudarem com essencialmente tudo, e a John Squires, Mark Ford, Martha Nelson, Chris Hunt, Sid Evans, David Petzal, Rick Tetzeli, Rik Kirkland, Eric Pooley, Jodi Kahn, Sheila Marmon, Claudette Hutchinson, Milt Williams e Marcie Jacob. Sou grata ainda a Janet Chan, Jim Aley, Mark Adams, Jason Adams e Mark Golin pelo senso de humor aguçado, almoços com sushi, ótima música e um estoque formidável de boa bebida. Se eu fosse agradecer a todos os meus colegas da Time Inc., teria que escrever um livro inteiro só para isso.

Terry McDonell, Tim Carvell, Laura Hohnhold e David Granger leram as primeiras versões do manuscrito e deram conselhos formidáveis, como sempre.

Mark Bryant e John Tayman, com seus anos de trabalho elegante e irreverente, me ensinaram e inspiraram. Sara Corbett, Mike Paterniti e Rick Reilly me deram conselhos, estímulo, atenderam telefonemas tarde da noite e serviram como exemplos constantes do que é escrever fenomenalmente bem.

Martha Corcoran foi fundamental nas etapas inicial e final do livro. Gwen Kilvert realizou pesquisas meticulosas com sua tranquilidade típica. Katharine Cluverius, do ICM, George Hodgman e Sam Douglas, da Holt, foram leitores indispensáveis. La Mura Boelling me deu conselhos sábios, como de costume. Mike Casey continuou a espantar os lúcios.

Descobri que, para escrevermos um livro, precisamos pedir favores extraordinários aos nossos amigos, mesmo quando os negligenciamos. Jenny Doll, Sharon Ludtke, Cathy Cook, Clare Hertel, Deanna Brown, Dean Heistad, Tanya Schubring, Paula Romano, Pam Lazzarotto, Angela Matusik, David Lynch, Kristin Gary, Aroni Reyes, Ann Jackson, Harry Apostolides, Stephen Sumner e a incomparável Dottie Starr: eu amo vocês. Obrigada.

E nem sei como agradecer a Jennifer Barth, editora-chefe da Henry Holt, cujo toque está presente em cada página deste livro, e a John Sterling, presidente da Holt, por compreender profundamente esta história. Deixo meu maior agradecimento para o final, para o meu agente, Sloan Harris, que esteve presente em cada etapa do caminho, dando-me conselhos perfeitos e, ocasionalmente, convencendo-me a não pular do precipício. Acho que escrevi este livro, em parte, para ter oportunidade de conversar mais com ele.

Em 12 de outubro de 2004, os tubarões-brancos foram incluídos no Apêndice II da Cites (Convenção sobre o Comércio Internacional de Espécies Ameaçadas da Flora e Fauna Selvagens), um acordo internacional com a intenção de conter a extinção de espécies. É um passo na direção certa. Tendo em vista os hábitos migratórios dos tubarões-brancos, recém-descobertos, está claro que a proteção local não é suficiente: os tubarões-brancos que ainda existem se encontram espalhados pelos oceanos do planeta, e não reunidos de forma conveniente em alguns poucos locais específicos. Suas áreas de acasalamento e criação de filhotes ainda são desconhecidas; eles se reproduzem devagar e geram poucos filhotes, portanto, sem restrições amplas e estritas sobre a caça e o comércio, eles realmente não têm nenhuma chance.

Uma lógica simples determina que os recursos do oceano devem ser geridos de forma sustentável pela lei internacional. Até agora, isso evidentemente não aconteceu. O ambiente aquático está sendo alterado radicalmente antes mesmo de começarmos a entendê-lo, uma brincadeira insana e temerária com resultados potencialmente catastróficos. Enquanto dedicamos 10 bilhões de dólares para a exploração interplanetária, os conservacionistas do oceano, que monitoram 71% da Terra, ainda têm dificuldades em conseguir financiamento. Enquanto isso, a pesca comercial continua a funcionar como um jogo de soma zero, os hábitats estão sendo destruídos e muitas espécies se perdem para sempre.

Quanto aos tubarões-brancos das Farallones, eles se adaptaram a tudo o que foi jogado em seu caminho nos últimos 11 milhões de anos, mas a pergunta é: irão sobreviver a nós mais uma década?

FSC
www.fsc.org
MISTO
Papel produzido a partir de fontes responsáveis
FSC® C019498

A marca FSC é a garantia de que a madeira utilizada na fabricação do papel deste livro provém de florestas de origem controlada e que foram gerenciadas de maneira ambientalmente correta, socialmente justa e economicamente viável.

Este livro foi composto por Letra e Imagem em Dante Pro 11,5/16 e impresso em papel pólen soft 70g/m² e cartão triplex 250g/m² por Geográfica Editora em agosto de 2011.